历史之眼

主编：姜 进

LA FRANCE DES LUMIÈRES
启蒙运动中的法国

〔法〕丹尼尔·罗什 —— 著

杨亚平 赵静利 尹伟 —— 译

上海教育出版社

序 言

　　皮埃尔·古贝尔曾戏言道:"法兰西国王的遗体为编年学勾画了一条条清晰的边界。"然而,此番见解已远远超出了历史学家的探索范畴,因为历史学家们渴望的是在他们所研究的那个历史时段里找出某种逻辑关联。君主之死是全社会思考的问题。在当时的政治生活中,国王去世便是对他的统治进行盘点之时,也是权衡革新之可能性的时刻。重温关于这些事件的记录能够帮助我们了解旧时代的政治关系,以及在启蒙运动时期的法国,这种政治关系是以何种方式演变的:超乎事件本身,显露的是一个社会的危机。

　　先来听听圣·西门是怎么说的。他记录了路易十四去世时的情形,那是在一段漫长而焦虑的时期临近尾声时。1715 年是一个不同寻常的年份,这一年在他的《回忆录》中花费的笔墨最多。[①] 还是这一年,耐心的和焦急的人们共同期待着一件大事,这个事件的爆发使宫廷和王国的天空都变得阴暗起来:

　　　　8 月 31 日星期六,晚上和白天的情况都极其糟糕,连短暂的意识都很难得。坏疽已经感染了膝盖,直至整个大腿。曼恩

---

① Coirault (Y.), *L'Optique de Saint-Simon*, Paris, 1965.

公爵夫人派来了圣·埃尼昂神甫,他医术高明;人们给国王用了他推荐的药,这种药治疗天花是很有效的。医生们不会不赞同,因为再也没有什么希望了。将近晚上11点时,国王的情形非常不好,大家甚至在为他作临终祈祷。医疗器械又使国王恢复了意识。他开始背诵经文,声音洪亮,透过众多教士及室内所有的声音都能听得见。诵经过后,国王认出了罗昂红衣主教,就对他说:"到了主教最后赐福的时候了。"那是国王与之交谈的最后一个人。"现在和临终时①,"国王反复念叨了好几遍,然后说,"哦,我的上帝,来帮助我!快来拯救我!"这是他最后的话。一整夜都没有知觉,漫长的弥留状态一直持续到1715年9月1日星期天早晨8点15分。这一天,距离他77周岁还差三天;这一年,是他统治王国的第62年。

接下来是简短的生平回顾,强调其统治时间之长。然后,我们必须耐心翻过400页才能读到后面的记录,叙述过程一笔带过:国王的遗体被送往圣丹尼教堂,接着是葬礼;葬礼已经简化成了"最普通的那种,为的是节省开支,减少麻烦,避免长长的仪式"。

这段记录引出了几点思考。首先,就记录本身而言,即使那是从一堆锦文华章中摘取的真正有价值的东西,它仍然不足以概括作为叙述1715年事件指导思想的历史哲学和时间哲学。然而,它却凸显了事件的本质:在众人眼里,国王的死乃是举国之殇,这一点与现在依然很普遍的习俗是一致的;国王的死是死的典范,因为在这一过程中,他始终遵

---

① 拉丁版圣母经,原文是:··· Sancta Maria, Mater Dei, ora pro nobis peccatoribus, nunc et in hora mortis nostrae ···,中文大意为:······圣母玛利亚,求你现在和我们临终时,为我们罪人祈求天主······——译者注

从教会的规范,他作为基督教徒被接受,并且经受了最后的礼仪。此外,国王还赋予王国一种顺从神意的历史感。这个片段记录的是攀登天国之路的最后一幕,文中反复使用"永不""最后一次"等字眼来加强语气,使字里行间透露出丧礼的氛围。在此基础上,记录的中心集中在了对集体、王国和民众具有决定意义的目标上,他们的前途和财富都与这位君主的消失有直接关系。《回忆录》作者还向所有人阐述了通往天国之路的神秘力量和现实力量。在这里,关于权力的那种古老的、基督教式的、绝对的概念完全得到了认同,同时也受到了质疑。未来将是最好的审判者。

当政权传到路易十五手上时,他在凡尔赛的阳台上患了伤风感冒。对君主的统治进行总结是这位《回忆录》作者创立的一个传统;尤其是他还倡导必须参照人的精神状况,并以此作为呼唤尚在启蒙中的舆论公正性的重要手段。我们都知道,这篇记录中有一段很著名的话:"路易十四的悼念者除了他的低级侍从和忙于政体事务的人(这里是指最正统的教士和反詹森教派者),不太有其他的人……"宫廷里照例上演着喜剧,巴黎则呼吸着人们期望已久的"某种自由"的空气。不仅如此,"那些没落的、颓丧的、陷入绝望的外省人先是松了一口气,随后快乐得战栗不已;国会庆幸自己得到了解脱;破产的、不堪重负的、绝望了的人民得到了空前的解放,他们感谢上帝让他们实现了自己最强烈的愿望"。就这样,《回忆录》的重要意义最终得以展现,它构成了那一段特殊历史的核心内容。虔敬的圣徒传记和君王身后录及在平常年代所要遮掩的东西,在那里都有披露。这本《回忆录》收集了当时上流社会的经验,体现了圣·西门周期循环的时间观及其相应的宗教思想,表达了他对人类历史的悲剧性理解,那是一个超越时间的图解:"一切只是一个循环,一个周期。"死亡总是意味着永恒,然而它还是一个新时代来临的序幕。

1715年,圣·西门40岁,他将在新时代的群情激昂中死去。作为一个 17 世纪的人，一位在公共舞台上失望了的演员，圣·西门记录的历史向我们传达的是旧时代的世界观，然而他却"揭示了路易十四的奢华之谜"，孟德斯鸠后来如此评说。通过他的记录，圣·西门将一种方法留给了未来的历史学家，那就是如何理解事物变化的起因：权力的显赫象征，即使在它迫于各种压力开始瓦解的时刻依然存在。

　　此后不到 60 年，路易十五的丧礼更无奢华可言。与已经赢得了一定读者、具有很强观察力的圣·西门小公爵相比，韦里神甫同样熟悉宫廷。他是一位思想自由、学识渊博的经济学家，只是他缺乏那种魔鬼般的才华，也不具备伟大的回忆录作家应该有的文笔。① 但是他同样触及了事件的本质，因为他也记录君主的死亡，而且工作规模更大。这位神甫记录的并不是君主统治的某几个片段，或者君主一生的赫赫战功。他的愿望并不是要将某一君主统治的终结放在一个永恒的层面上来思考，或者让它接受一面绝对"真实的镜子"的检视，他要做的是将君主个人的品格置于实现某一进步事业的进程中。因此，他写道："在路易十五去世之后，布丰、伏尔泰、让·雅克·卢梭仍然存在。"像以前一样，国王的讣告又一次凸显了未来的不确定性。然而这一次比以往任何时候都更有理由对君主的业绩作一番总结。

　　　如果将他的死与 1744 年他在梅斯重病的危险相比，② 统治
　　者应该从中得出一个非常深刻的教训。一位负责致悼词的人
　　说，人民没有权利不顺从，但是如果处于昏君的统治之下，他们

---

① Witte（J. de）（éd.），*Journal de l'abbé de Very*，Paris，1933.

② 1744 年，路易十五在梅斯重病，举国为之祈祷。为此他许下誓愿：如果能够痊愈，一定建一座新教堂。路易十五还了这个愿，在巴黎塞纳河南岸建起了圣日内维耶教堂。但是竣工后一年，大革命时期的制宪会议决定把它改为存放国家名人骨灰的祠堂——先贤祠（le Panthéon）。——译者注

有权保持沉默。教会的沉默是史无前例的。在他生病期间,到
处都在公示 40 小时的祷告,但是到处的教堂都寂静无声。不
过,外省和巴黎都只有一个共同的愿望……

　　他接着记录了对路易十五去世的看法,我们可以将韦里的记录与曼
杜神甫的记录作一番比较,他是国王的听罪司祭;也可以与年轻的利昂
库尔公爵留给我们的记录作对照。所有记录的中心内容都是国王领受
临终圣事,国王的相对美德和基督教的胜利在他们的记录中基本得到了
肯定。韦里记录了从博尔德医生和艾吉永公爵①那里了解到的内情。
根据他的记录,国王领受临终圣事时情绪稳定,因为他对天花带给他的
病痛已经没有了知觉。从 4 月 30 日星期六至 5 月 10 日星期二,国王进
入弥留状态。这段时间主要叙述了两件事情:临终敷圣油的经过,以及
杜巴利伯爵夫人②被驱逐出境。客观事件压倒了一切政治评述。关于
国王的宗教信仰,或许不应该有什么疑问,但是令人不解的是,这竟然是
一件新鲜事,而且可以成为讨论的主题。在韦里的记录中,这种含混而
不确定的氛围得到了强调。这位神甫没有记录国王临终时的情形,他更
愿意对国王去世所引起的反响进行更宏观的描述。

　　　国王于 5 月 10 日星期二去世。由于患的是这种病,他的
遗体严重腐烂,不得不尽早下葬。紧接着,星期四,国王被运往
圣丹尼,放进了墓穴,没有仪式。他只带走了任何一位君主都
能得到的悼念,以及他身边几个人对善良主人的缅怀。他为人
的确非常温和:他生性易怒,却总能控制怒火,他拥有这样的

---

① 1771—1774 年担任法国首相。——译者注
② 路易十五的情妇。——译者注

美德真是非常公道。在他生病的那些日子,在公示祈祷的那段时间,教堂里冷冷清清,这是人们对国王的死表示无动于衷的前奏。"无动于衷"这个词或许并不确切。实际上,他的死让多数大臣和民众感到欣喜。然而,幼主的前景想必令人担忧,因为 20 年来,人们从未发现任何迹象表明他有统治国家的能力。

从这段记录中,我们看到的并不是客观事实,事件的见证者记录的只是一些道听途说,散布的也只是一些虚构的陈词滥调,就如国王遗体腐烂那件事。然而,与圣·西门的《回忆录》相比,这份记录的不同之处耐人寻味。路易依然代表着整个国家吗?他的继承者或许并不具备人民所急需的才能!此时,关于君主制国家与臣民之间关系的概念已经进入了一个新的阶段。君主形象的图解也从一种复杂的象征形象过渡为一种简单图像。与此同时,各种礼仪减少了,反映国王去世的那些记录甚至也显得贫瘠了。要么变成了批判,要么说一通刻板的话,所有这一切让我们看到了非神圣化过程的各个方面。

从什么时候开始,法国人不再笃信权力奥秘之不可破解?当然,更重要的是应该了解注入整个社会肌体之内的政治文化及其得以建立的全过程。君主死了,但愿国王还在。但是,随着路易十五在丧尽民意中消失,人们隐隐约约看见了同一事件的不同表述中所包含的某些模棱两可的东西。然而,无论是对政权还是民众,至关重要的一步却是在这个事件中决定的。马克·布洛赫说过,专制政体是一种宗教,它可以被定义为君主与王国为了共同的利益而共存的联盟。君主在人们的期待中死去,这已经表明看待这一联盟的方式是如何分解的,尤其是这一联盟的神圣价值又是如何在人们的批判声中被削弱的。

同一关键时刻的两幅速写,正好表达了构成本书理性计划的所有选择。对于我个人而言,重要的是必须了解 18 世纪的人们以各种不同的方式经历过的不同层次的历史事实。在此基础上,通过对各种观点进行比较(历史学家们习惯于将这些观点分割开来),进而阐明我们所能领会和解释的关于 18 世纪法国的某些东西。当然,我不会孤军奋战,那不符合我的准则。

为此,我们必须接受几条原则:其一,对于那些已经得到普遍认同并且已经有一定研究积累的确实性,我们仍然可以质疑。其二,要探索事件之间的逻辑联系,要研究某一时期的创造力,比如说启蒙运动时期,就必须考虑到关于这一问题有着无限宽广的思考空间。此外,还必须重视唯一真实的确实性意识:我们永远都不可能像过去的人们那样了解他们经历过的事情。① 历史学家工作的意义在于,弄清楚他的首要命题迫使他面对的各种制约。如果不能够根据已经发生的事情和目前已经了解的情况去预见一个完全未知的世界的未来,我们怎么能够理解事物的变化?我们不应该去迎合目的论者这一新偶像,也就是说,不应该根据结局来书写某一时段的历史。② 对引起 18 世纪法国历史变革的各种可能性进行分析,不应该完全等同于发掘法国大革命的起因或者根源,也不完全意味着在根本不相关的事件或事实之间重新建立起一种因果关系。可是人们有时会这样做,唯一的理由仅仅是因为某些事件的年代顺序是在另外一些的前面。③

如果我们以同盟者的目光审视这种变化,尝试着思考这样一个问题:在一个遵循祖先流传的原则和上百年的道德传统,本身想要稳定不变、协调连贯的社会里,人们信奉一个上帝,尊重国王的权力和基督教德

① Dupront (A.), *Les lettres, les Sciences, la Religion et les Arts dans la société française de la deuxième moitié du XVIIIe siècle*, Paris (CDU), 1963, 4 fascicules.

② Doyle (W.), *Des origines de la Révolution française*, trad., Paris, 1988.

③ Richet (D.), *La France moderne, l'esprit des institutions*, Paris, 1973.

行的支配地位;在这样的社会里,变化是如何发生的? 换言之,用路易·
杜蒙的话来说,我们能否在两个社会的力量和紧张关系之间进行对比?
其中一个是不平等的整体论社会,"各司其职"的伦理经济学原则主宰
着这个社会;另一个是在它自己的肌体内渐渐显露出来的新世界,那是
启蒙运动的社会、个体经济的社会、新自由的社会、人员和物资自由流通
的社会。① 有没有可能在过去的社会和我们今天的社会之间进行一番
对比,哪怕是部分对比? 要做到这一点,重要的是忠实执行卡尔·马克
思 19 世纪时在著名的《〈政治经济学批判〉序言》(1859)中的教导:

> 人们在自己生活的社会生产中发生一定的、必然的、不以
> 他们的意志为转移的关系,即同他们的物质生产力的一定发展
> 阶段相适合的生产关系。这些生产关系的总和构成社会的经
> 济结构,即有法律的和政治的上层建筑竖立其上并有一定的社
> 会意识形式与之相适应的现实基础。物质生活的生产方式制
> 约着整个社会生活、政治生活和精神生活的过程。不是人们的
> 意识决定人们的存在,相反,是人们的社会存在决定人们的意识。

关于抽象的唯物主义理论取舍,在此不作讨论。我们只需要从中得
到启发,进而理解自由与依附、个人自主性与社会决定性之间的关联中
那种必然可以成为历史的关系,同时弄清楚是什么促使这种关系的聚
合,又是什么使之产生分化;看看在法国 18 世纪的历史中,人文社会关
系是如何错综复杂地交织在一起的。
　　方法论上的第二种取舍就在于,应该更多地强调互动的复合研究,

---

① Dumont (L.), *Essai sur l'individualisme*, Paris, 1983.译文引自《马克思恩格斯选集(第
　二卷)》,人民出版社 2012 年版。——译者注

而不是像那个著名的比喻所说的,"从地下室到阁楼"式的注重机械论者的顺序。因此,我们将从社会问题的历史学过渡到一种更为广义的历史学:与社会关系和社会冲突一样,文化同样也有资格建构一个社会,一个现实与表现相互交织的社会。① 法国启蒙运动时期的历史是一部存在方式的历史:在经济领域与社会领域永恒的交锋中,人和社会环境均以各种不同的方式获得与自己相适应的心智结构和文化价值准则,即他们自身存在的归属点(point d'ancrage)。因此,我们要做的并不是将人们的观念和行为作为社会价值的"反映"或者社会价值的合理化来研究,而是必须发现这些观念和行为的内在价值,并且体悟出将它们推放到话语、文本和实践的接合点上的那些重要环节。从这个意义上来说,对广义的文化现象进行分析,有可能帮助我们将属于舆论的形成及其在新文化空间表现的东西与属于传播与接收范畴的东西统一起来。必须认识到,任何一次向归属点的运动都是自由的行为。而且在文化交流领域中,文本是观念的载体;这种载体多种多样、各不相同,还有可能让人产生互相矛盾的理解。我们从不试图忽略矛盾,我们更愿意把这些矛盾视作一种知识的积累。最后,我们还应该认识到,在精神文化现象与物质文化现象之间永远存在着可能的联系。在客观实在性与现实生活的各个方面存在着一个相同的过程:知识与学问构成客观实在,而现实的实践又镌刻在人们的思想以及人们经验的或理论的思考中。

从最初的踌躇到渐渐地提出问题,终于做出了最后的选择。随后的工作将按照三大主题的逻辑关系展开。第一部分将探讨空间和时间与各种社会角色以及权力行为的关系,旨在阐明感知与观念、习惯与实践是如何表现一个对于 18 世纪的人们来说或许是同质的结构的,又是如

① Chartier (R.), *Les Origines culturelles de la Révolution française*, Paris, 1991; Mornet (D.), *Les Origines intellectuelles de la Révolution française*, Paris, 1933.

何使我们得以建立这份知识档案的。第二部分涉及君主制国家、臣民、群体之间的关系。这里阐述的并不只是关于"制度的观念",更重要的是透过政治和行政方面的行为以及各种冲突、危机和抗议,来理解从旧制度到法国大革命时期的开明专制制度的运作,以及保持国家连续性的手段和形式。阿历克西·德·托克维尔曾经强调过这一点。第三部分主要突出基本价值领域的变化,以及在这个领域中建立起来的新的关系。那个时代曾经笃信幸福,笃信为我们建构了启蒙时代的所有美好的东西;在这里,我们将重新审视那个时代的核心:她的生命现象、她的生产活动、她的物质文明。

没有众多朋友的支持,本书达不到现有的水平。让·克劳德·佩罗应该排在最前面,我要把我们共同讨论的这份备忘录献给他。我还要深深地感谢菲力普·弥纳尔和多米尼克·玛盖拉兹,他们总是能够迅速激发我的好奇心或者挑起新的讨论。阿兰·盖里和多米尼克·朱利亚提供的帮助从来都是如我所愿,毫不含糊。最后,我不能忘记阿里娜·费尔南德斯、法国近现代史研究所(IHMC)、阿涅斯·封丹;还有奥利维埃·格吕西,他是本书第一位专注的读者。还有就是法亚出版社的全体工作人员和朱利·格洛罗。

目　录

Temps, espaces, pouvoirs.
La connaissance de la France

时间、空间、权力
认识法国

上海教育出版社

第一章 认识法国

有人说,法国历史学家重新发现了政治和政治史。对于这种说法,人们可能会有疑问,因为政治史的传统历来就有。虽说研究方法有所改变,但政治史由来已久,而且一直都很活跃,还有秘史轶事与之争相悦众。18世纪的法国专门为那场运动做好了准备,因为杜布瓦、舒瓦瑟尔、弗勒里、萨尔丁、内克尔、卡洛纳等一批重臣已经引起了传记编纂者的关注。埃德加·富尔[①]更是无处不在,他的《劳》[②]和《杜尔哥》值得倍加敬重:那是以大量的文献资料为依据,经过缜密思考写成的著作,其独创性在于将所有政治人物的历史与作为他们生活舞台的各种政治经济背景的历史对照起来研究。书中展现的是一部政治文化史,同时阐明了制度与人、观念与意识形态、表现与实践的相互作用。一部关于权力的历史就这样进入了我们的探究视野,从而使"前立宪"时代的特征昭然若揭:那时已经有了习惯法、根本法,但是还没有明确的法律形式,也没有汇编成统一的法律文集;那时更多的是从惯例演绎出基本法,而不是根据基本法形成惯例。[③]

英国以她的《自由大宪章》和《权利法案》为有明确宪法的国家树立了榜样。在这两部文献中,法律所赋予的权利历来都有明文规定;通过那些法律条文,民族与国家的关系、人民与统治者的关系很容易得到理

① Edgar Faure(1908—1988),曾经担任法国总理。——译者注
② 全名为约翰·劳,后文将提到这个人物。——译者注
③ Durand（G.），*Etats et Institutions*, *XVIe - XVIIIe siècle*, Paris, 1969, p. 8.

解。从这个意义上来说,英国为我们的哲学家们提供了极其有益的参照。伏尔泰和孟德斯鸠,以及从事 17—18 世纪英国浩瀚的政治文献翻译工作的所有译员们努力工作,把这一切传授给了法国。当然,译介工作在一定程度上确实有一些用词含糊,无论是孟德斯鸠院长提出的贵族自由主义,或是为了自由主义启蒙运动和伏尔泰的开明君主制(他提出的可不是独裁政治)联盟而作的斗争,都在理论上与大不列颠的自由主义或者汉诺威王朝时期英国的现实情况没有多大关系。然而,这并不妨碍哲学家们借用其中的例证、依据,或者从中搬用他们所需要的一切,来为那些由于言论自由、宗教自由、良心自由等新观念的出现而受到影响的民众设计一个理想的模型。"自由和繁荣(liberty and property),这是英国的呐喊……这是自然的呐喊",居住在费尔奈的那位哲学家①兴奋不已。他关心政治自由,但是更关心公民的自由;他质疑不成文宪法传统,然而他更感兴趣的是行政改革方面一定限度内的具体行动。② 他要用行动建构文明。

　　制度的建立与道德原则之间、行动与思考之间的相互作用,将臣民与君王、人民与当权者的关系凸显出来。从君主政体到共和政体是一段漫长的历史时期,在这一进程中,统治权的来源、权力的合法化问题发生了改变。与此同时,在经营者、领导者和思考者等精英分子中间,个体的感受性和主体性首先明朗起来。托克维尔很擅长解释这场缓慢的、几百年一遇的运动:"它是未来事件的遥远的源头。"③在此,我们必须理解的问题是,这些政治关系是如何被纳入知识场合的? 当时经济与社会平稳的大环境衬托着王国的景致,安排着法国人的日常生活,在那样的背景

---

① 此处指伏尔泰。——译者注

② Pomeau(R.), *Politique de Voltaire*, Paris, 1963.

③ Braudel(F.), *L'Identité de la France*, Paris, 1986, 3 vol.; t. I: *Espace et Histoire*.

下,这些政治关系又是如何激发或者抑制人们的思考的?

我们都明白,统治者和支配者的行动少不了意识的活动,这中间想必产生了许多的档案文件。在整个 18 世纪,此类文献之多几乎无以估量。未公开过的、手写的或正式出版的各种文本在社会群体中流传,而且将在当代人的感知和想象中得到回应。这种镜子与反光的游戏激励着我们坚信自己的知性力量,但是更促使我们思考自己的判断力所面临的制约。18 世纪的法国清清楚楚地被记录在这些档案文献中,然而重要的是必须想到:以当代人"做事的方法"及其对事物和人的认知方式,他们会允许我们对这些文献作怎样的解读?又会如何看待空间、时间、历史的感知类别和学术判断类别?而我们又如何才能够从他们看待这些类别的独特方式中判别出真实可靠的东西? 历史学的具体目的正在于此,满怀信念地在这片国土上书写人生未来的最终目的也在于此。①

深入研究这些问题能够让我们更清楚,确立这样一种描述与分类手段的出现所具有的历史意义,更何况我们至今仍然完全生活在这种分类手段之中。只有将科学的方法与这些行政文献相对照,我们才能够更好地了解人,了解他们所属的阶层和他们的需求。这项研究将揭示某些阻力和担忧的存在,同时还将突出启蒙运动现代性中的某些方面,如文化分配的不平等、构想各种不同的社会角色并使之合理化的方式、属于必须做的事情和属于例行公事等。人们对于学习和理解的渴望激发了无数的尝试和讨论,而这种渴望并非专属于精英分子,现实生活中许许多多的小人物也被调动起来。这已经成为我们看待法国人的一种方法,因为法国人,无论男人还是女人,在他们的家庭圈子里,或者说在他们生活的群体中,已经觉醒了,这是无可争议的。普通人的传记就是证明。

---

① Norman (D.), Revel (J.), "La formation de l'espace français", in Burguiere (A.) et Revel (J.) (éd.), *Histoire de France*, t. I, *L'espace français*, 1989, pp. 33 – 174.

　　孟德斯鸠在他的《随想录》中强调说："国家受到五种不同力量的制约：宗教、政府的总体原则、特定的法律、风俗和习惯。这五者之间彼此关联。只要你改变其中之一，其余的只能随之慢慢改变，并由此造成一种普遍的不协调。"我们要做的就是领会这种不协调的历史，只有这样，我们才能够理解"一个时代的总体精神的形成，以及由此衍生的一切"。① 早在 1743 年之前，《论法的精神》就再一次更明确地阐述了这一点，并且还在研究目录中添加了一笔："历史事件的环境与例证。"②

认识这个王国

　　一致的愿望并不意味着对于王国有一致的认识。首先，认识这个王国是一件太复杂的事情。其次，认识的过程涉及太多的问题和研究门类，从物质的到精神的，从经验的到理论的，从平常的实践到管理。**法国**是一种共同存在和历史继承物，**王国的空间**是我们分析的框架和对象（它既是概念又是内涵），**领土**是有史以来形成的、由君王的意志维护的、在限定的国界内建立起来的结构，这三者常常被混同。在这样的情况下，我们将循着感知和习惯的轨迹，按照形象化的顺序来阐明这种错综复杂的关系。③ 我们将把第一部分的内容和另外一部分进行比对，因为在何种层次上认识这个王国取决于不同的社会和文化环境，而且不同的社会与文化环境又决定了我们对于资料的不同需求和获取资料的不同途径。在自下而上的法国社会，了解和确认自我的必要性并不是一致的。人们的观念在发生变化，因为对外开放的程度变化巨大。历史学家

---

① Montesquieu, *Pensées*, 542.

② Shackelton（R.），*Montesquieu, biographie critique*, Grenoble, 1977.

③ Nordman（D.），Revel（J.），*La formation...*, *op, cit.*

的机会或许在于 18 世纪稳固的"法国"：一个世纪以前,法国就着手缔造王国完美的政治前景;到 1766 年,终于通过外交方面的交换,将洛林并入法国,这是早在 20 年前(1738)就开始构想的事情;随后,在入驻地中海的策略方面,1768 年法国将版图扩展到科西嘉岛,并且对这个岛屿实行持续的监管,因为长期以来,科西嘉岛已经变成了一个失控的火药库。

德·若古骑士为《百科全书》奉献了关于"法国"的词条,我们能够从中看到,关于空间的自然形态和空间利用方面的问题是如何交织在一起的:

> (地理)欧洲强大的王国,北面与荷兰接壤,东邻德国、瑞士和萨伏依,南面以地中海和比利牛斯山脉为界,西临大西洋。

在词条的汇编中,这位涉猎颇多的作家在给一个政治统一体下定义时,首先把这个统一体置于它被建构的那个环境中,使之处于世界的中心——这个世界的特征不仅在于它的海洋、山脉等自然地理实体,还在于有着具体共性的某些历史存在。紧接着是四段志趣不同的文字。第一段提出了一个基本问题:王国究竟有多大? 它的疆域、它的面积是多少? 若古引用了卡西尼的答案:"从东到西,从北到南,法国有 400 平方古里(lieue)。"读者应该发现了这里的计算错误及其近似算法:边境之间距离的平均值为 220 古里,这个数的平方显然是 48 400 平方古里,也就是 957 874 平方千米,其中包括洛林,但不包括科西嘉岛。印象中的这个小错误引出了一系列的问题:为什么要计算包括洛林在内的领土面积,这个面积又是怎样计算出来的? 我们从中可以解读出一种关于空间认知的政治学,看到科学与行政相遇的一个例证,国土的管理,以及带有它的工具、它的参与者、它的传播方式的一种分析方法的详细情况。①

　　若古扼要地描述了自然形成的政区地理,继续写他的词条:

　　　　在这片辽阔的国土上,空气清新宜人,几乎到处气候温
　　和……它有高大的山脉、美丽的河流。这是一个美丽富饶的国
　　家,盛产盐、谷物、蔬菜、水果、葡萄酒、矿石等。

　　各种宗教制度、法律制度在我们脑海里闪现,让我们更加感到仿佛
置身于这部充满“快乐的”公式化的地理汇编之中。若古翻动着他的年
历,终于,他谈到了历史,我们从中读到的正是法国的命运:

　　　　王国的历史可以让我们看到法国君主力量的形成。它曾
　　两度覆灭,又以同样的方式重生,随后是一连几个世纪的衰退。
　　然而,在不知不觉中,这股势力重整旗鼓,吸纳各方力量发展壮
　　大,直至它的顶峰。就像这些大河,一路上水源流失,甚至潜入
　　地下,而后又重新溢出地面;小河水流汇入其中,扩充着它的队
　　伍,使它能够以迅猛之势冲垮前行途中的一切障碍。

　　王国的地质和水利形象,为人们探索这部延续了几个世纪的历史提
供了统一的参照,同时也使王国及法国空间的形成等同于一场自然而然
的运动。从卡佩王朝到波旁王朝,这场运动以其自身的活力将集结在同
一部历史中的所有国民席卷而入。这是一部自由解放的历史,是人民摆
脱领主通过君主的影响实施暴虐的历史,也是王国通过专制政体的作用
摆脱物质束缚的历史。因此,这个富裕且重视商业的法国受到了赞扬,

---

① Brun (C.), *La figure de la France*, mém. de maîtrise, Paris I, 1992, ex. dactyl.

成为典范。它有"无尽的财富"，但也存在着不平等，"百姓穷困不堪，人类繁衍受到威胁"。总之，从最初极其肤浅的错误定义过渡到对进步以及对君主制国家的福运和财源的神秘想象，人们最终达成了一个总体思想，弥补了"最乐于抱怨、最容易操纵、最快忘记自己不幸的柔性法兰西民族"的缺陷。这就是时代意识的根本转变，虽然它在表述上流于老生常谈，字里行间仍然堆砌着呼吁变革的华丽辞藻。

　　王国的管理者与百科全书派一样，对他们来说，国家的现代化和资源的改善只有一条路可走：必须先认识再行动，先认识这个王国，认识它的人民。也就是说，必须先对人口和资源做出估算，然后才能够图谋发展。然而，认识过程的展开需要其他方面的共同作用，比如说调查手段实施的情况及其性质。说到调查手段，18世纪的人们又会有怎样的地理学和统计学？此外，还应该考虑参与者及人们的临时意愿可能造成的影响。

地图和国土：空间的认知

　　人们对于王国的认识只是一种抽象的认识，并没有自然而然地给旅游业带来多少新发现，即使也组织和发展国内旅游。然而，国内的游记数量却在增加。根据布歇·德·拉里查德里的不完全统计，17世纪有20多部，18世纪有150多部，1750年以后游记的出版数量大幅增加，个人的旅行散记呈上升趋势。这些游记的见识和结构都比较复杂，但是仍然为认知活动提供了一个广阔的时代背景。在这些认知活动中，地理学和地图学是人们进行空间测算的主要手段，国家的控制就是通过这些手段表现出来的。

国王之行

　　国家的影响力不再限于君主本人的游历行为。自路易十四以来，国王频繁地变换居住地和政府机关所在地,这一切都是按照独特的方式安排。此类迁移通常与狩猎活动及王室的经济状况联系在一起,因而有季节上的规律,人们对此并不理解。而政府的中央机构却越来越频繁地在凡尔赛与巴黎之间运动。在首都安顿庞大的政府机构,在独显王室奢华的府邸调派行政事务,这一切构成了18世纪下半叶的一个特征。王室的迁移范围仅限于巴黎周围。需要特别指出的是,从前为了彰显一个政治计划,或者为了表现君主与国家融为一体而按照唯一的路线组织的那种出游消失了。法国国王不再带着他的宫廷、王族、亲信、军队、仆从、高级官吏极尽炫耀地去游玩,以便通过流动性来弥补行政系统的无能,或者缓和由于民众远离政权和管理者、缺乏沟通和被封闭所造成的极其不利的紧张关系。国王之行意味着直观地发现问题、感知王国、控制机构,并且在各种入场仪式上展现权力的象征意义。17世纪,国王的出行减少了。到了18世纪,此类出行仅限于某些特定的具体目的。王权安稳了,无须再受颠簸之累。因为从此以后,它的运作机制编织得紧密而牢固;因为一切剧目从此都在凡尔赛上演,从而牺牲了地方的舞台;还因为在专制主义的太阳王周围,一切都静止了。[①]

　　并非路易十五和路易十六不再出游,而是他们出游的方向发生了改变。国王有规律地前往玛尔利宫、枫丹白露宫、贡比涅堡,从这些出行中可以看到一般的宫廷生活,以及比场面宏大的凡尔赛宫显得更特权化、更精英化的节庆场合。我们只能很偶然地读到从前国王出游的特征:国王出现在民众面前,接受一项不知什么内容的契约交换,以此确认他的权威。[②] 在让民众认识自己的同时,国王确认并给予机会,

---

① Boutier (J.), Dewerpe (A.), Nordman (D.), *Un tour de France royal, le voyage de Charles IX (1564‑1566)*, Paris, 1984.

② Nordman (D.), Revel (J.), *La formation…, op. cit.*, p. 76.

让所有的机关和团体、城市和地方权力机构通过他们自己的权力和特权来表现自己。认识国王的前提条件仍然与直接接触有关：接触人，接触景。有两个时刻可以让君主重演这部古老的戏剧：加冕之旅和战争之行。

从凡尔赛到兰斯，路途不远，但足以在人民和国王之间建立起一种群情欢腾的联系。1722 年 10 月 16 日，路易十五离开他的行宫抵达巴黎，欢呼的人群在那里等待他。国王的形象就是通过这样的场面树立起来的：年轻的君主非常英俊可爱，他在欢乐的气氛中与那些一直嫉妒凡尔赛宫的巴黎人相见，庄严的队伍预示着他的统治前景。在这里，还有一路上，一种奇特的、能够感觉到的、本能的联系在被喜爱的路易十五和法国人之间建立起来。后来，在推行新文化政策的运动中，这种联系瓦解了。这场被颠倒了的运动还导致了神圣权力的腐化。

他们穿过达马尔坦-昂-戈埃勒、维利耶-科特莱、苏瓦松。10 月 20 日，年轻的国王登上了那里教堂的最高处，他发现景色如此之美，便命令随从把地图拿来给他看。① 国王曾经是隆格鲁神甫和纪尧姆·德利尔的学生，因而他也是地图学家。关于这一点，我们可以从秘闻轶事中读到。他以一种双关的方式向国家重臣们展示认识地图的益处：地图是一种权力工具，学习计算和测绘地图是战争艺术和防御艺术的必经之门。路易十五通过他自己所受的教育暗示了一种社会需要。通过绘制几何图与天文图，国王和贵族们算是度过了战略和战术的启蒙阶段。与此同时，他们还被公认为是工程师和建筑师。这就意味着，当建筑师那独特而富于美感的设计图与功利的、唯意志论的、旨在全盘规划的工程师设计图发生冲突时，那个世纪的人们在确信了对空间的把握时要分

① Antoine（M.），*Louis XV*, Paris, 1989.

开来的东西,却被他们统一在了一起。① 在兰斯的大事记中,国王的加冕典礼从 10 月 22 日持续到 10 月 29 日,游历的第一阶段结束了。愉快的回程于 11 月 8 日在圣丹尼大教堂达到了高潮:国王在那里拜奠了整个波旁家族。9 日,国王穿过巴黎。10 日,抵达凡尔赛宫。

直到 1744 年,我们才等到国王再次出行与人民重逢的机会。这次是战争使然。路易十五当然也渴望穿上好战的祖先们遗留下来的长靴。不同寻常的征途,一切都仔细准备过:王后、王太子以及宫廷的主要人员都疏散了,议会的事务处理好了,命令下达了。国王用了三天时间赶上佛兰德的部队:5 月 7 日抵达孔代,8 日到勒凯努瓦,12 日到里尔。他视察了部队,估算了自己的兵力;他与人民、与军队面对面地站在一起,他的为人使他显得非常亲切。7 月,他抵达洛林,然后在梅斯安顿下来。疾病不仅终止了他的征程,同时还在宫廷内部引起了一场危机。这场危机的核心就在于国王本人的道德问题,以及他在宗教世界是否能够得到公众尊敬的问题。沙托鲁公爵夫人为这一切埋了单,她在人们的笑骂声中被逐出梅斯。在梅斯,国王在人民心中的威望已经被烘托到了顶点。人们也许会想,批评(国王的操行在接受人民的审阅)和颂扬(被喜爱者路易从来没有像当时那样被喜爱)的声音竟然汇集在了一起,这实在是个难解之谜。

1744 年以后,路易十五很少走动。路易十六也效仿他,不过他还是完成了那次加冕之旅,因为无论对于国王自己,还是对于年轻的玛丽-安托瓦内特,这次出行都是非常重要的。杜尔哥曾设想在巴黎举行加冕典礼,但是他拗不过传统的力量。因此,国王的出行路线、庆典的安排、入场和迎接仪式,一切都没有改变,还是在沙隆和兰斯。这座王权的圣城

---

① Picon (A.), *L'Invention de l'ingénieur moderne*, *l'Ecole des ponts et chaussées*, *1747 - 1841*, 1992.

是按照象征的原则装点的：颂扬国王的美德,体现人民的希望。国王的四轮马车从写着"王国经济繁荣昌盛"的门廊下走过,华丽壮美的气氛被调动起来,把这次旅程以及令所有演员和观众难以忘怀的庆典留在了人们的记忆中,也使国王和民众的所有梦想和期待变成了现实。此时,人们对于王国的认识构成了一种本质上的模糊,因为它掩盖了统治阶层的观点和公共舆论的苛求之间存在的问题和日益扩大的差距。从这个意义上来说,它所掩盖的要多于它所揭示的。路易十六去过诺曼底,那是为瑟堡的大型军事工程剪彩。这次短暂的出行可以诠释他执政期间所扮演的与战争有关的角色。或许是他自己由于期待臣民的爱戴而失望,或许是由于受到美国人的挑衅而失常,我们从中没能更清楚地看到他作为国王的洞察力。回程的路没有重复前面的景色,因为在法国大革命之前,凡尔赛、巴黎、外省之间空间的控制手段已经为各种设施、系统和处处强调君主存在的各种机制所取代。"必须节省游历的开支。"①

地理学家和地图学家：认知的演变

讲授关于空间的抽象知识是年轻国王的教育和训练项目中不可缺少的内容。经过最初的学习,路易十五保持了他对地理学的兴趣,以及对法国科学院测绘地图方面的创举加以保护的愿望。路易十六是菲利浦·布歇的学生,老师为他这位著名的学生准备了"八张手绘地图,每张都附有图解",所有图解以常用的四号纸铺陈开来,有 20 到 30 页。通过这些有标题、有注解的文献,我们可以了解他们探讨的多种多样的主题,以及老师在为这位年轻君主设计关于世界的知识时所采用的各种不同的方法,甚至还涉及其他一些很高深的主题。如由东西两半球组成的世界地图：第一幅带有图例,第二幅表现的是早期主教(patriarches)的历

① Nordman (D.), Revel (J.), *La formation...*, *op. cit.*, p. 77.

史,第三幅带有天文和数学地理;它们的第一个半球上栖息着各种不同的动物,那是早期的移民图、国家和城市的圣史图、早期主教历史的全图。7岁时,路易十六已经能够流畅地书写,而且已经掌握了关于空间的基础知识,包括物理的、自然的、历史的和宗教的。历史是这一切的基础,地理亦然。菲利浦·布歇是路易十五的老师德利尔的女婿,也是当时这一领域中伟大的科学家之一。他为王太子和普罗旺斯伯爵的家庭教师提供了地理学教育的所有资料,包括这门学科的古老原理及其发展演变。

在描述地理学概况和关于世界形成的概论之后,王室的孩子们逐步开始学习区域地理:欧洲及其王国如德国、意大利、法国,阐述那里的气候、政治结构、经济、生产、有纪念意义的历史往事。出于这个目的,为了能够在有轮廓线的草图上进行练习,布歇还制作了一些很精确的拼图。通过拼装组合,学过的课程和政区的划分都深深地印在了年轻王子的记忆中。国王掌握了技术:布歇把对于水文地理、航海、探险的饱满激情灌输给了他,当然这些都不像他痴迷机械那样为人所知。路易十六会用羽毛笔,也会用镊子;会用六分仪,也会用传动链;会用测角器,也会用八分仪。国王善于操作地图学家常用的这些工具,正如他善于阅读,并对那个时代的重要著作感兴趣。透过"**君主的教育**"(*Instruction du prince*)这一最高层的典范,我们听到了那个世纪的人们关注教学革新的心声。除了历史学这门学习管理国家艺术的关键科目之外,自然地理融严谨和娱乐于一体,从理论著作到现实实践,讲授的都是支配空间的手段(政治和军事力量在这个空间里活动)和走向世界的途径。书斋人和旅行者之间、教科书或地图的编纂者与新大陆的发现者或现实的观察者之间存在着对立,这已经在地理学领域烙下了深深的印记。只有在实践中,这种对立才多少得以缓和。旅行者擅长绘制地图,而地图学者,假如不经常旅行(但多数人是经常旅行的),就会越来越对旅行一无所知。

　　世界处于运动之中,这些运动符合日益普遍的科学规律,而描述运动中的世界则与地理学紧密相关。法国皇家科学院是这一研究领域的核心机构,它为君主制国家培养了必要的地理专家和其他知识领域的专家。自创立以来,这个机构一直得到路易十四、柯尔贝尔及其继承者的激励,完成了大量的研究。在整个 18 世纪,皇家科学院主要在三个方面继续履行它的使命:首先,对与太空发现有关的天文观测给予认定,J.- D.卡西尼在他的研究中阐明了这一点。其次,强调天文观测的作用,无论是对于修正方位标和天体位置,还是对于描述自然和人文环境(没有书斋里的地理学家,就没有在履行团体使命的过程中收集来的资料,也没有可能在收集了资料之后再借助覆盖两个半球的通信网来寄送这些资料)。最后,皇家科学院没有将历史学家的研究与地理学家的研究截然分割开来。法兰西文学院与科学院相互补充,古老的地理学与现代地理学相互接近,两个学术团体彼此交换他们的荣誉院士、院士和通讯院士。其中,比尼翁[1]神甫给所有的学术机构带来了积极的影响,他通过委派他的叔叔路易·德·蓬夏尔特兰担任总管而行使对这些机构的管辖权。由于文化人热衷于阅读各种游记,同时也出于对航海和殖民地进行管理的新需要,旅行者和不常出门的地理学家得以在科学院相遇。虽然这种相遇最终没有能形成新的理念,但是却激励着精英知识分子逐步向带有启蒙思想的实证地理学转变,从这个意义上来说,其贡献是巨大的。

　　在最初的那个时期,直到 1760—1770 年间的重大转折,地理学的重点一直在于修正人文主义地理学家的遗产。从那以后,人们对地球的认

---

[1]　Jean-Paul Bignon(1662—1743),1693 年被任命为圣康坦修道院院长,同年当选为法兰西学术院院士。他还是皇家图书馆馆长、皇家科学院荣誉院士(1699)、法兰西文学院院士(1701),并且对这两个学院产生过重大影响。——译者注

识则建立在扎实可靠的反复观察的基础上,一次又一次的考察探险确认了地球的基本形态,地图学家也放弃了弥漫于世界地图上的各种幻想。① 此外,人们还努力将观察的结果系统化地统一起来——由于殖民地扩张的需要,地理学方面的观察和探索得到了更多的便利。凡是法国霸权强大的地方,旅行者的数量就会增加,比如在地中海周边地区、印度的东部和西部,还有加拿大的一小块地方。在公众的期待中,文学的脚步紧随其后,因为阅读游记"是一件让众人愉悦的事情,如果说普通人以此为娱乐,博学之士则把它当作地理、历史、贸易来阅读",朗格雷·迪弗雷斯努瓦神甫在他的《地理学的研究方法》中提到了这一点。从 1715—1768 年,这本书印刷了四次。我们知道,好奇心能够激发人们对异国情调的幻想,想象那片遥远的土地上亦真亦幻的魅力;与此同时,思考社会人的来源或物质世界的起因。这样的好奇心是不会错过世界的任何一个部分的。

　　布丰在他的《地球理论》(1749)中攻击了混沌说,他的立场介于火成论(主张岩浆是地质现象的主要成因)和水成论(强调水和原始海洋的作用)之间。因此,他指责《圣经》,质疑大洪水,打乱编年学。他是一位经过改良的水成论者,还没有形成系统的思想。然而,人们关于海洋的研究,再加上 17 世纪以来史泰依阐述的地层学,已经足以解释大陆的分布和地势不均衡的原因。布丰的成功在于他的敏感性,我们在他的《自然时代》(1778)中就已经感受到了这一点:地球是一个生命有机体,其组成部分相互渗透,地球上物种的进化还没有与循环论者想象中的剧变完全区分开来。他的这种看法成了当时文化的构成要素。与布歇在他的文章《论自然地理学》(1752)中的做法一样,布丰也提出了一系列

① Broc (N.), *La Géographie des philosophes géographes et voyageurs français au XVIIIᵉ siècle*, Paris, 1975.

的问题来丰富自己的观点。他提出了地势形成的几何学理论，我们可以根据水文地理学关于江河流域的作用自然形成地势的观点，隐隐约约从中看到山岳形态学的雏形。当然，他的观点不无夸张的成分，在水文地理学得不到验证的区域，他甚至认为水对地表的作用形成了山脉。他还认为，在卢瓦尔河与穿过博斯平原的塞纳河之间，那里的地势就是因水对地表的作用而形成的。然而，即使有这些错误，他仍然激发了人们的求知欲，而且远远超出了当时人们所能接受的原则。布歇的"自然地理"以演绎推理为基础，是一种建立在简单的几何原理上的地形学，他以此反对古老而渊博（但却只考虑政治和历史边界）的地理学。为此，布歇发动了论战，包括盖塔在内的矿物学家都淹没在这场论战中——他们放弃了演绎推理之说，转而通过地理观察来归纳地势的特性，就像法国和世界各地的旅行者们在他们的旅行见闻中批驳布歇的推测一样。总之，正如 N.布罗克所认为的，18 世纪中叶，地理学的特性并不是沉静下来做研究，而是走出去观测这个世界。没有什么大的突破，一切尽在延续中：实证的和抽象的地理学让出了一部分地盘，取而代之的是各种名目的观测，这类观测要么与遥远的新发现有关，要么与什么地方的自然考察风尚有联系。知识精英在地理知识万能的旋律下统一了音调。事实上，地理百科全书派的思想先于《百科全书》而存在，继《百科全书》出版之后出现的各种类型的探索正是由它唤起的。

征象一：各种教程和通俗文学读物的制作之风兴起。《幸福之旅》《法国幸福之旅》《意大利幸福之旅》之类的人文主义地理学将博大精深的历史文化作为空间学习的第一要素。随后的其他著作多以方法论方面的个人意志为特征，也就是说，注重通过分类的方法来提出问题和理解问题：勒·弗朗索瓦的《简明方法论》（1722）；献给王太子的《地理教学新方法》（1732）；尤其是布费埃神甫的著作，他是路易大帝中学的教师，在他去世之后，其著作仍广为传诵。所有这些出版物首先表明了人们普及知识和文化的热情,在这种热情的感召下,作者和读者都被调动起来。运用引人入胜的新方法来扩大人们的视野,通过地图来强化视觉记忆,通过习题集和背诵指定的条目来强化机械记忆。这些方法通常都比较传统,但是为了对此加以修正并赋予现代性,人们付出的努力并不比在历史编年学领域少。不管怎样,正是通过这样一整套方法,空间的概念终于被编进了专业词汇,进入了分类的范畴。必须从地理学中祛除"令人生厌的枯燥"和"科学的荆棘",使地理成为一门人人都有能力接受的引人入胜的学问,只有这样,中学教师和寄宿学校的学监才能够以他们的方式介入,为那个时代的分类学出力。

征象二:在描述地理学过程中,伟大的古典主义作家取得了成功。因此,朗格雷·迪弗雷斯努瓦的《地理学的研究方法》在 1715—1718 年开始发行四卷本,并且分别于 1736 年、1742 年、1768 年再版。这是一位博学的人,一位多题材作家,一位有点像密探的人。[1] 他涉猎面广,包揽所有的素材并加以改造。他用百科全书派的方法写作,思考关于自然的问题,关于地理学、目录学、地图等的实用性问题,也思考地球概论、古典地理学、"儿童地理学"、对陆地进行系统的描述等问题。[2] 他力图使地理学地方化,限定其范围,对它进行细分,列出详表;并且以专业术语为背景,用更广义的地理学范畴来描述其特征:从气候到地形,从人口到物产。通过建立类别,朗格雷·迪弗雷斯努瓦这位科学家和调查者,为混乱的状态建立了秩序。

在公共视野中,皮伽尼奥尔·德·拉·弗斯也取得了类似的成功。他在 1715 年出版了《法国实景录》,该书不断再版至 1750 年;还发行了专

---

[1]　Goubert(P.), Roche(D.), *Les Français et l'Ancien Régime*, Paris, 1984, 2 vol.; t. II: *Sociétés et Cultures*.

[2]　Broc(N.), *La Géographie...*, *op. cit*.

门针对旅游者的简写本《法国新实景录》。他在书中收集了大量的知识,并且通过省与省之间的旅行线路将这些知识串联起来。要完成这样一项工作肯定会有各种各样的困难,但他仍然取得了成功。

> 对法国进行准确的描述,还要让人读起来感到有趣,这并不是一件轻松的事情。必须掌握关于这个伟大王国的全部细目,还要有足够的把握去经受无数读者的审查。他们都受过完备的教育,要知道,他们中的每一个人相对于自己居住的那个区域来说都是最有文化的人。因此,即便是最准确的作家,恐怕也难以面对如此建构起来的批评群体。

皮伽尼奥尔著述的成功或许可以用三个主要特征来概括。首先,丰富的资料使他的著作成为一座宝库。书中运用了大量的原始行政资料,因此,这位上流社会有识之士的文化资本中又注入了经济的和统计的内容。其次,皮伽尼奥尔擅长运用描述性术语分类法,并把他的所有技巧发挥到了极致。这份精美别致的文献描述了每一个省的特征,并且对每个省的物产都作了长长的回顾。最后,一个均衡发展的法国出现在我们面前,这是一幅美好的图景,作者丝毫没有忽略生产力、贸易、锻造等方面的描述。皮伽尼奥尔致力于改变,为此,他努力拓展知识。

我们可以用类似的观点重新审阅外省科学院的工作。早在 1750 年之前,30 多个稳定的学术团体已经开始振兴科学,拓展地理学领域的内涵和规划。私人之间的交流,尤其是协作论述,在与空间有关的领域中构成了评论的对象和经验的由来。关于这一点我们必须注意,外省地理爱好者在研究中提出了地方性的问题和普遍存在的问题,二者之间不乏有意义的联系。孟德斯鸠从波尔多科学院的讨论中受到了什么样的启发? 卢梭又该如何感谢第戎的协助? 这些我们都很清楚。此外,我们还必须注意,这些文集包括自然科学方面的资料(气候、地质、地球物理),也包括通过农艺和经济方面的观测,以及越来越社交化的观察得到的资料。不难想见,组织这样宏大的文献汇编需要何等的毅力。

除了教科书上的地理学,以及所有关于地理的成功描述和科学院所做的研究,我们似乎还应该加上词典和文献汇编里的地理学。其中,《百科全书》从它的第一版到以后修订的所有版本一直占据重要地位。它与人们的愿望协同为一,帮助人们理解事物的差异性而不是同一性;同时,还兴味盎然地扮演更换环境、调节情趣的角色,甚至带给人们一些异国情调,就像是自我的启示者、偏见的揭发者和斗士。与此同时,《百科全书》将自己的这份志趣与“知识的蓝图”结合在一起,从而促使统治者和政府加紧组织更多的调查。看待世界的新目光就是从这种契合中诞生的,它构成了18世纪最后三分之一时段的特征。新的视野将文化精英们的好奇心引向欧洲和王国,并且扩展到世界的各个维度。描述地理学存在着功利主义思想,这是毋庸置疑的,但是它为自然主义、经济主义、农学家、旅行者和观察家注入了活力。福加·德·圣丰发现了阿尔卑斯山,阿雷翁·杜拉克是博若莱省①的探索者,勒格朗·多西则在奥弗涅进行调查。探索者的足迹遍及每一个省,很少有疏漏。在探索与调查中,自然区划开始向人文空间结构延伸。

关于决定论的争论于是介入进来,人口与资源的问题将这场争论推到了现代人面前,而卢梭和他的《社会契约论》、布丰和他的《自然时代》,还有比利牛斯山的发现者拉蒙以及中东分析家、美国旅行家、《帝国的灭亡》的作者沃尔内等,则是这场争论的最初引导者。争论是深刻反思的结果,它集中反映了人们对近处空间和遥远的国度、自然原因和人文原因,以及以进步政治为化身的哲学进行的思考。人们发现,人类

---

① 法国古省名。——译者注

文明并非永垂不朽(孟德斯鸠论证了罗马的衰亡,沃尔内则阐明了东方文明的消退)。但是人们同时也愿意相信,人类对于自然的行动将为自己开创走向进步的未来之路。因此,人类需要知识。掌握越来越有效的技术,提炼实用知识的工艺规程,无论是统治者还是科学家、从业者还是爱好者,都在改变自己与空间关系的过程中坚定了积极的信心。

对于地理学这门揭示空间关系的科学,问题的关键并不在于按照20世纪或者19世纪认识论发展的结果来理解它,而应该把它置于其所维系的与启蒙运动思维空间的关系中来理解。从这个意义上来说,地理学并没有放弃新的概念,也没有停止推出新的思维方法,当然这些方法来自其他领域,那个时代的地理学家将它们运用于地理学。地理学同样也不断地经受政治突变,它带着同样的问题,有时还集合着同一批人,在拿破仑时代质量统计学家(statisticiens qualitatifs)的工作中继续自己的发展之路。当各省的调查员们大张旗鼓地要用数字和图画来表现法国时,他们非常渴望核实大革命风暴之后"各地的实情"。与此同时,他们挖空心思地为政府和舆论提供咨询,于是找到了取得大革命前资料的方法,并触及了资料的极限:描述、迂回观察、地方的美丽景色、习俗的混杂、大自然的确实性和传统的不确实性。总而言之,在社会实践、政治实践和认知实践的有机结构中,从启蒙运动到一次又一次的革命,我们可以清理出一条轨迹,它关联着现代管理与社会分析的源头。①

认识人民

如今,透过地理学对于空间及其不均衡性的探索精神,我们可以看

---

① Bourguet (M. - N.), *Déchiffrer la France*, *la statistique départementale à l'époque napoléonienne*, Paris, 1988.

到"时代精神"的一个特征。我们从中体悟到了什么？是该给出一个更确切的定义了。目前，我们应该从与空间的关系中找到一场更普及的运动的表征，这场运动将 18 世纪的思辨深深地植根于君主制国家本身的历史中。对于这个具有双重性的传统，我们必须梳理它的线索。

一方面，在对空间的表达中，它将知识与行动结合起来。要认识这个王国，就要绘制这个国家的地图，要通过类似于植物分类学、矿物分类学以及后来经过拉瓦锡改造的化学分类学那样的程序来绘制地图；要认识这个王国，就必须掌握一个工具——它不仅是一面镜子，可以让我们从中凝视王国辽阔的领土，查看它的数据和多样性，而且还是一种行动的方法。地理，它服务于战争，不久前人们常这么说。然而，地图学的意义更大，它记载冲突，并且为新的冲突做准备。我们由此可以发现，在何种程度上，最终又是出于什么样的目的，人们对于工具的疑问——如地图及其文论——离不开工具被构思和设计的方式。

另一方面，知性的理想所追求的不仅是知识的外壳和极限，也不仅仅是形形色色的知识门类，而在于追求一种行动的方法。人们常常给事物指定一个符合逻辑的理性框架，而地图则在这些用于指定框架的分类数据中添加了空间的维度，其作用在于使君主对于王国的影响力具有同质性。因此，地图的使用与调查的作用没有什么不同：国土面积对于衡量力量或者说衡量人的力量、对于计算资源、对于评估人与资源的关系是很重要的。于是，为了确立权力标志，为了建立将要推行的改良政治的基础，密度与平均数的概念出现了。"从此，在君王关于权力资源的财富概念周围，出现了臣民物质安康的财富概念"①，这就是将君主的力量与国民的能力融合在一起的辩证关系：国民提供服务，君主承担责任。

---

① Molinier（J.）；voir aussi Arbellot（G.），Lepetit（B.）（éd.），*Atlas de la Révolution française*；t. I：*Routes et communications*，Paris，1987.

正是在这个时期,人们越来越为了建构必要的知识资本而努力。从沃邦(人们一直读他的著作)到写作《国家财富》的拉瓦锡(该书出版于1791年,可以看作是他的最后总结,当然也是他此前长期研究的结果)①,一种有地域、有主体、有实践的传统逐渐形成。虽说历史还有待研究,但是我们可以概述这一传统的要点。总而言之,通过知识将时间和空间统一起来是那个世纪的愿望,我们把由此而推动起来的一切与现实中和表现中同时固有的、不可分割的某些制约放在一起进行比较是很有意义的。

法国的地图　法国的空间

正如人们所见,地理这门关于地域问题的科学渐渐地变成了地方的说明书。在这一变化过程中,不同门类的科学家对空间进行了具体而积极的解读,而他们的解读与方位地理之间逐渐产生了距离。因此,绘制地图的困难使解读空间的传统显得十分沉重,而且这项事业越是离不开王权的首肯,所面临的困难就越大。继德·丹维尔之后,诺德曼对这一点作了论证,但是他缺乏堪与18世纪帕斯杜罗媲美的研究工作,后者是桑松家族时期(1630—1730)参加编辑地图集的女历史学家。重新阅读这些地理学著作可以从中归纳出三个主要特点:全体专业地图学家的参与,建立制图任务的分级制度,将卡西尼的法国地图树立为希望的启示者、紧张关系和阻力的发现者。第三点具有极其重要的意义,因为希望、紧张关系和阻力构成了这项事业的特征。

从前的宇宙形态志专家,新时代的地图学者,他们聚集在地理学家的徽志下,共同彰显与知识有关的称号,提升其价值,并且阐述尚未在这个领域中完全建立起来的研究分工。桑松家族、杜瓦尔、德利尔、布歇等

---

① Perrot (J.- C.) (éd.), *La Richesse territoriale de la France e Lavoisier*, Paris, 1991.

皇家地理学家位于这座宝塔的顶端,他们都是 17 世纪的人物,直接服务于国王及其事务。桑松家族以及这个家族的活力不仅使皇家地理学家的身份得以提高,使他们的工作得到认同并且有了明确的定义,而且还赋予这一切以象征意义。由于这个家族的作用,皇家地理学家的职务基本上成为一个待在办公室里的世俗职位,伴随这个职务的是出版地图和地图集的高强度工作。桑松家族及其继承者大力发掘从路易十四统治时期到法国大革命时期的遗产,复制传统文献。其中包括桑松家族的缔造者尼古拉·桑松的侄子皮埃尔·杜瓦尔、皮埃尔的小舅子普拉西德神甫和亚历克西·雅若,还有桑松家族的侄孙罗贝尔、吉尔、迪迪埃·德·沃恭笛。通过任命皇家首席地理学家纪尧姆·德利尔为自己的老师,路易十四促进了这一职务的改革。同时,国王还重视已经实施的工作和皇家科学院已经取得的成绩,从而使这一职务具有了现代性。德利尔的侄子布歇将继续追寻前辈的道路,并且将在统治者身边扮演专家的角色。他被咨询的问题不仅涉及巴黎的水灾,同样也涉及殖民地的未来。担任过同样职务的还有昂维尔和布歇·德·纳维尔。

　　从事基础工作的是土地测量员,他们负责整理簿籍和平面图,因而都是研究封建法律的专家。他们被派往清点地产,集中建立产权名册。他们不那么著名,但是他们的工作都是必不可少的。皇家的产业及其管理堪称典范,这都是国王的地理专家兼土地测量员,尤其是河流和森林事务主管们努力工作的结果。整整一个世纪,马蒂斯家族一直担任皇家地理学家兼管土地测量的职务。随着柯尔贝尔推行关于森林的重大改革,这些职务变得越来越重要,因为改革的成效取决于土地测量员工作的准确性。从此,这个君主制国家更加密切地关注与境界标记和绘制平面图有关的政令的执行情况。土地测量员分为两类,共同负责林荫大道两旁的皇家森林:一类隶属于河流与森林总管,另一类算是有特殊技能的人。他们的职责彼此吻合，主要是在买主视察时和他们确认采伐量，然后对采伐情况进行检查，核实他们是否遵守了采伐规定。标出伐区，记录采伐中的错误，这些都是日常工作，其中存在着一定的联系。不同寻常的是绘制总图，进行地理表达。这项工作是非常必要的，精美的森林图就是在此基础上绘制而成的。但是，担此重任的更多的是总管手下的专业人员，而不是林地测量员。

　　基础行政结构逐步建立了起来。在阿瓦隆，第一位土地测量员是一位木材商人，他1715年接受任命，从此担任官职。1723年，他被委任第二项官职，1766年又增加了一项。对土地测量技术和测量员的需求随着他们技术的精湛程度不同而变化，只是到了1750年以后，全国各地的情况才越来越好。河流与森林主管的人数在增加，他们的技能水平也在提高。1730—1790年间，仅在纳韦尔就登记了25项委任。随着这个群体力量的上升和绘制平面图速度的加快，主要的经济问题和社会问题也清楚地暴露出来。首先，人们为城市发展导致的林木的减少感到担忧；其次，领主和农民团体之间的关系趋于恶化。测绘地图是一项高度完善的事业，它对于知识的需求越来越迫切。从简单的草图到精细的彩色平面图，从平面图到大比例尺地图，对于测绘高山地区的地图来说，这些环节都是必不可少的。在这一过程中，我们看到地理学的表达技术越来越精细了，地形几何学应运而生，它的出现增加了地图的美学价值。这样一场全民关注的运动（路易十五和路易十六都亲自参加了这场运动）所带来的影响，或许可以通过教学书籍的广泛普及得到解释，其中包括杜瓦雍的《土地测量几何学》（1767）、吉纳的《土地测量教程》（1770—1783）、迪邦·德·蒙特松的《土地测量学》（1766—1802）和《平面图测绘术》。我们终于明白不同层次的平面图怎么会有那么多。关于这个问题，巴贝夫认为，在18世纪，王国有三分之二的领主"被粘在了地图上"。我们也明白了这些平面图在技术上何以会达到在当时史无前例的精湛程度。①

位于两个极点的人们通过行政信息系统和理论培训系统进行交流,然而我们了解更多的却是他们的中间梯队。从底层走向高层的主要途径当然是在实践中学习,学习数学和制图方面的知识。在军队里,年轻的地形测量师都是在实践中培养起来的。当然他最好是在中学里零零星星地学过一些理论知识。人们越来越需要设备、经济、战争、外省行政等方面的知识,于是教学结构开始建立起来。1740年底,特吕代纳在创办于摄政时期的路桥学院成立了地形学研究室。当然,这种地理学首先是地图学的一个学派。1748年,梅齐埃尔工程学院接受了一项命令,对未来的官员进行使用绘图板、罗盘和制作水彩画的入门教育。参照山峰来测算高度的水平图与"空间几何学"不无关系,蒙日后来完善和发展了这门学科。这一点在《高原地图集》这部杰作中有所体现。最后,就在凡尔赛,那些在实战中为皇家兵营和军队培养起来的地理工程师终于有了自己的培训中心。全国各地不同等级的公路、运河、城市、工厂都在呼唤地形学,卡西尼必须为他们培养工程师。在吉耶纳和鲁埃尔格,省议会和省长开始大张旗鼓地测绘地图。人们与办公室里的地理学家的交流也比以前更丰富了。

透过无数企业的繁忙景象,我们隐约可以看出手绘的和印刷的地图在使用功能上的分类体系。在林地和农地中,地图是一种抵御和防护的工具,它能够准确地提供关于产业的地理状况。马克·布洛赫曾经研究过地产分块图,②正是在它的演变过程中,写有财产清单和佃农名册的登记簿与地图结合在了一起。经济的平衡和社会关系的演变

---

① Boissiere（J.）, *Population et économies du bois dans la France moderne*, thèse, Paris I, 1993, 4 vol.; t. I, pp. 50 – 92, 262 – 292, Dainville（R.）（éd.）, *Le Langage du géographe*, Paris, 1978; *La cartographie*, *reflet de l'Histoire*, Paris, 1986.

② Bloch（M.）, "Les plans parcellaires", *Annales*, HES, 1929.

与之密切相关。实际上,绵延于17世纪至法国大革命时期的那些不断重整旗鼓又卷土重来的所谓"封建制度的反扑",只不过是为了确保对产业进行更精确的管理,并且使空间在其表现形式上更适应正在经历的那个时代,对彼此各方的产业进行的一次整顿:土地的转让必须登记。与此同时,科学管理方法的普及使马马虎虎的大致做法再也行不通了。测绘地图的前提条件有时是对所属地产进行治理,其结果会在更大、更准确、更复杂的平面图上显示出来。涉及诉讼时,这些平面图就是证明材料。对所有人来说,它们使私人财产之间、堂区之间、领地之间、经营场所之间、不同类型的文化和观点之间存在的边界得以具体化。似乎那个世纪的人们想要证明,他们并不畏惧卢梭对作为不平等根源的一切标界的诅咒:"第一个敢于圈起一块地,说这是我的,并且发现人们很容易就信他话的人,就是公民社会的真正缔造者……谨防和这个骗子混在一起。"财产的地图绘制术是与卢梭的分析相对立的,并且为"独占的个人主义"的盛行发挥了作用。徘徊还是运动,支持者和反对者之间不间断的争讼,其间还伴随着关于经济发展问题的讨论,甚至关于奢侈品问题的争论,而这一切都与地图学不无关系。从私人的小块土地到杜尔哥改革计划中总督辖区的平面图(他的改革计划在奥弗涅、利穆赞、毛里求斯岛已经部分地得以实现),地图通过财产和产权确立个人与空间的关系。在国外,萨伏依已经从1728年起开始采用地籍册。从地籍册的根源上来说,这些记录也是我们在研究关于平等纳税的税收改革时应该考虑的内容。但是当时王国还没有为这一切做好准备。①

要想了解启蒙时期地图绘制运动的创造力,我们必须到其他地方去看看。在军队里,在行军时,在准备进攻或者实施包围时,皇家

---

① Nicolas (J.), *La Savoie au XVIIIe siècle*, Paris, 1979, 2 vol.

的工程师们①总是站在那些曾经在梅齐埃尔工程学院学过"画法几何"课程、受过更好教育的地形学专家们的一侧；他们忠于职守，扮演着必不可少的角色——无论是对于地形学的深入探索，比如说水平测量和遮蔽物的利用，或者是对于军事和民用地图学的发展。梅齐埃尔工程学院等于是一个研究所，而重要职位云集的参谋部则提供信息传播渠道。军事地图有其特殊要求：显示地形，明确自然障碍物，指明通道，提供资源信息。数学、地理学、统计学，甚至经济学在这里找到了一个集合点，其重要意义还有待进一步确认。

在城市，地图学家的行动具有决定意义。从一开始，无论是在桥梁工程局或是在军队，他们都认识到现代城市的形成要求动员民众。② 工程师、制图员、工程指挥者们都出现在开启民智的阵营里，他们联合起来共同对抗借助教会，并适当借用一点军队力量捍卫传统却没有得逞的市政长官。在城市的规划中，少不了要开凿通道、拓宽道路，还要建设纪念性的建筑，因此，城市规划需要地图、平面图、草图、地块分析报告，还需要起吊巨大的设备。这些工作常常伴随着大量的资料，它们被分装在无以计数的文件夹中，散落在各种各样的档案室里。从 17 世纪到法国大革命，关于卡昂的地图、平面图、设计图就有将近 700 幅，非常直观地讲述着这座城市的历险故事：差不多有 50 幅是 1715 年以前的作品，五分之四绘成于 18 世纪下半叶。这些档案记录了都市的发展形势，其中包括城市规划师的作用，以及民众鉴赏力的提高和教育状况的改善。

这样一套实用的科学资料如何得到了传播和普及？帕斯杜罗和诺

① Blanchard（A.）, *Les Ingénieurs du "Roy" de Louis XIV à Louis XVI, étude du corps des fortifications*, Montpellier, 1979.

② Perrot（J.-C.）, *Genèse d'une ville moderne, Caen au XVIIIᵉ siècle*, Paris-La Haye, 1975, 2 vol.

尔芒从事过这方面的研究。自维梅尔以来，地图的形象在画布上铺陈开来，并且通过地图集这种出版物的普及而盛行。地图集瞄准的是广义的读者群体，能够满足各种不同的需求。它以全球视野为背景，或者说越来越以本国的情况为背景来组织文献资料。桑松、雅若、德斐尔、杜瓦尔等家族把它发展成了一门专业知识。富裕的地图爱好者们制作了华丽的卷册，通过合理的统一阐述来普及符合官方规定的文献资料，并且侧重于读者所期待的两个方面：行政区划地图和历史地理。18世纪的大出版商雅若和买下了雅若家资产的代斯诺斯推广了旅行者们使用的"明信卡片"和《忠实旅游指南》。地理学越来越寄希望于人的流动性，但是它同时也有助于人们的安定。从君主王族到军人和议员，以及必须从事文集编辑出版工作的专业地理学工作者，读者的队伍日益壮大。学校配置了地图集和编辑整理过的税务员的查税登记簿，因此，一整套关于空间的教学通过学校教育得到普及。地理学将朝着理性的方向发展（我们不妨想一想城市里房屋的编号和街道的固定命名），①它讲的是科学知识与合理需求在实践中的关系。

　　这项事业的最高境界是法国的地图学。那是一种统一的、集权化的、能够提供关于王国的真实数据的地图学概念。它一路蹒跚，从柯尔贝尔到奥里。由于受国家控制，因而这是一项政治事务。但它同时也是一项科学事业，科学院承担了一部分工作，因为现代的地图要求精确的测量和专家的参与其中。测定海拔标高、测定经线、对陆地进行三角测量等，诸如此类的空间位置的确定就持续了四分之三个世纪。建立三角测量网花了14年时间，但这对于测绘地图是必不可少的。到1744年，这一切终于完成了，于是卡西尼三世发表了第一张1∶886 000的局部地

---

① Roche（D.），*Le peuple de Paris. Essai sur la culture populaire au XVIIIe siècle*，Paris，1981.

图。随后是一种奇怪的合作：国家提出倡导，民间组织实施。卡西尼有国王的支持，还有总监头衔给他的津贴，但这并不妨碍"他创办一个股份公司，不仅享受着朝廷的器重，同时还长期为科学界所迷恋。因此，他后来忍受了一些与此有关的变故"①。20多位工程师经过招聘和培训之后被派往法国各地，然而，尽管有这样的工作团队，这场属于王室的运动由于法国大革命的到来而没能完工。除了财政方面的问题之外，这项事业很快就遭遇了两大障碍：外省权力部门在各地激烈竞争，比如在朗格多克地区，这对他们所能给予的实际支持构成了障碍；另一个障碍在于地图的实用性。

卡西尼打算把他的2 500份印刷品（1756年做的预测）分发给三类读者：国王、他的臣民和地方读者。对于前者，"了解自己的统治区域是有益的，也是必要的"；对于臣民来说，"深入研究他们利益所驱的那些地方的地理位置是很有用处的"；第三类读者的代表人数是按照每500人一张地图的比例估算出来的（计划要销售182张地图，读者的规模大约有100 000人，这个数字不算少，或许还绰绰有余）。卡西尼曾料想，他们"将会多么惊奇地拥有那张关于自己家园及周边环境的地图"。然而，销售情况却出人意料，并且在1760—1765年间，销量持续下滑；利润没有达到预计的水平。被解除了装备的军队从革命政府那里得到了没收来的地图，接着，军队重新取得了对于地形信息的垄断并使之成为军事机密。② 法国有了自己统一的地图，这张地图确实符合几何学的要求，却只是在一定程度上满足了大多数使用者的需求，因为它在"场地的体现"、公路和地形详情的表达等方面反应滞后。军事对峙中可能融合了外省人对某个不完全符合他们兴趣的事物的公然不信任。总之，卡西

① Nordman（D.），Revel（J.），*La formation...*，*op. cit.*，p. 112.
② Pelletier（N.），*La carte de Cassini*，Paris，1990.

尼的传奇经历为我们提供了一整套关于旅行和社会需求的文献,它们代表了18世纪的社会特征。不仅如此,我们还可以从中看出在一项以全民利益为目标的事业中,存在于私人与国家、巴黎与外省、军队与百姓、几何学家与地形学家之间的紧张关系。

从地图到调查,从调查到分类

地图能够帮助我们进行测量和定位,它将我们引入对空间进行构想、组织,并使之交织在一起的方法。地图在其制作过程中遇到了两大局限:首先,它还不能够把空间构想成为一个系统,因而就不能用统一的国家范畴的关系体系来加以表达。旅行消遣读物确实是以这样的方式表达空间的,但那只是一种分割的空间观,毫无分类体系可言,也不具备功能上的互补性。其次,在启蒙运动时期,地图学还难以在表现方法上实现内容和形式之间的跨越。物产地图和主题地图极为少见。地图落后于有关质量和数量的统计学,因而不能集中反映长期以来认知空间的活动所必需的数据。自从柯尔贝尔以来,认识空间的事业一直以官方的意志为导向:政府希望更多地了解行政运作方面的情况,更好地协调资源与控制之间的关系。认识空间的模式就是在总督们的调查中建立起来的,它一直延续到18世纪,深刻地影响了法国的知识传统和行政传统。

这项事业是君主制实践的象征,目的在于让王国的继承人了解以责任、众人的幸福和王国的强大为核心内容的教育的进步。继承人必须了解他未来的王国,正如费奈隆所说:"对一切一无所知的国王只能算是半个国王。他的无知将使他置身于整治混乱、重建秩序的事态之外,这要比他手下大臣们的腐败带来的问题更严重。"①然而,君主要了解馈赠给他的王

---

① Fenelon, *Examen de conscience sur les devoirs de la royauté*, *OEuvres complètes*, Paris, 1971.

国,就必须有一张描绘王国的全图,他可以从这张图上遥看"王国的状态":耕地的质量、人口数量、劳动能力、习俗、职业、群体的平衡。调查是一面镜子,通过从君主到总督、从中心到外围的调查者们忙碌的身影,通过组织调查的专业类别,通过指导这场调查的税收思想和重商主义思想,这面镜子映照了王国在一个特定的困难时刻的局势:1690—1700 年是危机四伏的 10 年,在这个时期,政治家和改革者们开始思索人民的疾苦、经济与贸易的前途、战争与宗教动乱的后果。调查还伴随着未来的创举:1695 年之后设立了人头税。①

　　17 世纪的宏伟文献一直影响着 18 世纪的人们,并且一直为历史学家们所运用。虽说这些文献在很大程度上取决于相关总督的个人品格,但是它同样也揭示了置身于君主政体危难之中的统治者们的文化状况。文献结构的图解清楚地表明了这一点。问卷与回复具有多样性,但是描述的思路贯穿始终:在简短的历史回顾和对地形学的扼要评价之后,作者通常按照教会、军事、司法、财政的顺序对机构展开叙述,并且根据各省在贸易、手工业制造等方面的能力对税收收入进行估算。调查对国王影响力的极限进行了估计,并且衡量了在一个有着不同社会成分的国家实现统一化的可能性。要想了解王国当时的状况,就必须通过他的行政和经济运作来理解这个政治体,同时还必须对他的社会团体有一个最基本的认识。这就意味着必须勾画出臣民的形象,也就是说,要用功利主义的范畴和宫廷社会的尺度来衡量他们的文化和发展状况。因此,在蛮荒的法国(酗酒的布列塔尼人、懒惰粗野的南方人)和文明的法国(擅长文字的、温和的昂热人)之间,以及在勤勉、工业发达甚至比较繁荣的王国与缺乏活力、毫无生气、不发达的王国之间形成了对立面。这种分类

---

① Trenard (L.), *Introduction à l'édition des mémoires des intendants pour l'éducation du duc de Bourgogne*, Paris, 1975.

法的有效性取决于一个信念：旧的框架必须能够清楚地表达一种"自然的"特性、一个恒定的数据、一个我们必须认识但却不可改变的已知条件。[1]"众多勤劳顺从的臣民，一个管理有序的繁荣的王国。在当时，这一切远比各种各样的风俗、信仰或者方言更能引起国王的兴趣，也更令王国的官员们操心忙碌。"[2]

　　调查被置于充满活力的行政事务之中，这样的传统一直持续到旧制度的终结，尤其是其间还形成了各省的统计数据。在关于知识的辩论中，描述派和计算派展开了交锋，路易十四的总督们提供的图画具有决定性的影响。与抽象的数学概念不同，地方化的地理学专著忠实于自然风貌，竭尽所能地建立地理构成要素之间的关联，使作为国王代表的官员们得以开展行动。从自然环境到社会条件，各种地理要素的组合变化多样，使一个地点能够得到明确的定义。实际上，这种方法完全符合当时的行政状况：由于缺乏调查人员，因而只能依靠从代理人、神甫、人头税税务员、手工厂监察员、路桥工程师那里得到的资料。此外，在皇家农艺协会和商事裁判官们的要求下，私人领域的大地产主和大批发商也越来越多地提供统计资料。1750年以后，医生也开始扮演至关重要的角色。从奥里到拉维尔迪，一代又一代的财政总监（contrôle général）在1730年、1745年、1764年先后发起了调查，形成了一套享有盛名的描述性统计资料。与总督任职期间完成的统计一样，这些资料同样也不遵循知识的逻辑，而是更加注重竞争的逻辑——竞争能够调动部长的权力和地方代理人的积极性。

　　学术团体、农业团体、读书会、共济会支部和哲学沙龙的聚集实现了启蒙运动社会文化的兴起，这吸引了举国关注的目光。精英们的文化才

---

[1]　Bourguet（M.-N.），*Déchiffrer la France…*, *op. cit.*

[2]　*Ibid.*, p. 30.

智得到认同,他们联合起来共同分享群体的知识和百科全书的意图——它为精英们提供了词汇和分类框架。达朗贝尔的《知识简表》是人们心中不灭的信仰,以致当权者都想理解其中的道理,掌握信息,以便自我改良。精英们成了王权的合法顾问。与此同时,他们还在这个异质混合体内建立了人文科学的合法地位。卫生工作者、地理学家、医生、管理人员、经济学家都出现在他们的行列中。对于这些人来说,理解社会关系就意味着用类似于"自然史"作者们的方式进行推理思考——他们曾无数次地聚集科学院的院士们。地理学家达尔鲁克对此做过明确的表述,诺德曼引用了其中的段落:

> 对于一个省来说,如果自然史的目标只是简单地清点自己收藏的化石、列举当地的气候和物产,那么它最多只能满足一般人的好奇心。然而,如果能够将这些不同的方面结合起来,努力从中归纳出与人类的联系,并且尽可能使之与公益事业相关联,这样的自然史才弥足珍贵……①

这是一部百科全集:就事实论事实,通过归纳的方法来理解事物的确定性,并且从中推想出它们的起源和体系。此外,这份描述性的统计资料还在很大程度上受到了《论法的精神》的影响,它的编纂方式与词典、农业地形测量学和观光游记同属于一个概念体系。关于农业地形测量学,其中的典型之一就是阿瑟·扬的记录。资料编纂的指导思想也与其他类型的调查不同,因为其他的调查通常是先收集国家行政所需要的数据,然后求出平均值、常数和运算规则,以同质化和抽象化为目的,由个别到一般地进行推论,而不是与此相反。这种调查其实很普遍,尤其

---

① *Histoire de la Provence*, Marseille, 1787.

是 1750 年之后更为普及。它从英国的"政治算术"中学习教义，而并非像前面提到的统计资料那样从日耳曼人的"财政学"中获得启迪。它继承了 17 世纪的惯例，受到了沃邦的倡导，从财政总监那里或者在比尼翁书库那样重要的行政部门取得了资料，从而能够通过合法的程序看到人口和生活必需品简表，了解工业部门的状况以及物价或交通演变的数据。因此，从路易十四到路易十六时期积累起了一整套统计数据和文献资料，它们是按照不同的时间周期（年份、季度、月份）编排的；或是为了弄清楚一个特殊的问题而在某一个特定时期完成的，如印刷、纸张、矿场、炼铁厂、制革厂或农业生产等方面的问题。

定期清点的惯例反映了两种很有特点的态度。首先，这些惯例在地方行政部门和国家政府之间维持着一种持续而特殊的关系。因此，研究这些统计资料总是能够让我们发掘地方政府与国家在政治利益与经济和社会关怀之间的差距。其次，它们树立了一个牢固的观念，即在统计资料所提供情况的基础上展开行动是可行的。也就是说，从预测到行动是有可能的。无论是生活必需品和人口的统计，还是蒙蒂翁在 1775—1786 年间进行的犯罪问题调查，这些方面都清楚地表明，统计不仅在于掌握情况和进行部署，而且还在于通过了解社会现象来把握应对社会短期之需和长期目标的方法。

通过各种不同的渠道，调查的各项结果在同一时期从政府和公务人员手里的秘密变成了公共领域的研究资料。在那个时期，政府部门之间仍然通用手写文件——反复地抄写，自然是费钱费力。然而，总督们组织的大规模调查却是因为那些前后连贯的浩瀚文献，包括其中修改的痕迹，而为世人所知。不管怎么说，这些文献已经为中央机构（相对而言）和地方机构所保存，甚至被某些著名的国家公仆所收藏，比如说，阿尔让松侯爵和克罗伊公爵。不久，在 1727 年之后，这些文献的摘录出现了，就是说人们开始使用这些摘录。关于文献的流传情况，布兰维里耶和他的著作《法兰西国家》可以说是这方面的代表。这本书有 12 个版本在法国各地流传,而第一版是英文,还是遗作。它构成了政治批评传统的基础。其他一些涉猎多题材的作家则在他们的词典和著作中纷纷借用其中的零星段落。这样一来,在国家行政机密和想要得到机密的愉悦愿望之间维持着一种关系,其结果是将早在五六十年前收集的资料维系在知识的水平上,而且一般不再扩散。萨瓦里的《贸易大词典》就属于这种情况。该词典出版于 1723 年,后来又再版过,而且屡遭剽窃。它公布的是 1695—1715 年间的事件。在旧制度的末期,档案逐渐向调查者开放,内克尔及其《国家财政报告书》是这方面的典范。借助舆论的关注,内克尔的著作使政治辩论的范围得以扩大。

对于学者或者说对于社会事件的专家们来说,关键是要形成足够大的影响,哪怕实际效果需要等以后才能够衡量出来。这就意味着应该停止对计算专家实行资料封锁,应该将他们推上计量之路和形式逻辑之路。在人口统计的历史中,这一点看来是明确无误的,因为在这一过程中,课税与人口统计的关系逐渐分离。为了确保信息资料的正确收集,就必须将专门的术语和概念性的工具交给主管官员,他们在这些方面多少存在着一些不足。由此出现了短暂的"黄金年代",那是一个"智慧和权力超越所有经济和人文科学的年代"[1]。那时的法兰西还是一个不那么难以琢磨的国家。

管理与分类

还需要强调两个问题,这两个问题都是新科学及其实践关系中的核心问题。一方面,人们感到在各个领域都很有必要进行分类:这是"生

---

[1] Perrot (J.-C.), *Genèse d'une ville moderne…*, *op. cit.*, t. I, p. 140.

活目录"①的胜利。另一方面,在行为和感知与知识和思考之间存在着一个巨大的不确定的领域:一个使人们的感知与平常空间的实践得以具体化的临界地带。

管理部门通过调查、统计表和账册推广一种看待事物的方式和管理技术,这种管理的逻辑是统计,而统计与分类是不可分的。要看懂课税项目,要了解人口总数以及犯罪或疾病的数据,就必然涉及分类学。财产登记表上各类所得、年龄与性别、轻罪与刑罚、疾病分类学与治疗方法,所有这一切都是按类别划分的,而这些类别同时也揭示了事物的状态和作为人们认知结构的看法。将这份笔录记在心里,就可以理解各种纷繁复杂的现象,比如说人头税名册、图书目录、堂区的参观记录。对于历史学家来说,从来没有哪张照片是没有色彩的或是不能被"唤醒"的,重要的是构成分类体系并且使分类具有合理性的指导思想、可能产生的效应,以及把握这一切的方法。在医学方面,这种态度至关重要,因为人们无法治疗未知的疾病,这就需要进行普查,然后给疾病命名。通过建立疾病分类学的排列顺序,人们为变革做好了准备。皇家医学协会(Société royale de médecine)就是这样在1776年之后将医生聚集起来的。协会还建立了井然有序的"医学地形图",对国土实行分区管理,其宗旨在于改善民众的健康状况,包括身体的和精神的健康状况。认知是变革的前奏。②

管理科学和自然科学通过某种联系融合在一起。在这两个领域中,重要的都在于找到本质性的东西,根据有效的标准进行选择,并且理解是什么将可见的和不可见的、内在的和外在的东西结合在了一起。简言之,就是要通过分析做出判断。为此,摄影学如同植物学和医学,以及化

---

① Dagognet (F.), *Le Catalogue de la vie*, Paris, 1970.

② *Ibid.*

学或矿物学,都开始锤炼自己的词汇。这些词汇不仅使人们能够对物体的特性进行表达和演绎,而且还表明了一种演变。整个自然界都成了编码的对象。分类学则成了一种进步的工具,它有助于人们进行总结,抓住所有可能被遗漏的,并将它们纳入表格的序列中。"由于有了分类学,社会的命运便通过分类的形式得到演绎。"无论是关于植物、书籍或是其他物品的收集,都令人折服于其丰富性和神秘性,感动于景色的美丽和收集的快乐。不仅如此,从长远的观点来看,收集的过程还蕴含着对于自然以及客观事物的把握,它将物质文化和精神文化结合在一起。"自然法则就像化学家的点金石一样"[①],安托万·洛朗·德·朱西厄曾如是说。两个领域相互融合,生动的世界都合并在目录里,这一切将改变这个世界。目录支配着生产,支配着植物和动物的和谐结构;它还改变了市场,并且对统治者进行细致的探究。我们认为,植物学、动物系统学、疾病分类学这三个重要领域之间在18世纪末已经出现了紧密的联系。

园林、植物区系和植物标本集的意义重大,它们构成了植物和自然文化的基础。随着煤炭和化石化学的兴起,确实出现了一些新的操作方法,但是它们并没有立即取代森林开发用到的各种技术。因此,整个生产和交通系统的运作主要还是依靠动物能量,这就是"原始技术"时期的特征。那是一个技术联合的时代,知识的进步与新的操作方法的不断出现促进了技术变革,但是并没有割断与过去的联系。在接下来的一个时期,工业"革命"初露端倪,环境危机开始显现,这时候技术变革加快了节奏。直至此时,木材、森林仍然在职业领域一统江山,小麦、农艺及关于农艺的思考、收获和收获物的历史等问题主导着管理者的思想。大型手工工厂的形成需要农田、植物、牧场和羊群,以及染料植物。所有的

---

① *Exposition d'un nouvel ordre des plantes. Mémoire de l'Académie royale des sciences*, Paris, 1774.

农学家和化学家都在著书立说，或是关于这些主题，或是关于他们的实践经验。国家也鼓励旅行者和探索者。正如达戈涅所阐述的那样，在这个特殊的时期，语言科学也从技术进步中得到了益处："由于植物的丰富性，植物学被模型化了，从最初全凭经验的阶段过渡到大胆演绎的新时代。它是如此脱离自己的本原，就像它与种菜或种花养草的手艺那样不相及。所谓书写的科学（science scripturaire）其实是指代植物的一个用语。事实上，正是这个用语将植物投入于这种探索中，从而使这样的飞跃成为可能。因此，这个词已经不再代表植物，但是它又象征着植物，尤其替代了植物。真是能够产生奇效的东西，谁要是知道它的确切名称，谁就能够立即明白与之有关的全部道理。成功的交叉就是这样的。"阿当松、朱西厄、林奈、图尔纳福尔等家族所做的努力；以及卢梭在更小范围内完成的工作，例如他的《信札》就在精英们的圈子里传播过对于植物学的兴趣，所有这一切使植物的命名与推断成为可能，同时也使其他众多领域的工作更加有效率。

维克·达齐尔、居维埃、布尔吉拉以及后来的若弗瓦·圣-蒂莱尔在动物分类方面的努力，使动物终于被纳入文化的范畴。关于动物的知识也循着植物学的发展方向，力求达到实用的目的。从疾病分类到临床实践，医学的发展一直受到促进：分类目录和新希波克拉底主义的方法就像德依对巴黎医院的调查那样揭示了社会机体的病患，并且促使人们希望通过专业术语的教学和关于排列与分离的系统科学找到治疗这些病患的方法。在所有知与行的方式中存在着一种关联，这种关联激活了感觉主义的前提条件。因为感觉主义是将感觉，特别是将视觉作为组织认知的第一要素，并且把组织动员作为对世界进行系统分类和合理地绘制生物地图的先决条件。管理智慧与科学的蓝图、社会的憧憬、学者的预判和问题就这样结合在了一起。

第二章 支配空间

我们这个时代已经支配了空间。在近处空间，我们的旅行不再受到阻碍；在远处空间，时间已经无以计量。世界在我们能力所及的范围之内。相反，对于18世纪的法国和法国人来说，距离是生活中一个很常见的困难，或者说是一项损失，因为距离意味着人力成本与货币成本增加，以及命令、消息、情报传输缓慢。我们应该注意到，空间在从前的人文关系中产生了阻滞现象。因此，那个时代的人们凝聚在一起共同实现空间的通畅，这对于人们所构想的人文社会的具体发展来说是必不可少的。

从作为社会基础的家庭到国家，从国家到各个省，从各个省到王国，空间是经济学家们思考的中心，因而他们几乎时时处于重商主义的支持者和新型经济管理的追随者（重农主义者、自由主义者）的对立面。从17世纪起，经济循环的概念已经广为人知，并且引起了讨论与争议，因为它是人们用于分析问题的核心概念之一。[1] 此外，各种描述也变得空间化了。这是因为，面对贸易和加工领域已经开始的变革，交通建设的进程直接规划着市场发展的前景。公路、运河与河流、海运与港口设施构成了交流策略的实施工具，同时也是形成国内市场的必要条件。

与此同时，英格兰以其得天独厚的自然条件成为典范。在英格兰，沿海地区到处是灰蒙蒙的煤炭工业谷，那里有繁忙的沿岸贸易，它将伦敦和无数的港口连接在一起；那里有经过整治的河流（1750年已经有

---

[1] Dockès（P.），*L'Espace dans la pensée économique du XVIe au XVIIIe siècle*，Paris，1969.

1 600 千米的航道），能够将很重的货物以低廉的成本运往远方；在那里，修造运河的投资是有回报的，土地资本、农业资本、工业资本、商业资本也纷纷投资筑路，这项事业有利于地方和民间，同时也惠及全国。总而言之，这是运输领域的一次真正的革命。在法国，革命则以别样的方式推进。关于这一点，我们将记住那些最基本的要素，通过这些要素，我们将看到一个反抗封闭的王国的概念是建立在怎样的基础设施和治理规划上的。

必须理解封闭在何种程度上会对一切发展构成障碍。当然，我们不能将发展仅仅归结为经济的发展，因此，交通也不能简单地用货物与产品、原材料与制成品的流量作为唯一的尺度来衡量。"贸易"一词有双重含义：一方面，对于市场的形成以及由贸易引入的加工生产（这种关系直至 19 世纪才开始改变）的发展来说，内部贸易和对外贸易是一种原动力；另一方面，从更广义的概念来讲，贸易是人与人之间相互关系的推进器，是社交的一个关键要素。《百科全书》借用维隆·德·福尔波奈的笔墨让我们重温了这个概念：①

> 永恒之神创造了大自然，他想通过他所播撒下的千姿百态的事物使人类置身于彼此的相互依赖之中。神创造出了一些关系，为的是使人类保持和平与互爱；此外，他让人类认识天地之间的美丽珍奇，从而向人类显示他的慈爱和伟大，以便将人类的赞美作为贡品收集起来。因此，人类的视线和人类的激情都进入了天命的永恒的范畴中。人类能够相互提供的稀罕之物丰富多彩，因而他们之间的依赖性扩大到了实物需求或舆论需求。

---

① *Encyclopédie*, t. III, 1753, p. 690.

　　《贸易基本原理》(1754)和《论法的精神的思考》(1753)的作者以类似普吕席神甫的文笔和他的《大自然的景色》的文体,带着一种正好将神的范畴和商人的范畴协调起来的目的论的思想,清楚地表达了社会和文化要素在那些捍卫经济体系的自由运作、捍卫"自然流通"影响的人们心里所具有的重要意义。从孟德斯鸠到孔狄亚克,在"温和贸易"或者说开明贸易的经济意义中,还承载着另一种内涵,那就是唤起人们的"礼仪恭谦",或一种礼貌行为、一种对于社会生活的有益参与。马克思后来在他关于资本原始积累的论述中曾嘲讽过这一层含义,①然而这个含义正是将地方与世界经济连为一体的流通与开放、打破封闭与扩张等用语中所固有的。

　　透过人们赖以交流的物质条件,我们可以解读出更为广泛的变革征象,直至与智慧和观念有关的领域。因此,有必要在流动性的文化要素与知识和进步的物质条件之间进行对比。况且在这种关于流动性的文化中,使不同的人文关系扭结在一起的各种方式之间还存在着交锋。有一个时期的"观念",包括思想家的观念和行动者的观念,都竭力想让人们安定下来:拥有一个居所,一个身份,一些可核查的证件。这时就必须把握安定因素与流动因素之间的交汇。所谓流动,主要是新的社会力量使然。在他们的行程结束时,我们又会见到新空间和新体系的建设者们的身影,见到那些循环的缔造者和工匠、建筑师、工程师。冲突使他们之间形成了对立,这种冲突表现为两种规划原则和对空间的两种不同解读之间的对峙。第一种原则和解读是建立在美学知识基础上的,反映的是能够表达特权群体共同意识的一种文化、一种"精神",孟德斯鸠已经使不同的民族都被赋予了这种精神。简言之,这是一种古典主义的理想,在这里谈"实用性是不合适的"。第二种原则和解读表达的是一种

---

① *Le Capital*, "La Pléiade", chap. XXIV, p. 6.

创世的意志,这种意志是通过国家的新现实和总体规划体现出来的。说到底,关于空间的经济概念最终还是被动摇了。

公路与水路：交流的策略

到路易十五登基时,法国空间的合理结构已经进入了统治者们的思维框架。从柯尔贝尔以来,历代的财政总监、总督,以及少数路政管理负责人和反应似乎有点滞后的法兰西财务官,都感到需要对交通问题进行总体考虑,以便改善王国的对内和对外贸易。公路都按照所能产生的经济利益划分了等级,技术人员则忙于对收益进行初步计算。[1] "在一个仍然为习俗所支配的社会里,关于空间的概念逐渐明确了,它是由人员、思想、商品的流通进行定义的,其中遍布着不同距离之间相互呼应的各种设施。终于可以用统一的表现方式来绘制地图了,最早采用三角测量法的乡村早已间接为地方本位主义的消失做好了准备。他们那种无秩序的排列必将让位于一种可以从技术和经济角度来测量和思考的现代版图。"在启蒙运动晨曦初现的时刻,这一理想与微薄的财力状况形成了鲜明的对照。[2]

法国18世纪初期的公路更像是发展中国家的专用道路,而不像我们现代化的国家级公路。除了在巴黎周围,其他地区几乎到处是没有修建过的天然公路。这些公路遍布包括边境在内的各个地区,尤其是东北部地区。然而需要修建的正是这些公路,实际上重要干线的星形结构就是在这些公路网的基础上建设起来的。虽然人们面对着不同的自然制约,但是每一位使用者的出行条件都因此而得以改善。狭窄陡峭的公路

---

① Cavailles, *La Route française, son histoire, sa fonction*, Paris, 1946, pp. 54 - 56.

② Picon (A.), *Architectes et Ingénieurs au Siècle des lumières*, Marseille, 1988, p. 97.

时而在自然形成的谷底蛇行,时而在略有起伏的山脊上蜿蜒。平原地区覆盖着密密的公路网,到了山地或者西部偏远地区就只剩下必不可少的那一条路了。公路的规划取决于需求与资金之间的协调,以及微薄的地方财力与上级敦促之间的权衡。当时还没有公路网的概念,因为这一概念的前提条件是必须考虑公路交通的分类体系。由此可见,公路网概念还需要经历漫长的发展时期。[①] 公路在与水路的竞争中毫无招架之力,即使它们面对着类似的困难或障碍:由于缺乏治理,自然屏障给整个交通都造成了不便。在这一对立面中,有一种关系逐渐明朗化,那就是从公路到水路交通的一种既独立又相互依赖的关系。此外,一个挥之不去的奢望也是这一对立面中所固有的:交通干线通常只是穿越一个地区,怎样才能够让它们介入一个地区的生活?早在法国大革命的前夕,阿瑟·扬在第一次旅行时就提出了这个问题,但确实显得不太客观,工程师们的计算正好也推翻了他的假说:

> 1788 年 10 月 9 日、10 日、11 日,我经博韦和蓬图瓦兹返回,第四次进入巴黎时,我更加坚定了自己的看法:与伦敦相比,通往巴黎的公路显得荒凉。通过什么方式与乡村建立联系呢?法国人一旦到了一个地方,就会在那里安顿下来,不再想去别的地方,从这个意义上来说,法国人是世界上最安居乐业的民族。而英国人则是最好动的民族,他们更大的乐趣在于从一个地方往另一个地方迁移,而不愿在某地安定下来享受生活。

我们从中可以看出,经济的发展可以归因于交通条件及人民的心理

---

① Lepetit (B.), *Chemins de terre et voies d'eau*, *réseaux de transports*, *organisations de l'espace*, Paris, 1984.

状态。简言之，可以归因于文化。①

公路：从方法到目的，从动力到技术

长期以来，公路一直是国家的大事。柯尔贝尔筹划的事业在持续进行。从 1713 年起，各省聘用的各类技术人员统一了身份；每个财政区（généralité）设一个工程师，再加十几个监察官（inspecteur général）；等级体系逐步形成。不过，这项事业真正的推动力来自摄政时期。1716 年，行业团体组建起来，而且一直存续至今。

从此以后，法国各地普遍是由一个监察官、一个首席工程师和 21 个工程师行使管辖权，另外由三个监察员（inspecteur）负责各个部门之间的联系。尽管如此，直至法国大革命，保留了地方三级会议的省份（pays d'États）仍然没有被纳入管辖体系，这在勃艮第、朗格多克、布列塔尼、普罗旺斯等地引起了一场不容忽视且难以引导的竞争。面对王权的扩张，以及 1716 年以来财政总监、财务官和公路项目负责人权力的日益扩大，公路成了明确要求自治权的一种方式。

随着 1728 年绘图局（Bureau des dessinateurs）的设立，以及 1743 年任命特吕代纳为财务监督官（intendant des finances），行业团体的发展完成了第二个阶段。在法国的开明行政中，对工程师的培训是经济、技术和教学方面的杰出范例。作为高等法院的法官、总督、国家重臣，特吕代纳（1703—1769）后来改变了观点，开始信奉科学与进步，并且从 1747 年起与另外一个后来变得更加重要的人物联合，这个人就是佩罗内。佩罗内（1708—1794）是瑞士王室守卫队一位年轻士官的儿子，由于家产不丰，没能继承修筑要塞的事业。他从事巴黎市河岸建筑方面的工作，并

---

① Young（A.），*Voyages en France*, éd. H. See, rééd. 1976, 3 vol., t. I, p. 182.

于 1735 年进入了路政部门。1747 年之后,领导法国公路改革的人主要是他,而不是特吕代纳。佩罗内是数学家、建筑师、《百科全书》的合作者,同时也是科学院和建筑科学院的成员;他还是一位非常著名的官员,经验丰富而又非常严谨。他洞悉所有的科学发现,然而我们更应该说他是一位艺术家,而不是真正的科学家。

佩罗内的行动主要从两个方面展开。首先,加强对工程师进行培训,为他们开设机械、水利、计算和制图方面的专业课程。他的这一愿望是通过设计竞赛来体现的,绘图与几何在其中占主导地位。[1] 这是第一次有人关心工程师这个定期领取俸禄的群体,并且拿出了切合他们需求和职责的特定方案。1748 年,作为皇家路桥学院竞争者的梅齐埃尔工程学院(École du génie de Mézières)成立。此外,佩罗内的行动对于路桥议会的设立同样具有决定性意义,于是,他 1747 年讨论了关于公路的政策,做出了技术方面的决定并且委派了任务。预算的持续增加使愿望得以付诸实现。1700 年前后,平均支出增加了不到 100 万利弗尔。[2] 而到了 1740 年,已接近 500 万;1786 年,达到了 900 万,至少增长了 200%。[3]

启蒙运动时期的公路政策试图解决支配着古典时期整个公路基础设施的所有困难。从不规范到规范,从断断续续的公路到连贯的路线和不间断的载货车,经过会议讨论的规划充分体现在各类项目中,并且在工地上得到逐步实施。这一切将人们征服自然、促进交通发展的愿望具体化了。说到底,这也是打破封闭的愿望。

---

[1]　Picon (A.), *L'Invention de l'ingénieur moderne…*, *op. cit.*

[2]　法国古代货币单位。——译者注

[3]　Goger (J.-M.), *La Politique routière en France de 1716 à 1815*, thèse E. H. E. S. S., 1988, ex. dactyl., 5 vol. (plus particulièrement t. I et t. II); *cf.*aussi, du même, *Le Temps de la route exclusive en France*, *histoire*, *économie*, *société*, 1992, pp. 553－570.

工程在规章制度的作用下得以持续进行，其中的基本原则值得回顾。公路的宽度和道路的等级从 1720 年起就有了明确的规定：皇家公路（route royale）60 法尺（19.40 米）、大道（grand chemin）48 法尺、皇家道路（chemin royal）36 法尺、便道（traverse）30 法尺。标准的确立有利于对重要项目作更具体的说明，也有利于工程的组织安排。与此同时，为了确定马路的位置，为了使交通线路避开季节性的偶发事件，避免泥泞和雨水冲刷的危害，工程师们思考的问题主要是铺碎石层和铺路面的技术以及对道路进行必要的基本养护，以便使"铁打"一般干爽的公路能够在一年中的任何一个季节确保人员和车辆的流通。在这个伟大的崇尚技术的时代，特雷萨盖的成就脱颖而出。1760 年前后，在利摩日的那些年，他是杜尔哥的合作者，他们在 1775 年完成的《道路建筑与养护笔记》被工程师们奉为经典。特雷萨盖解决了两个最重要的问题：首先，他用一层厚厚的碎石铺路，碎石层平坦，颗粒细腻，铺设仔细，这样既节省了开支又加固了路面，车辆不会再掀起铺砌路面的石材，也不会留下深深的车辙印。其次，养路工细心地修复周期性破损的路面，于是该群体的配备使道路能够得到定期养护。

特雷萨盖的公路系统主要在 1787 年之后才得以推行。虽然他的系统推进缓慢，但却标志着一个重要的历史阶段。从此以后，公路被看作是一项有组织、有系统的事业，是技术进程的一个要素；而在这一进程中，其他要素的介入都是为了寻求更低廉的成本；就经济论经济，都是为了提高速度。新的社会要素动摇了车身设计者们和技术人员的种种思考。在此之前，他们还在车辆的行驶方式方面下功夫，试图增加轮辋的宽度以使车辆更现代化，考虑如何减轻悬挂装置的重量、如何推广家用技术，甚至还再版了《完美车夫》以使个人的理想得到显现和肯定。现在，整个社会的文明化已经踏上了征程。

公路　经济　理论

这场全国性的运动突出了公路的若干作用。皇家公路以其笔直的线路、桥隧工程和桥梁,保持着纪念性建筑物的特征。就公路而言,皇家公路在线路和防卫功能方面的思考同样具有重要意义,[①]它为我们的风景增添了富有影响力的一笔。同时,皇家公路的军事和战略作用使它具有由中央向四周发散的星形结构,从巴黎一直延伸到边境;在车辆可以通行的道路上,甚至在连接干道的那些长长的岔道上,都设有军队的露营地,从而使部队的运动井然有序。

与此同时,国土监控也在进一步加强。波莫罗尔骑士在他的《方法论百科全书》中写道:"道路之于国家正如动脉之于人体。"关于机体的这则比喻突出了人们看待问题的各种方法之间的相互渗透,其中有医生和解剖专家的看法,也有经济学家和工程师的看法。道路的作用就在于传递法令、传播文明、沟通贸易。这些道路都得到了良好的养护,因为有国王的威严,更有驿站中继站发挥的作用——邮件、旅行者、骑手、车辆都靠这些中继站定期提供有序的服务。中继站的建立及其密度突出了实际需求,在巴黎周围和山岭地带,也就是说在进山之前,需求会更多。比如说,这时他们会让在那里歇脚和用餐的人员和马匹周转得更快一些。1700 年前后,中继站的总数还不到 800 个;到了 1788 年,已经统计到 1 426 个;在不同的线路上,每 1.5 到 2 个驿站之间设立一个中继站(13—17 千米)。代斯诺斯定期出版的《忠实旅游指南》能够帮助我们计算出中继站之间的路程。驿站的总管和客栈的老板都是些活灵活现的人物,长期以来,他们一直是文学作品中的角色,而正是这些人以他们的

---

① Arbellot (G.), "La grande mutation des routes de France au milieu du XVIIIe siècle", *Annales E. S. C.*, 1971, pp. 765 – 791.

方式促进了王国的对内对外开放。

公路终于出现了，它是各种活动的主要推进器。公路促进了经济信息和政治信息的交流，同时还加快了货币和金融的流通。黄金和公文都在一条肃清了盗匪的安全公路上通行，利率因此得以降低。对于商人和工场主来说，运输条件的改善刺激了城市的需求和大宗贸易。此外，它还引导人们出于政治和经济的目的考虑废除私人收费道路设置的障碍——从 1725 年起，一个皇家委员会颁布了各种法令，致力于解决这个问题。然而，公路在扩大了交易的同时也带来了投机，并且造成了公路通达地区和不通达地区之间的不平等。开明舆论和各地居民曾对此进行过辩论。由于有了 6 000 古里（26 000 千米）的公路网，王国成了支配空间的典范。辩论主要针对两个方面展开：生产者和消费者的舆论一致要求交通的公平性，而公路通达情况的不平等却有碍于这种公平性；公路建设及其费用使社会冲突暴露了出来。

工程师们的努力促进了主要干线的建设，但是所有的次级路段却常常为旧时代的不确定性所笼罩。坎特龙、加利亚尼等经济学家发现，经过改良的交通中存在着各种背离效应，因为这些交通缺乏作为公路网的真正等级化规划。一段又一段地筑路，线路之间相互补充又彼此分开，这种思维逻辑显然起着主导作用，因而没有对公路网的相互通达、路段的整体贯通进行更多的思考。路政部门对于公路网的整体描绘没有付诸实现。用流量、流通、动脉的思路来考虑问题，吸取类似于医学、解剖学、水利学的智慧，如此构想出来的技术确实为更长远的公路政策建构了一种基本要素。在法国大革命之前，我们观察到的仍然是一种局部的政策，但是这种政策的效力却是显见的：它扩大了地区之间的差异（为了巴黎的食物供应，种植单一粮食作物的地区进一步增加了）；它通过价格机制支配交易市场之间的关系，从而使地方交易更加繁荣，生产的社会分工和地理分工也因此成为可能，并且最终达到了对交易的支配；它为家畜打开了通往城市的道路,人们的食品消费因此而改变;最后,在原始工业化时期,随着相关的土地和生产价值的提高,主要干线构成了物质文明深刻变化的必要条件。新的公路和改善之后的运输条件在很大程度上使市场实现了同质化,并且将社会经济体系中的各种不同元素融合为一个整体。公路和地图使国家的版图实现了标准化。"通过规划治理,以旧制度为特征的地区的拼图必将为一个以各种设施和经济流量定义的更加同质化的空间所取代。"①

变革的需要已经提上了日程,公路又成了政治与行政辩论的中心议题。在1787—1789年间,地方分权正在各省议会接受检验,公路改革于是成了省议会各种尝试的核心。新的创举在三级会议省有时反而比在选举省来得更快,因此德·拉图尔·迪本夫人才能够在朗格多克她叔叔狄龙大主教的四轮双座篷盖马车里见识到南方公路的壮丽景观。公路位于社会斗争的中心区域。首先,在土地所有者和路政部门之间存在着冲突,因为路政部门的规划线路以某种方式侵害了重农主义者的信条;不仅如此,它还伤害了人们对于土地的信仰——土地是一切财富和价值的来源,必须节省之。其次,农民与工程师,乡村市镇与王权、总督、法兰西财务官之间的冲突更加激烈,反响也更大,因为各方对于总督辖区内修路和养路的劳役没有达成一致的意见。

劳役是解决公路政策资金需求的一个对策。与其说借用英国式的**过桥税和收费公路**(turnpike),即让使用者承担费用,王国更愿意采用税收的办法来解决问题。问题的核心仍然涉及财政、经济、政治方面。财政总监奥里吸取了圣-皮埃尔神甫的思想。因此,对于这位财政总监来说,通过劳役调动人头税纳税人是一件轻而易举的事情,只是每个财政区的具体做法不太一样。每年服几天劳役,这样既可以避免税赋的增

---

① Picon（A.）, *L'Invention de l'ingénieur moderne…*, *op. cit.*, p.50.

加，又能够加快工程进度，使沿途居民受益。如此说来，这是一个权宜之计，不仅能够节省有限的资金，还能够让农民捂紧他们微薄的钱袋。根据内克尔的计算，1789 年付出的劳役相当于 2 000 万利弗尔。而在所有行政官员看来，这正是打破封闭所需的代价。

在各地居民心目中，劳役是非常不得人心的，因为每个人对劳役的感受不一样。而且劳役需要调动一部分劳力，一年十几天，很不利于生产劳动。随后，焦点发生了转移，因为经济学家和哲学家们把劳役看作是专制和封建习惯势力的象征。纪尧姆·格里维尔在《方法论》中写了《劳役》一文，强调了中世纪古老的劳役与道路建设工程之间的这种奇怪的类比。从 1760 年起，各地的劳役招致了一些消极抵制现象，并且很快就出现了赞成与反对的不同立场。反对派的阵营里有诺曼底议员、图卢兹议员和波尔多议员，有重农主义者，其中包括写了《人类之友》的米拉波侯爵，还有杜邦·德·内穆尔。他们共同揭露了这种改头换面的课税及其给农业生产造成的损害。支持者中有以佩罗内为首的工程师，有狄德罗的朋友维亚雷。1762 年，迪克罗也加入了支持者的行列。此外，还有布尔吉拉，他是贝尔丹的左膀右臂。

总之，关于空间与政治的关系，两种不同的概念相互对峙，这涉及对空间的支配和未来的发展。人们所有的不满都由路桥管理部门来承担。虽然已经有了改革的政策，虽然总督们对这些政策进行了地方化的研究，而且 1776 年先有杜尔哥，后来又有内克尔及其继承者们一直致力于普及这些政策，但是不满的情绪仍然难以平复。因此，虽然对特权者、教会和贵族有产者作了妥协，课税还是取代了劳役。但是，法国没有听取亚当·斯密的忠告（1776）：贸易不能为公路买单。波莫罗尔骑士于 1781 年和 1787 年在《方法论》中阐述了法国做此选择的理由：平等的中央集权化，贫富地区在费用摊派中的连带关系。法国的选择符合这一思想。劳役和税收相互协调，1787 年废除劳役制以后改为以货币纳税，这一切构成了法国式治理规划的基础。[1]

　　在各种冲突中，最后一幕终于展现。由于劳役，必须对人工的使用进行计算，劳动经济学的新需求出现了。从有形劳动的范畴来说，这些新的需求与以前的劳作不再有什么关系。尽管地理方面的参数不一样，但是各地的劳动性质是一样的，因此，工程师能够预知劳动的节奏和速度。劳动市场终于在这里找到了一个标准化的源头，虽说其中不无矛盾，因为标准化的实施更应该依靠行政部门的努力，而不是靠承办人员的推动。工程师的形象及其所具有的文化背景迫使整个社会对未来做出选择。

河流与港口

　　在关于治理规划的政治经济辩论中，江、河、运河各守阵地，都没有引起什么反响。一方面，因为古老不变的习惯将内河航运和沿岸贸易的运输力量调动起来，从而保证了中心地区和各个枢纽的物资供给："如果没有塞纳河，没有瓦兹河、马恩河、约纳河，巴黎的吃、喝、供暖或许就没有那么便利了。"[2]另一方面，尽管自柯尔贝尔以来已经推行了一系列的改革计划，但是行政方面的改革并没有那么迫切。水路是"本身会走的道路"，非常有利于重物的运输，而轻便货物和游客的运输则较少利用水路。一头骡能够驮1公担的重物，两三匹昂贵的瘦马可以拉动两三公担的马车。然而，我们都知道自沃邦时期以来，一条大小合适的船，配6个船工和4匹马，它所运载的货物相当于400匹马的运载量。

　　水路运输富有成效的经济条件在卢瓦尔河上得到了突出体现。整整一个世纪，船的价格飞速上涨，人们分次或分年度聘用船工，这个职业

---

① 　Goger（J.-M.），*La Politique routière…*，*op. cit.*

② 　Braudel（F.），*Civilisation matérielle et Capitalisme*，Paris，1967，p. 32.

受到了工薪者的偏爱,[1]因为一个放牛郎一年才挣 40 利弗尔,而在 1780 年前后,船夫只需要完成一次中等距离的运输,比如说从穆兰到巴黎,就可以带回 54 利弗尔。河流带动了雇工,产生了就业机会,给许多行业的人带来了活计,例如建筑工、箍桶匠、搬运工。水运的成本低,这是它的优势所在,即使运输速度慢,而且还不太安全:夏天,由于水位低,只好封闭运河,停止运输;冬天,遇上结冰和涨水的季节,荆棘密布的旅程则变得更加缓慢;特别是水运的周期不可预测,对于所载货物来说,这种运输方式本身就是一种不可知的因素。从图尔到奥尔良,就算一切顺利也要花五天时间;如果风向不顺,帆船无风停驶,就得多花五六倍的时间。总之,内河运输的优势需要根据所运载的货物及其体积逐一盘算。公路运输与之形成竞争,却取代不了它。法国有 8 000 千米的通航河流,并且开发了将近 1 000 千米运河,这为法国提供了一项重要设施,它既是天然的也是人工的。然而,水运系统还是不如常常沿河而行的公路网发达。水运难免遇到季节性的或者战争引起的偶然事件,尽管如此,它对沿岸贸易还是很有吸引力。关于这一点,魁奈在《百科全书》中是那样赞不绝口[2]:2 700 千米的海岸线、英国的模式、低廉的价格、星罗棋布的小港口和重要的商品市场,这一切构成了法国经济支配和经济开放的基本要素。

公路改造并没有给航行术、建筑术或是规划者们的事业带来有力的触动。大的建设工程在 1725 年之前就已经启动并完工,必须等到 1760 年和 1780 年底才能够再看到几个项目的成果,例如法国北部运河、弗朗什-孔泰大区的运河。在各省政府部门的文件和装有文件的纸箱

---

[1] Poitrineau (A.), L'économie du transport fluvial, une esquisse, *Revue historique*, 1991, n°577, pp. 105‑120.

[2] Hommes, *Encyclopédie*, 1757.

里,各种创举并不少见。1778 年,时为法国科学院成员的拉·朗德以他的《通航运河公约》(*Traité des canaux de navigation*)引起了反响。后来,尤其是在 1781 年以后,佩罗内的学生们制订了运河、闸门、堤坝的规划图和工程预算表。他们的思索已经铭刻在伟大的文化传统中了,那是"不同寻常的水力时代"的文化传统,也是"水利建筑学"的文化传统。① 工程师们把军事的和机械的传统元素融入自己的艺术中,他们在水利建筑中更多地立足于几何比例,而不是数学运算;技术人员信守的法则中融入了真正掌握艺术原理的艺术家的法则。贝利多尔的工程可以看作是对这种情况的全面总结。达维勒尔在他的《词典》(1755)里这样写道:

> 水利建筑学的首要目标在于展现水中的建筑艺术,并且使建筑物更加适用……如桥梁、马路、河岸、堤坝、闸门、磨坊……的建设。这个领域的人们还探讨天然河道和人工河道方面的问题,或是为了使河流能够通航,或是为了把水引向需要的地方。

支配水力的事业从规划走向了机械。它仍然与建筑学的所有目标直接联系在一起:它是纪念性的建筑,是园林,也是攻城术。但是,它越来越以支配能源为导向。这既是为了运输,同样也是出于工业地理方面的考虑。水利建筑是一个由行动和机械构成的领域。自文艺复兴以来,由于这个领域的科学与技术之间的联系,人们将建筑技法与对规划的思考结合在一起。贝利多尔将维特鲁威的水力学推向了顶峰,但是他的志

---

① Roche (D.), Le temps de l'eau rare, du Moyen Age à l'époque moderne, *Annales E. S. C.*, 1984, pp. 383 – 399.

向并非在于支配空间,而在于改变水力的用量比例。①

　　对于桥梁工程师来说,传统的信条之所以招致毁灭,那是因为人们引入了数学分析的方法。无论是安托万·加斯帕尔·德·普罗尼,或是皮埃尔·西蒙·吉拉尔,他们的工作无不如此。流量、运河的断面图、水道流经的线路等,都必须用符合应用流体力学原理的公式计算出来。在18世纪末,危机中的维特鲁威艺术在桥梁设计图和大型运河的规划中达到了新的平衡。支配空间以及在水上建设构架的斗争②在很大程度上与城市化有关,同时也与城市化过程所衍生的各种问题有关,如水和其他物质的供应问题、建设问题与各种潜在危险作斗争的问题——港口、河岸、闸门的修建会使水边居民面临着日益严重的潜在危险。③ 与公路一样,水利工程也是作为一个特殊的过程来规划的,这个过程必须估算将要分派的水量和劳力,测量有待治理的河流的流速。水利事业促使人们对技术进步加以量化,从而推动了现场劳动的合理化。

　　说到底,河流,或者说那些平静的和被征服的河流(洪水是地理学家和水利工程师们难得的机遇,因为他们总能从中观测到一些不同寻常的东西,所幸发洪水的时候很少),以及运河与港口规划,它们在法国启蒙文化中的地位可以让我们得出人与自然关系的双重形象:一方面发扬传统,重视一个领域在它的百年耕耘中积累起来的经验;另一方面注重商业的巨大成功和事业的进步。前者在塞纳河、罗纳河、卢瓦尔河、加龙河、多尔多涅河沿岸居民的社会历史中得到体现:那是一个勤劳的社会,人们的生活遵循季节的节奏,顺应河流的速度和脾性。河流不仅可

① Roche (D.),"Le temps de l'eau rare, du Moyen Age à l'époque moderne", *Annales E.S.C.*, 1984, pp. 383 – 399.

② Perrot (J. - C.), *Une histoire intellectuelle de l'économie politique (XVIIᵉ – XVIIIᵉ siècle)*, Paris, 1992.

③ Picon (A.), *L'Invention de l'ingénieur moderne...*, *op. cit.*, p. 220.

以成为一条交流之路,它还是工作和物资供应的保证,是人们赖以生存的土地。它为加龙河上漂浮的水磨(moulins à nef)提供能源,为渔民提供水产品;人们还可以在河里沤大麻,在河面上牵引木排和驳船,运载石块、草料、商品、小麦和煤炭。河流沟通各地的运输,并且将海洋与位于异国彼岸的上游国家连接在一起;虽说江河运输速度缓慢,但是沿岸居民仍然乐于利用。贸易是一种推动力,重要航道两侧的居民无不受到激励。因此,在深居简出者和行脚道士(gyrovague)般的承运人之间建立起了一种分类体系;在这些承运人中间,大运输商、普通承运人和船夫之间也建立起了一种分类体系,虽说他们全都是一只脚在水里,一只脚在岸上。

　　河流是需求和生产的交叉路口,也是农业、手工业和商业经济利益的交汇地。在这片土地上,既保留着通行税或其他税费的封建烙印,又蕴藏着贸易的活力。沿岸居民同时面临着各种局面:大宗贸易、根深蒂固的原始技术,以及行政调查——这些调查以控制和规划为目的,在涤荡腐朽的同时让两岸居民为社会进步埋单:自 1780 年起,岸边的居民必须服从"分类条例",这实在让他们难以忍受。①

　　内河港和海港是精神解放和水力支配的象征。工程师们看到商业港与他们所属的省份连接在一起,他们觉得自己在这一非同寻常的发展中已经变成了令人瞩目的角色。城市规划的理想就在于既要表达贸易的文明化力量,又能够代表新型的社会化需求。这一点在南特、波尔多、马赛的城市规划中得以体现,在洛里昂、勒哈弗尔、拉罗歇尔、敦刻尔克等地也初露端倪。在由私人建筑业甚至地产投机者兴起的更加广泛的建筑热潮中,码头、交易所、剧场和公共纪念性建筑体现了新型城市的雄

---

① Cocula (A.-M.), *Les Gens de la rivière de Dordogne, de 1750 à 1850*, Lille, 1979, 2 vol.

心和梦想。与此同时,"从船舶制造到船坞、海堤、修船坞的建造,其中港口的建设集中了所有尖端技术"①。因此,为了使所有生产活动(如船坞作业或货物的存放)尽可能地合理化,工程师们不断地思索着,他们渴望通过更加宏伟的规划对港口、车行道和工程进行重新布局。美学的理想、经济的活力,以及技术不能将发展引向异化的哲学理念,通过投影活动(action projective)达到了和谐。

韦尔内在《法国的港口》中表达了同样的观点。克劳德·约瑟夫·韦尔内是阿维尼翁人,1738—1753 年移居意大利。在这段漫长的旅居生活之后,他很快就得到了国际的认可。作为建筑装饰设计师的后代,他是人文自然(nature civilisée)这个新概念的支持者之一,他的海景画、开阔明亮的都市风景画,以及他对乡村和风景点(这个词那时还不存在)的独特视觉都印证了这一点。那是一个最能够展现情节和人生百态的场所,一个最适合将光线不确定的效果凝固为永恒的所在——古吉诺神甫在谈到 1748 年的博览会时就是这样评述的。作为乐于探索且学识渊博的"自然科学家",韦尔内善于捕捉那些最独特的瞬间。② 他之所以能够以订单的方式收购大型系列港口画,主要得益于他个人的成就,当然还要感谢新上任的皇家建筑监督官马里尼侯爵和他周围朋友们的欣赏,其中包括雕塑家科钦、美学理论家勒布朗神甫、建筑师苏夫洛。这是一个至关重要的行动,也是一种肯定和支持,无论是对于振兴贸易、激励他的都市风格和都市规划,还是对于促进严肃画的发展。都市规划沿着重要港口或风景秀丽的港口的路线循序前进:土伦、马赛、邦多尔、塞特、昂蒂布、波尔多、巴约纳、拉罗歇尔、罗什弗尔、迪耶普。所到之处,韦尔内总是以其高超的技艺解决现实活动中遇到的拼版问题、景点和纪念

---

① Picon(A.), *L'Invention de l'ingénieur moderne…, op. cit.*

② La Font de Saint-Yenne, *Commentaires sur le salon*, Paris, 1746.

性建筑物的"视角"问题。每一幅近郊风景画（vetuda）都意味着一次成功。他的画总是致力于通过广阔的建筑物远景以及光线的对比效果来展现活动、人物、船舶的特别画面。天空是画面的重要元素，地形的准确和真实使艺术和自然达到了高度和谐。15 个港口的工作结束了，他们对城市逐一进行了研究，仅这项准备工作就是十年的辛劳。所有这一切表明，以狄德罗为传道者的自然主义美学与"温和贸易"的文化蓝图已经在这里汇合。关于自然主义美学，狄德罗曾于 1767 年写道："一切都是真实的，你可以感觉得到。"而"温和贸易"正是由技术人员及其仰慕者们组成的王国所推崇的。在这场汇合中，船舶和贸易显示了王国荣耀和繁荣的梦想。

稳定性　流动性　影响

支配空间的意义是多方面的，如果只看到它的经济影响力那就错了。诚然，支配空间的重要意义是以它的经济效应为前提的，而且通过归纳也证实了这一点。正如人们所见，速度提高了，成本下降了，信息和货物流通更快更便宜。形形色色的旅行者亦然。在 1789 年，如果日夜兼程，以日行 90 千米计算，驿车从里昂出发需要 5 天时间到达巴黎，从马赛出发需要 9 天，其他大城市的行程都在 15 天之内。各地空间的边界似乎都在向后退去，无论是置身于首都巴黎，还是在像图卢兹、里昂、鲁昂、波尔多、雷恩这样的省会城市。随后是商品的流通。1715 年，从里昂寄一个邮包到巴黎需要 20 天；到 1787 年，仅需要 15 天。然而，其他的路段收效甚微。根据莱昂的研究，运费没有什么变化，但是地区之间存在很大的差距。在这方面，法国在这场将两大经济力量席卷而入的竞赛中落后于英国。这种形势维持了一种与外界隔离的状态。人们不禁会问，与一直激励着规划者们的那种积极的、理想化的，有时甚至是乌托邦式的理想相比,眼前的形势或许并没有更好地反映事物的真相和人们普遍的生活方式。提出这个问题实际上就是在关于人及其出行的问题上改变了思考的范畴,并且努力寻求流动与开放在时代文化中应该占有的地位。

交通障碍

交通障碍不仅属于物质的范畴,也不仅取决于基础设施的状况,它还与人文关系的整体结构、人们对于空间的认知程度,以及人们对于流动性的看法有关。这些方面始终具有决定性意义,尽管已经显露出了一些变化。要打破与外界隔离的状态将会遇到什么样的阻力,我们可以在这些阻力有所削弱时进行估测。它们主要来自三个方面:首先,疆界的思想,它既代表着联合,又意味着分隔;其次,狭隘的乡土观念;还有游历精神,那是在自由与制约之间达成的各种动机的平衡。

在 18 世纪,有"热的边界"和"冷的边界",但是在经过了那个伟大世纪的高速发展之后,边界稳定了下来,并且转化成了一种"制约"。① 荷兰与奥地利边界就是经过和平修正与协调逐步稳定下来的,我们可以从中追寻边界稳定的历史进程:在《比利牛斯条约》之后,那里还有 350 个有争议的地区;到了 1789 年,只剩下几块仍有争议的飞地。只要有可能,人们都会对(河流或山脊线等)自然边界的概念展开争论。通过这种方法,尤其是在驻守边防部队的监督下,边界起到了分隔的作用。由于必须对交流实施控制,人们想到了"铁的边界"那样的防御策略;其前提条件必定是进行等距离的防御部署,这就意味着必须封闭海关,再加上军队的保卫。那是全体青年"农场主"的使命:1738 年,爱尔维修在漫长而有教育意义的巡视中实地考察了援助站和警戒署的网点;

① Nordman(D.), REVEL(J.), *La formation..., op. cit.*, pp. 33 - 174.

后来,拉瓦锡也同样亲临实地进行过考察。在荷兰和列日公国的边境地带,国境线将武济耶到雷特尔一带分布着编织业的繁盛地区与默兹河流域、色当和罗克奥伊等临界点上高密度的人口结合在了一起。海关边界仍然起着军事防御地的作用。

然而,边界的聚集作用或许要大于抵御,因为根据古老的传统,穿越边界是不受检查的。边境地区可以自由通行,宽容则构成了边民(frontalier,这是 1785 年前后的一个常用词)身份的特征。因此,封闭与开放的时间节奏取决于国家之间关系的紧张程度。边境地区也随之变成了一个特别有利于观察与他国关系的地方。萨林斯关于法国和西班牙边界问题的研究清楚地揭示了两个事实。[①] 一方面,在 18 世纪,向现代的过渡并没有遍及各个角落,模糊的边境地区并没有完全形成明确的边界。法国和西班牙之间有着传统的边界,在强国抗衡之前就已经存在。它就像是一个具有形态特征和象征意义的现实工具,国家用它来确定自己的领土。另一方面,边界线并没有造成区域特性的消失,也没有导致邻国关系和地方贸易的终结;即使后来有了明确的界线,一切仍然超乎国界继续进行。团体的特性在国界两侧逐步形成,这并不是因为集权制国家的强行推进,而是地方发展的进程和日常交往的自然结果。

至 1789 年,裁判权和领土的概念一直占据主导地位。后来,领土成了主权的唯一定义。在塞尔达涅地区的同一个自然和语言区域内,居民与边界之间的关系发生了分化,新的关系轴随之出现,这一过程贯穿了整个 18 世纪:在西班牙那一边,人们集中在马德里或巴塞罗那附近;法国这边的人则在巴黎或者佩皮尼昂一带。传统的地方差异、村庄及团体之间的对比,形成了边境关系的第二轴。由于社会与文化的演变在边界

---

① Sahlins (P.), Boundaries, *The Making of France and Spain*, *in the Pyrenees*, Berkeley, 1989.

两侧不一致,边界的存在使边境居民的特性逐渐发生了改变。在加泰罗尼亚和西班牙的塞尔达涅人看来,法国的塞尔达涅人享受着繁荣富足的生活,这正是他们当时尚不了解但却很想实现的。民族性的定义中渐渐包含了利益与冲突的内容——关于水、关于分配、关于市镇地产、关于习俗。由于语言的多样性,每个人都能够在某时某刻展现自己的地方特性或民族特性。边界是融合的,也是分隔的。然而,不同的个性传统最终可能走向冲突。因此,边界尤其与相似习俗所处空间的同质化相对立。冲突赋予了边界一种形象,确切地说使边界变成了一种障碍。因为要解决冲突,求助于国家法院是必不可少的。民族主义的地方化、地方的民族化,这一概念充分发挥了"习俗"的力量,使那些热衷于边境关系文明化并致力于消除一切争讼起因的边民具有了极其重要的作用。比利牛斯山脉没有阻断边境关系,支配着双方往来的是惯例习俗,但是彼此的差异也同时铭刻在各种各样的集体选择中。本项研究涉及所有人与远方权力机关的关系模型,以及个性在这一空间里的作用。

　　乡土观念是流动性的另一种障碍。这种观念在城市几乎与在农村一样具有深远的影响,它来自人们童年时期的家庭关系和街区邻里关系中编织起来的各种千丝万缕的联系。雅克-路易·梅内塔在离开巴黎去周游法国时曾发自内心地承认:"就这样,我从地狱的栅栏里逃出了巴黎。我不时地回头张望,似乎来往的行人都看出了我害怕远离故土……"这种依恋的感情是传统社会的典型特征,而传统社会正是作为一个稳定不变的社会被人们有机地构想起来的。在这个社会里,每一个人都应该处于他自己的位置上。传统社会的理想就是在空间上保持静止,在时间上参照过去。因此,援引沃邦根据他的统计单位得出的数据,在法国平静的大地上分布着 36 000 个堂区(paroisse),各自带着自己的习俗和连带关系植根于一块土地上,由此形成同样多的"静止的村落",那里的变化只能来自外部世界。

因此,关于将基础设施从交通干道延伸至乡间小道的这场争论,我们能够理解它所具有的重要意义。我们还能够理解,这种自省的理想和"全封闭"①的交叉在何种程度上才会反省经济发展的问题:它们将如何协调革新及其必要条件与古老而传统的家政教材所讲授的那种家庭经济学之间的关系?而且又会在何种程度上质疑人们对乡村与外部世界之间关系的看法?为了开门迎变,农民团体主要是依靠那些通过自己的职能带到一个更具生命力的圈子中来充当社会与文化媒介的人物:领主及其家庭、本堂神甫,有时还要加上小学教师,以及村子里那些能够吸引女性目光的人物——他们的名声在全区无人不知,因为他们与教区的代理主教或总督代理人关系甚熟。农民团体与当权者的关系就是在这样一片土地上发展起来的,人们面对行商和陌生人的一整套行为也是在这里形成的。在诉诸法院的各种琐碎案件中,在为了解决冲突而订立的各种协议中,在管理者们的各种观察报告中,我们可以见到这一切。②

仍然是在这片土地上,文化的孤立化问题逐步显露出来,这是交流的主要障碍。无论是堂区的学校还是宗教的社会化,都没有阻止地方传统中的这份古老资产的移转。③ 在乡村,社会品格是在日常生活中通过与那些传递价值准则和行为规范的人们进行实际交往而形成的,价值准则和行为规范的源泉及其合法性则来自榜样的力量、言行的感召力、神话和故事。流动性还为其他一些领域开启了大门,从而影响到其他的价值准则,例如,与此时此地相对而言的、关于异地的不同的价值准则。在

---

① Lemaitre (N.), *Un horizon bloqué. Ussel et la montagne limousine aux XVIIe – XVIIIe siècles*, Ussel, 1978.

② Zinc (A.), "Les forains sous l'Ancien Régime. L'indifférence à la différence, les forains dans la France du Sud-Ouest", *Annales E. S. C.*, 1988, pp. 149 – 172.

③ Bouchard (G.), *Le village immobile*, *Sennely en Sologne au XVIIIe siècle*, Paris, 1972, p. 351.

这一转变过程中,城市为乡村对各种运动和知识进行了过滤。流动性已经可以从人数上反映出来,也可以从人们对空间进行不同布局和分割的经验中,以及通过劳动的社会分工和商品交换来"侵占"空间的各种尝试中看得到。看看小雷蒂夫·德·拉·布雷东纳在第一次见到巴黎时怎样被惊得目瞪口呆:

> 我们远远看见了无边无际的一大片房子,上面烟云浮荡。我就问父亲那是哪儿?那是巴黎。一座大城市,我们从这里都看不到她的全貌。哦!巴黎真大!我父亲,他的世界也就是从威尔芒东到萨溪,再从萨溪到儒克斯那么大!是的,总是为了些小事。哦!人真多!那里有许许多多的事情都是人们所不知的,即使就在近旁,甚至就在自己的屋子里……

都市或城市,由于远离了人们熟悉的境界标记而不再与平常的出行范围相对应。在乡村社会,流动的体验却存在于完全稳定的大背景下。它既取决于彻底融入了乡村生活结构的各种惯常机遇,又取决于偶然发生的情况,甚至取决于和政治或宗教局势有关的意外变故。战争与迫害确实无休止地迫使人们颠沛流离,背井离乡。幸好此类事件的发生在18世纪处于最低水平。为了了解这些机制,历史人口统计学家喜欢用"迁移"一词,并且通过各种各样的历史文献来研究它们:堂区登记簿可以对以婚姻为基础的迁移进行系列研究;此外,还有医院的入院登记册、各类公证文件、司法档案、通行证登记簿、检查表等。所有这些文件能够帮助我们弄清楚大规模人流的产生、表示移动的轴线、人口模型(populations modèles)的总量,及其季节性节奏或者平缓节奏。在这里,我们不想重写一部移民史,只是试图启发人们的思考,对于移动的理解在何种程度上离不开空间的观念。

短距离移动与长距离移动

为了便于研究,人们将各种迁移划分为季节性移动、多年期移动和终身移动。但是我们都很清楚,所有这些区分都同时混合了距离和时间的意义,却没有包含"习惯性移动",而这些移动往往意味着许多不同的尝试,并且可能导致某些更持久的移动的中断。乡村劳作本身就是一种日常移动,移动的幅度可以随着许多不同的因素发生变化:土地的面积、土地所有权和土地经营的关系、辖区与放牧草原之间的平衡、畜牧业活动。因此,乡野就像是一个恒定运动的空间,人们的活动在很大程度上取决于季节,并且受到地块和路径的极大影响。乡村小路上的远景日复一日地引导着农民下地耕作,从而使人们更倾向于把土地理解成通过某种关系归并在一起的空间构件,而不是各种元素的铺陈:自然环境、耕作法的建立,以及在葡萄产地小麦的种植和葡萄的种植必须并存,还有每日倾注汗水的土地。"在对空间进行划分的过程中,传统农民已经简化为单独耕种,他们把农活拆分开来做,有节奏地劳动和休息。地头田间,葡萄园旁,他们一边放松肌肉,一边喜悦地欣赏刚做完的农活,采撷物就堆放在眼睛能够清楚地看得见的地方。'就要收工了',这句充满鼓舞的话在乡下很通俗,它激励人们最后再加一把力完成手上的活计。就像已经嗅到牲口棚气息的马儿那样,这句话也反映了此刻的心情。"[1]

土地和道路作为劳动和出行的物质体现,为土地关系的结构建立了框架。在这片土地上,交通运输应该放在首位,因为它决定了生产力以及人们驾驶套车到达田头的可能性——车和马都能通行,一切畅通无

---

[1]　Durand（G.），*Vin*, *Vigne et Vignerons en Lyonnais et Beaujolais*, *XVIe - XVIIIe siècle*, Lyon, 1979, p. 237.

阻。从社会关系上来说,通行权作为一项沉重的地役,有可能导致紧张和冲突,但是它越来越以协议为前提。协议的制定多种多样,这取决于人们与大面积农耕区的关系(如法国北部平原),而且必须接受集体的制约,或者服从个体耕作区的规定,比如葡萄种植区。在博若莱省,人们关于交通运输的研究清楚地揭示了农民和葡萄种植者的日常移动是如何组织的:除了树林之外,牧场通常直接与主要交通网连接;耕地和葡萄园的通行比较密集,因为最通达的地方永远是日常出入最多的地方。

　　城市及城市劳动者并不能避免这种有限范围内的移动,梅内塔在他的自传里为我们描述了这一点。我们从中还发现,这种移动会随着生命周期发生演变。暂且把街区的范围缩小到圣-日耳曼-洛克塞华到塞纳河一带,这是年幼的学生们从家里去学校,再从学校去玩耍的必经之地。与这一街区形成对照的是更大范围的巴黎——青少年的巴黎,也是已成年者的巴黎。在这里,见习生和他的伙伴为了工作穿梭于大街小巷,一爿爿小店,一家家当铺,一个个东家。闲暇时间的活动加快了移动的速度,扩大了移动的范围:忙着去见老板,忙着去见女孩,这就是某一状态下的人生特征;随着婚姻的到来,这种状态才稳定下来;然后,移动的空间变窄了,与此同时,流动性更多地集中于中心区域,更少出现在城市外围。司法档案也反映了同样的场面和类似的人流。在窃取食品和衣物的小偷中,四分之三的人每天都要长途奔波,以便找到他们的猎物。不稳定、流动性、不连贯概括了这些民众的生活特性。未来,他们或许既找到了稳定的状态,又有了稳定的工作;然而,在现在与那个未来的关系中,贫困的概念才是最主要的。[1]　为了糊口,为了栖息而奔波,这是大众生活不可缺少的组成部分。

　　这样的移动不能当作"浪费时间"来体验,而应该把它看作是生活

---

[1]　Farge (A.), *Le Vol d'aliment à Paris au XVIIIᵉ siècle*, Paris, 1974, p. 161.

本身的一部分。它可以无穷变幻——正如塞巴斯蒂安·梅西耶所察觉
的那样,他揭示了各种社会状态:专属于富人的速度、劳动者的一贯迟
钝、对于溜达的一致偏好。他指出一个又一个的圈子,吸引的圈子和排
斥的圈子。从家庭开始,这些圈子就组成着空间的惯例和实践。房屋,
从简陋的茅屋到富人公寓,是与第一个圈子相对应的:属于家庭的、灶
台的、熟人的、让人安心的那个圈子。超出这个圈子,凝聚力就减弱了,
彼此的了解就更复杂也更困难了。关系网可以遍及乡村团体,遍及全
国。在认识的与不认识的人之间,在熟人与陌生人之间,时刻存在着一
种对立。随着空间的扩大,社会关系的性质发生了变化。来自机构(教
会、教堂财产管理委员会)和当权者(大法官、领主)的规则、监督、习俗
取代了基本出于本能的自由,取代了性格上的冲突。简言之,权力代替
了影响力。甚至经济关系也发生了改变,公共的领域也都设立了账簿。
在农村,家庭圈子的概念将狭义的或者相对广义的家庭与开发经营、社
会单元(甚至税收)、生产单位等同为一。这类似于城市的大多数阶层,
在他们的生活中,"家庭温暖"是百姓生活的一个要素,18 世纪的巴黎便
是如此。[1] 作为传统的人口统计学,这种可能为生活的不确定性所打破
的基本构架,就是在上代与下代的关系中造成本质上不连贯的一个因
素。社会经济对于"脆弱生活"的压迫(在城市或许比在乡村更为严
重)仍然是人们观察问题的角度。基于此,婚姻关系和经济关系成为两
种主要的紧张关系,并且构成了空间必须扩大的理由。

　　组建家庭,选择配偶,必须按照标准并且根据可行性来操办。在勒
当德尔村的地图上,人口统计学家所能看到的只有各种束缚:居民人数
的束缚、家族的社会关系和家族关于稳定谱系和继承遗产需求的束缚。

---

[1]　Pardailhe-Galabrun (A.), *La Naissance de l'intime*, *3000 foyers parisiens*, *XVIIe – XVIIIe siècle*, Paris, 1988.

因此,在一个拥有四五百人的堂区,按照初婚适龄男女80至100人计算,可供选择的男性仅有20至25人,女性的人数稍微多一些。社会的择偶标准缩小了人们在品性和姿色方面的选择机会,选择的范围也随之缩小,在三四年的时间内,可供选择的机会还不到75人。在乡村社会,即使大多数人都与同自己一起长大的人结婚,但是仅有的适龄男女人数决定了这种令人焦虑的婚姻范围。只有不到三分之一的人属于这个圈子,因为人们越是看重财产和社会名望,这个圈子就越小。在婚前空间里,为了向邻村的女孩献殷勤,成群结队的年轻男性来来往往地奔忙,他们赶节日、赶集市,有时候舞会竟酿成斗殴。

地毯编织工人西蒙的自传为我们重建了曼恩省的生活情境。他用了四分之三的篇幅来叙述订婚,我们从中可以清楚地看到父母的影响与年轻人的自由是如何达到平衡的。路易·西蒙和安娜·尚波以第一人称的笔触和非常独特的手法再现了这一幕:对于她来说,那是一见钟情,应该尽快在教区的结婚记录簿上登记;对于他,则是一个渐进的过程,应该遵循非常明确的惯例,经过一段时间的交往,这期间并不排除发生激烈的冲突。温馨的爱情空间建立起来,幸福在两个家庭之间荡漾,在富于田园气息的高级餐馆,以及情侣们经常约会的墓地、年轻人的节日盛会、夜总会等方圆5—10千米的土地上蔓延。这一类的剧本一般都没有安排情敌的介入以导致乡村爱情的失败,因而都是很"大路"的手笔。

如果走出家庭进入国家的范畴来思考,我们就可以得出此类移动的规律。在旺多姆瓦,在位于佩尔什到博斯之间的地方,J.瓦索尔分析了大约3 000份结婚证书,从中得出了明确的结论:35%的新郎和仅8%的新娘结婚时不居住在堂区。人们很少从遥远的地方来到这些位于边境的堂区,并且进入这个圈子。但是一项人口统计资料分析显示,由于婚姻关系而引起的各种不同形式的移动构成了一种更为确定的移动类型。首先,我们可以从中看到一种大范围的移动,从几十千米到几百千米:

10%的男性出生于旺多姆瓦以外的其他地方，其中4%到5%超出了法国大革命时期邻省的边界，距离远达20到50古里；女性的这两项比例则分别下降到4%和1%以下。这种迁移的地理学意义来自他们的社会活动和社会地位：27%的显贵，69%的军人，手工业者和工薪者占20%到26%，农村人的总数还不到10%。这是一场劳动力的大迁移，他们来自法国西部拥有草地绿篱的地方，为边境地区的开发提供了大量必不可少的短工。他们出身于军人、泥水匠、"开业医生"、法律工作者、教员家庭，因而从一开始就决定了他们将从事这些行业。如果首先从社会文化方面来定义，我们可以说这是一次"有识之士的迁移"。从西部来的是护林员，从中央高原来的是泥水匠，从东北和西南来的是显贵和军事学院的学生。婚姻使大家安定下来。

堂区之间的交流是区（canton）界之内的一些距离更近的移动，这类移动在整个人口中的分布更加均衡，涉及34%的男性和30%的女性，除了军人、葡萄种植者和纺织工人之外的其他社会类别都超过了40%；非农业人口在这些往来中似乎并不比其他人口更具有流动性。无论是男性的移动，还是女性的移动，他们走过的路程都是一样的：大部分都是沿着卢瓦尔河谷自西向东运动，在佩尔什和博斯之间的地区则是自东北向西南运动。由婚姻关系带来的各种小规模移动也加入了工作和经济的交流大潮。如果把以堂区和邻近堂区为基点的交流考虑进去，那么流动性的强度还会更大。族内婚的比例非常高，男性达到了65%，女性高达90%；但是人口统计显示，50%以上的居民并非出生于他们称为居住地的那个堂区，而且关于市镇之间的这种流动，男性和女性的分布也更加均衡。移动的幅度越小，女性外出的情况就越多。此外，这种移动是随着人们的生命历程而变化的，所有人都是这样；它是年轻人所特有的一种流动，通常随着婚姻的稳定而终结，一般女性在25岁，男性在30岁。

旺多姆瓦的情况虽然不能代表整个法国，但是它展现了一个我们未曾描述过的流动规模更大的社会：运动是社会生活的主要构成元素，无论是对于移动中的人或是处于安定状态的人。在回过头去推演其他一些规模更大、更恒定的移动的结论之前，比如说城市供应方面的移动，让我们先来看一看这一现象的另一个方面——与经济和交易的不均衡有关的方面。①

透过各种各样的移动，我们能够取得异地的经验，因为我们可以通过某种方式从这些移动中看到官员、文化人、有钱人、城里人等特权阶层享有的优势。然而，人与人之间的交流所具有的生命力可能起源于好几种不均衡，而且这些不均衡或多或少都能够产生效能，从而促使移动的发生或停止。人们在平常的市场或集市交易中跨越村庄的界限，毫无疑问，这首先可以看作是一项活动。如果有的人去，有的人回，则可能是与乡村团体生活中的季节性移动或者多年期移动相对应的。我们都知道，从坎特龙到杜尔哥，18 世纪的经济学家们提出了关于交易场所的问题，它引导着人们开始思考空间的差异化和城市的作用。

杜尔哥在《百科全书》里提出了集市和市场的定义，他的定义暗含了流动性机制。市场位于一个有限的自然区域内，这个区域是根据相近的原则和人们对于消费者和生产者及其相互需求的了解组织起来的。必要的搬运所产生的利益足以抵偿所有成本。市场管理及价格和流通的监督机制都是消费者政治文化和社会文化的构成要素，而且都是绝对必要的。正是管理与监督的存在对市场提出了公开透明的要求，从而带来了移动的重复性，增加了开放的机会。

在经济学家们的眼里，集市更像是一种人为的创造，它取决于权力机关所给予的特权，是建立在特例、特许经营基础上的，因而它属于必须

---

① Vassort（J.），*Une société provinciale face à son devenir: le Vendômois au XVIIIe et XIXe siècle*, thèse Paris I, 1992, ex. dactyl., 2 vol.

对流通进行监督和管制的那样一种经济。在杜尔哥看来,集市应该在自由竞争法则中消失。事实上,尽管时代变迁,集市之所以仍然具有吸引力,是因为在卡昂附近的吉布雷,在博凯尔,甚至在巴黎和圣丹尼,人们仍然通过一些地方性的稳固据点对遥远国度的买卖进行再分配;还因为集市在经济流通中所扮演的角色是不同寻常的。然而,面对人们在永恒的城市枢纽上建立起来的市场活动,集市的角色倾向于衰退,因为处于都市热点上的批发商们拥有更多的便利,他们能够直截了当地与加工企业做生意。大城市都是多功能城市,居于中间环节的各类中心都是专门化的。城市的一个热点不断被另一个热点所取代。

　　然而,直到法国大革命,关于流动性的一整套概念都是以市场和集市的客流,以及人们对市场和集市的观察为基础的,从这个意义上来说,法国大革命的统计资料对于推断先前的情况是非常珍贵的。① 我们在大约 9 000 个居民点统计了 16 000 多个集市日和 160 000 多个市场交易日,人们每周去市场的次数是我们进行运算的依据。这是一门关于经济的法国的地理学,它是与市场的法国、集市的法国同时出现的。法国的北部和西部,以及法国纵横密布的内河枢纽则是市场的法国之所在。虽然这样的枢纽在别的地方也随处可见,但是它们不会有这样的节奏。从西部到西南部,从中部到勃艮第和法国东南部,那是集市的法国。我们探明了那里城市的规模(2 000 居民以上,仅 20%的集市,30%的市场),标注了交通图,尽管密集的人流可能弥补了交通系统的缺陷。尤其需要指出的是,我们还得出了那里的辐射体系和流动体系,我们可以从中解读出供求关系,或者说消费者的需求及其购买力。

　　多功能的大型集市位于交易王国的顶端,它们以宏大的场面吸引了全体居民,各路商家则越来越委婉地向居民供应各种各样的商品。作为

---

① 　Margairaz(D.),*Foires et Marchés dans la France pré-industrielle*,Paris,1988.

贸易的窗口,集市是一种媒介,它能够让人们逐渐适应关于消费的新文化。乡村集市则扮演着中介者的角色,而且通常更加专门化,尤其是牛、马、骡子等家畜的交易。在向其他省份甚至向国外进行分销之前,集市分阶段地收购当地的产品,吸收越来越多的"小玩意儿"、服饰用品、餐具、各种加工产品。集市甚至还提供多元化的服务:那里有仆人雇佣点、代聘兜售商品的小贩;集市还与人们朝拜的圣地保持协作关系;集市上有演戏的也有杂耍的。集市的日程通常与一年中节日的日程相配合。然而,市场却常常没有自己明确的日历,因而最终显示其特征的是客流量。市场的日历是与它的销售及其对别的产品的采购相吻合的,因而它与另一种流动性相对应。市场是谷物、蔬菜、肉类等新鲜必需品的再分配之地。在市场上,农民为城里人提供生活之所需,而将自己的买卖置于城市外围地带的版图之内,那是位于平原与山地之间、仍然处于城市吸引范围之内的地区。

男性的和女性的全部社交(这两者有时候并不一样),以及投机和需求的一整套策略,都在集市和市场上得到了集中反映。梦想和内心的渴望在那里得以表达,明显的物质主义倾向与感性和智慧的结合就是很好的例证。在所有这些不同的领域,归属于一个地方或一个国度的感情要面对来自异国他乡的情调和差异。这种关系有时甚至紧张到引起骚乱,把包括边民及乡邻在内的民众都发动起来,共同对付当局和外国投机商。市场本身就可以成为讨论的主题(谷物的价格、销售人员的行为、进入市场的通道),也可以成为基础政治的舞台,因为那是一个信息流通的地方,一个面对面进行交流的所在。①

---

① Thomas (J.), *L'Age d'or des foires et des marchés*, *commerce*, *politique et sociabilité dans le Midi toulousain* (*vers 1750 – vers 1914*), thèse, Toulouse-le-Mirail, 1989, ex. dactyl., 3 vol.

除了地方性的辐射体系和一定范围内有规则的移动,关于空间和距离的另外一种尝试开始了。从城市方面来看,都市手工业伙计们上班路上的奔波肯定构成了最大的流动性来源。环法国自行车赛,这项运动虽然在节奏和期限上没有清楚的定义,目标却相对明确。因此,它将一大批从城里来的 27 到 30 岁的年轻人集中在了环法大道上。这是一项兼有技术性和经济性的组织方式,人们能够以此来对照各种职业习惯,改进工作方法。与此同时,它还使一群年轻人得到了工作保障。这就是为什么我们能够从中发现一种特殊的群居性——象征性的礼仪和实践使之不断得以强化的那种兄弟般的群居性。同时,我们还能够从中发现与稳定、控制、运动相对立的一切紧张关系。雅克-路易·梅内塔的那些巴黎的伙伴们,以及我们在书斋里的调查资料中或者在纳沙泰尔印刷公司的文稿纸上看到的印刷车间的工人们,他们不仅能够为劳动市场的流动性作证,同时内心还怀着一种渴望,正是这种渴望激发了他们的热情,使他们能够体悟别样的观念,即"有益的自由"。

在农村生活着"山区游牧民(remues d'hommes)",他们根据季节变换牧场,这群人数量可观,占用空间很大。牧民的迁移①是深层的乡村生活所固有的。鉴于农村的生活节奏,收获过后有一段时间的农闲,也就是说,收获季节本身需要大量的劳力,而冬天则无事可干,这样才使得牧民的迁移成为可能。此外,他们的迁移还取决于资源与人口之间的关系,即取决于是否需要寻求一种相对来说比较重要的副业作为补充。大自然的贫瘠、税赋的压力、人口的增加,诸多需求的并合将山民们推上了通往平原地区的大道,使空闲的人们沿着寻求工作的方向移动。马尔什的泥水匠有规律地向巴黎或者中央高原周边地区移动反映的就是这种

① Chatelain(A.), *Les Migrants temporaires en France de 1800 à 1914*, Lille, 1976, 2 vol.

情况：1700 年前后，每年有 6 000 人；1789 年，15 000 人；其中大部分是成年壮劳力。① 虽然这些移动常常触及西班牙和意大利，但是很少跨越国界。移动的节奏随着距离的远近而变化，行程越远，归途越难，但是大部分远行者都有规律地踏上回程的路。

关于空间的使用，就不能不考虑它与起点，或者与故土的关系，因为相对大型的迁移在其酝酿过程中都能够促成这种关系的产生。在巴黎，奥弗涅人和利穆赞人都形成了自己紧密的团体。他们在一定程度上控制了某些行业，例如挑水工、泥水匠。他们接受别人不愿干的工作，他们定期返回故里，并且希望有一天能够衣锦还乡。这是一种与故土处于"维系状态的流动性"，他们并不拒绝原籍所在的那个空间。许许多多的流动商贩就是这样的，他们来自阿尔卑斯、比利牛斯、中央高原等地，心中无不萦绕着对于乡土的眷恋。② 所有此类的迁移，当然还有许多其他的迁移，都可能引起与故土关系的断裂，从而导致最终离开那个地方。移民在别的地方安顿下来，生活也随之发生了变化。

在整个 18 世纪，移民不断涌入城市，填补了城市人口的不足，伴随着城市一起发展。波尔多就是这样发展成为一个繁荣大区的首府所在地。在路易十四统治时期，波尔多的人口仅为 45 000 人，到路易十六统治时期已经增长到 100 000 人。人口的迅速增长得益于城市的经济吸引力。从 1737 年到 1791 年，波尔多的死亡人数超过了 35 000 人，但是日益壮大的移民浪潮不断为这座城市提供着人口增量。③ 移民的主要构

① Moulin（A.-M.），*Les Maçons de la Haute-Marche au XVIIIᵉ siècle*，publication de l'Institut d'études du Massif central，Clermont-Ferrand，1986.

② Fontaine（L.），*Le Colportage en Europe du XVIᵉ au XIXᵉ siècle*，à paraître；*Le Voyageur et la Mémoire*，colporteurs de l'Oisans au XIXᵉ siècle，Lyon，1984.

③ Poussou（J.-P.），*Bordeaux et le Sud-Ouest au XVIIIᵉ siècle*，croissance économique et attraction urbaine，Paris，1983.

成是单身男性，他们只是来城里待上一段时间，因为城市并非他们的久留之地。他们几乎全部来自广阔的西南地区，其中三分之一来自距离波尔多不到 40 千米的地方。这种移动既是必然的，也是自由的，因为迁移不一定是由于生活艰难和耕地荒芜而把移民推向了城市。在卡昂，移民运动揭示了城市的吸引力本身所具有的重要意义。移民统计资料显示：在 17 世纪，38％的移民是由于受到城市的吸引；到了 18 世纪末，这个数字上升到了 51％。此后，移民运动的影响波及所有人群（正如我们在旺多姆地区观察到的情况），覆盖所有地方：里昂、巴黎、南锡、斯特拉斯堡、鲁昂。可以说，移民运动是以人们的自由动机为基础的。然而，它更像是一片青藤，嫁接在伟大的文学作品所建构的都市梦想的图景上。1740 年前后的马里沃、1760 年左右的卢梭，以及 1780 年代的雷蒂夫，都曾经在自己的作品中勾画过这些图景。城市吸引了勇敢的人们，并向他们展示了人们与流动性以及空间的另一种关系——虽然城市从乡村社会中吸取了人口增量和发展所需的劳动力，但这种关系与古老的乡村社会仍然是不一样的。[①]

　　从那时起，移民运动一直是社会生活的核心，我们可以借助各种不同的材料对这些运动进行阶段性的总结。移民运动以其空间特征和大规模的移动趋势确切表达了关于流动性的地理学。旺多姆地区的样本不仅证明了以山区为起点的“山区游牧民”的迁移，同样也证明了自西向东的更大规模的迁移——或许更多地受到巴黎的吸引，人们从西部绿篱围隔的田园草地向巴黎盆地的广阔平原迁移。在违法犯罪的案例中，城市的吸引力同样在起作用。1788 年，在一场血腥事件中，见证者在大法官的裁判所里证言，“行凶者有 30 余人，他们来自布列塔尼”。不论是否属实，证词尚且合乎情理，因为大凡算得上迁移的运动基本上都具有

---

① Perrot（J.-C.），*Genèse d'une ville moderne…*，*op. cit.*

这样的特征。其实,这种特征是边境骚动中所固有的。在边境地区,骚动造成了西部与东部贯穿南北的分离,这非常有利于走私和贩卖私盐,也便于博斯的司机趁着天黑肇事逃逸。相反,自东向西的逆向迁移则比较少见。不管怎么说,所有迁移都突出了偏僻居住地与人口密集地之间的差异:散居产生疏离,群居形成吸引。从大的分类来说,这就好比在不同的工作及其充实程度之间,在诸如"穷乡僻壤"和葡萄种植区的不同耕作方式之间,在西部绿篱围隔的田园草地与贫瘠的牧场之间,精密的社会毛管现象(capillarités)①逐步形成。在人员流动的大背景下,相对稳定的地区通常是那些实行开放和交流的地区;小镇居民往往表现出更大的稳定性,因为工业革命起源时期的各类生计和经商渠道让他们安居乐业。从这个意义上来说,任何的流动性都必须与复杂的社会环境相关联,只有这样才能够衡量从被动忍受到主动选择之间的流动性梯度(gradient)。在一个稳定根深蒂固的社会里,仍然存在着冒险与期盼的机会。②

　　尽管如此,在旅行知识与人们对空间的感知和设想方式之间还是存在着一段永恒的距离。这两者各自分离,互不相交。一方面,在一个区域进行长途游历只是少数人的行为,这些人与在那些区域定居的居民维持着一种既戒备又好奇的复杂关系。因此,他们能够从根本上向外部空间打开这个稳定的乡村世界的大门,正如"在吸收和适应异文化的问题上,少数读者的作用至少等同于多数文盲"。另一方面,小规模的迁移及当地人的出行事实上已经远远超出了堂区和村镇的范围,因此,他们传播着各种不同来源的信息。

　　我们可以通过一个例子来阐明这一点。兰塞有一位名叫皮埃

① 指社会集团成员在社会阶层等级制度中升级的可能性。——译者注
② Vassort (J.), *Une société provinciale…*, *op. cit.*, pp. 250-258.

尔·波尔迪埃的农场主，他多年如一日，坚持写日记。如果将他的日记与人们的现实行为作一番比对，我们就能够发现三个主要领域之间错综复杂的联系。首先，家庭生活领域已经超出了堂区的界限，因为亲属关系图通常绵延三四古里（lieues）：男性的亲属关系从兰塞延续到克鲁谢尔尼和圣-阿芒，向博斯地区发展；女性的亲属关系则从隆普雷延伸到圣西尔-杜哥，向加蒂纳方向延伸。其次，在关于土地、买卖、船舶规模的 20 多项公证中，三分之二的公证地点是兰塞和旺多姆，其余的公证则如同家族关系一样分散在其他各地进行。最后，这位农耕者的记录还反映了市场领域的情况：其中首屈一指的是旺多姆；此外，还有蒙图瓦、埃尔波、雷诺城堡等市场，这些市场到农场的距离都差不多远。波尔迪埃所能去的最远的地方是位于七古里以外的布卢瓦，而且他很少去。从他的出行频率及其覆盖的范围来看，这种移动零零星星地带来了未经证实的消息，传达着来自远方的信息，特别是那里的见闻，这是最主要的。在人自身可以支配的近处空间与目力不可及的远处空间之间，人们对于空间的看法正逐步形成，而对于相距最远的两个方向，还只有一个大致的概念。

交通与控制

18 世纪的特征在于两种现象之间的鲜明对照：一方面，各地的交通都提高了速度，至少大部分地方是这样；另一方面，移动的监督程序和监督装置已经设立。借助地图和对地方的描述，人们对空间有了明确的认识，从这个意义上来说，空间变得更抽象了。然而，探索空间的新方法缓慢地进入了全体人民的意识中。只是这种新方法专属于学院里的精英分子，广大的民众对此仍然是陌生的。在这个问题上，必须避免将两种探索空间的方法对立起来：大众的空间观有扎实的现实根基，精英者则以其他的文化工具支撑自己对于空间的见解；一方属于多数人，另一方只属于少数人。这是一种明显的分化,但是并不一定意味着文化特权者们很快都接受了新的读物。重要的是人们以什么样的方式接近一个地区,而且还必须将内部的探索方法与贯穿于整个精英阶层的外部陌生者的眼光区分开来。相反,精英们也在学习以另一种方法来管理空间,进而揭示出安定与不安定之间最根本的对立面。

在经过一段比较舒缓的时期之后,启蒙时代开始了。它出现在一个文明化的历史阶段,那是一个使流动者能够安居乐业并且也有利于对迁移实施监督的时期。与流浪作斗争首先意味着城市管理的重大改变。这种变化始于 16 世纪,17 世纪末的"禁锢"反而加快了变化的速度,当然其中不无矛盾。这段历史印证了贫困的历史和救济机构疲于救助的历史,有时甚至与这些历史混为一体。救济机构的主要是收容所。它们通过社会预防措施对健康的乞丐和流浪汉以及将来可能变成苦役犯的流氓和罪犯实施收容,安排他们工作,并且用福音教化他们。国王的行政部门和城市警察以及天主教教会和新教教会,他们一致倡导全体人民从根本上放弃总是考虑穷人和流浪汉的传统教徒的形象,取而代之以基督的形象——那是人们理当接受的另一个自我。与此同时,逐出教会的惩戒也被赋予了新的色彩,因为他们把这种惩罚放在了社会、医疗和伦理的背景下来思考,因而被看作是一种可以被消除的威胁。在全社会的各个阶层,古老的避难传统被打破。

在乡村,也存在着同样的迁移。但是由于各种刑事条例和几乎始终由总督把持的地方决策权已经变成了整个王国范围内的国家行为,于是从这个意义上来说,乡村的迁移更呈现出一种决定性的趋势。从1742 年起,国王的一道声明使原先适用范围有限的法案得以推广,而且还设立了全国通信局,其目的在于将各省收集到的资料和收容机构的登记簿全部汇总于巴黎。在此基础上,君主制国家沿着两条必要的路线展开了行动,与流浪行乞作斗争:一方面,国家在 1724 年、1753 年、1764 年,以及杜尔哥在 1774 年进行了一系列调查,增进了对人民的认识。通过这些调查,国家评估了杜绝行乞的方法及其所需要的开支。另一方面,国家采用了 1724 年的法案,通过新的判决机制使法案得以更好地实施,1764 年以后还特别开设了乞丐收容所。随后,经过 1776 年的动乱,杜尔哥被迫保留了这些收容所,警察从此有了属于自己的监管手段。

　　1720 年后,在各个财政区(généralité)组建的骑警队负责对道路进行监管。警察小队定期巡视,虽然人数不多(全国仅几千人),却保证了"大道上的治安"。我们可以通过无定居者的活动对这一社会阶层的人口及其结构方面的特征进行普查。两个事实凸显出来:一方面,在政府默许的流浪、违法迁移、获得准许的迁移之间的界限模糊不清,甚至相互交错,因为这一切都受到经济需要和经济往来的支配。另一方面,警察小队的热情高昂,但是监管检查仍然会有疏漏,有时会放过应该扣留的人员;而且巴黎的中央档案没有反映人们所预料的结果,主要是累犯重犯无法被遏制。与此同时,骑警队加强了对中心交通枢纽、人群密集区域、巴黎和里昂周围的皇家公路、集市和庆典场所的巡视,并且常常在这些地方实施逮捕;郊区的小旅店、小酒馆也是骑警队重点巡视的地方。如果我们将交通流量的上升与巡视场所的绘制地图进行对比,就可以发现其中的不规律。总之,我们可以从中看出警察努力的徒劳,他们更应该去与真正的罪犯作斗争。

　　我们尤其要注意,骑警队的态度和乡村居民的态度紧密相关。[1] 我们很少看到乡民反抗宪兵的记录,然而,在 18 世纪上半叶,我们却在

---

① Gutton（J.‑P.）, *La Société et les Pauvres. L'exemple de la généralité de Lyon*, Paris, 1971, pp. 447‑448.

城市里发现了几次反抗下级警务人员的事例。主要原因在于,对于农民来说,流浪和乞讨似乎是寻常事,因为各种危机都有可能将他们推上流浪之途;或者让他们看到自己后代中的一部分人在经过短暂的温饱之后重新上路。只要是认识的人,而且身份明确,乞讨并不受到排斥。相反,如果流浪汉是一个陌生人,农民的态度则会发生改变。农民害怕他的"蛮横无理",于是会告发他,不需要任何理由;如果他实施威胁或者有所行动,那就更不用说了。抢劫、偷窃、谷仓或收获物的火灾增加了人们的不满与恐惧,这一切都不利于流动的自由。因此,整个 18 世纪就处于封闭与打破封闭之间力量的分界线上,但是两者之间非常模糊。

　　全社会的努力、国家组织的调查和国家行为的影响力、一部分社会精英(主要是城市精英)的向往,这些力量都倾向于开放。然而,与此同时,对于可能促进发展的流通,他们又调动力量加以限制和监督。在稳定性与流动性之间展开了一场战争,而这场战争的焦点或许在于通过人们所能接受的约束来为自由作一个更具体的定义。可以肯定的是,启蒙运动时期的立法在于加强社会安定:对公民身份及其材料进行更好的管理,推行各种证书和各类通行证的使用,这有利于对人们的出行进行监控。各地的无序状态在逐渐消退。巴黎的警察渴望建立资料库,以确保对人口的增长和流动性的增加进行有效的监督。《百科全书》的合作者纪尧泰警官在他的《法国治安改革报告》中作了如上表述。归根结底,人们希望设立警戒正是为了彰显追求幸福和繁荣的善德。对治安问题的思考与支配空间的哲学结合在一起,于是在表达自然与表达城市文明之间形成了对抗。在其他一些冲突中各领风骚的人物也在这个关键的分化点上相互遭遇,这不能说是一件无关紧要的事情,例如伏尔泰与卢梭之间的对立、经济学家与受到基督教影响的哲学家之间的对抗。在反对私有财产和奢华享受、揭露市民浅薄的斗争中,混合着对流浪的颂扬和人们对于反人性人类的神秘历史的看法。① 我们还能够找到关于这段历史的另一种见解，那是由城市规划以及由此衍生的地方对抗所导致的。

在变革的反对派中首先有军人，他们要捍卫堡垒和城墙。比如说在卡昂，他们就为了抢救要塞而投入了战斗。反对派中还有教会，虽然立场并不一致，但是他们维护教会的象征资产，反对城市的**宗教改革**（aggiornamento），不满于总督和改革的追随者们对修道院遗产造成的威胁。人民也出现在反对者的行列中——死亡临近时，他们需要圣职者帮助驱散天国的坟墓气息。最后，还有城市的行政长官，他们以传统的自由为幌子，拥护秩序，反对迁移，反对行政改革的新事物，也反对辖区的暴虐管理。

从长远来看，这样一个异质联盟不会产生什么效果，但是就其财政上的游击战术及其在瞬间捍卫自身特权的能力而言，这个联盟是有效的。新空间的规划者处于这个异质联盟的对立面。从社会关系上来说，规划者们不会更具有同质性，但是努力振兴经济的目标将他们凝聚在一起，共同的兴趣和对文化的更广义的理解促进了他们的联合。这个联合体中有管理者阶层，也有地方经济学家团体。我们在科学院也能够见到这些经济学家们，因为科学院将全国范围内铸造文学共和国大厦的主要社会构件都组合在了自己的徽志下：医生、律师、行政官员、部分企业主、部分开明教士、建筑界人士（他们的人数超过了批发商和海上贸易商的总人数），最后，还有工程师和规划的推动者们。他们的身心都充满了战斗的激情。

从这个意义上来说，在关于开放的问题上形成了两种相互对立的见解：一部分人从巴黎寻找榜样，将目光投向更广阔的地平线，同时也关

---

① Dagognet（F.），*Le Nombre et le lieu*，Paris，1984，pp. 22 - 23.

注这个已经消除了阻隔的王国;另一部分人则忠实于社会的传统,甚至忠实于由各种年金和不同群体构成的社会特权,他们的姿态类似于那些与改良君主制国家作斗争的高等法院派——他们是土地的信徒,对迁移和流通怀有戒备之心。[1] 仅此一点就说明,双方对立的焦点并不局限于他们所展示的城市变革这一个方面。因为它还突出了在君主制国家实施改良的过程中私人利益所取得的巨大胜利,以及不同的文化群体和行业群体之间的对立关系。此外,它还强调了工程师等新空间的支配者们的创世活动——在面对人口问题、偏见、自然因素或生产方面的障碍时,他们激昂的话语能够鼓励人们前进。"因此,工程师们的乐观主义精神似乎表明,他们的行动范围就在于这种永恒的不完善之中,或者说,就在于追求一种永远处于逃离之中的最终状态。人们也许会问,这种形势难道预示着接下来的那个世纪的不确定性?"[2]

　　直至18世纪中叶,古典主义的建筑学理论始终占据主导地位,我们可以从中解读出城市规划的构想,即开动技术效能和实现专门化。无论是在思想上或是在使思想付诸行动的实践中,城市规划者们都以巨大的现实成就替代了最初的宏伟构想,从而显示了社会的变化。一个运动的、变化的,甚至由于专家对其中的利益和功用冲突进行评判而显得有点混乱的社会,取代了以分离、封闭、协商为基础的寻求妥协和秩序的社会。那是一种不变的秩序,是与绝对君权中所体现的身份等级体系相对应的观点。专家们响应了通过"全民意志"达到和谐的全体公民的期望,他们将理论与实践重新结合起来,从而能够力求根据规划对流通、迁移、生产流程实施监督。因此,就技术与行政方面而言,对于空间的支配长期引导着社会发展和整个法兰西的文明化方向。我们在《论法的精

---

① Perrot (J.-C.), *Genèse d'une ville moderne...*, *op. cit.*, t. II, pp. 533 – 600.

② Picon (A.), *L'Invention de l'ingénieur moderne...*, *op. cit.*, p. 297.

神》以及其他一些伟大著作中读到过"经济王国"的梦想,它并不仅仅来自实业家、商人、银行家的推动,工程师和管理者所表现的激情也是构建梦想的重要材料。每当需要对人和资源的流通进行组织调配,简言之,在需要对空间加以支配利用时,从事分类、专门化、计算等方面的专家就会将他们的目光汇聚起来。①

---

① Dagognet（F.）, *Pour une théorie générale des formes*, Paris, 1975, p. 61.

第三章　时间与历史

在支配空间与支配时间之间存在着一种关联,这种关联已经蕴藏在人类试图认识和改善交通,并对流动性实施监控的历史中。18 世纪的知识阶层都知道,自亚里士多德以来,人们一直借助运动来测算时间。所谓测时学,就是通过适当的运动,以空间作为时间的参照,从而使时间的测量成为可能。启蒙时期的专家学者对这个理论进行了长期的思索。这是因为,在始于 16 至 17 世纪的世界数学化过程中,随着开普勒定律、伽利略的新发现、牛顿定律的问世,动力学以一种通用的方式对时间进行定义,认为时间是可以测量的,并且将物体的长度、力、质量用于时间的定义中,认为它们也是可以直接测量的。

科学上的这一转变从不同的侧面为人类历史定下了一个标记。对于科学家来说,它奠定了惠更斯以其在 1673 年出版的《摆钟论》所开创的古典测时学的基础,同时也为人们对地球时间与天文时间之间的关系展开思辨奠定了基础。那时是科学院的天下。然而,对于普通人来说,究竟需要多少不同层次的文化媒介才能够实现科学家与普通市民或乡村居民之间的沟通?科学原理本身的重要意义或许还不如逐步普及科学原理所产生的效应,因为它们能够改变人们以往对待时光的态度,并且还能够激发技术研究。当然,行政、经济、军事、航海发展的新需求也能够推动这些研究。以此而论,对于历史学家来说,关于时间的文化成了历史学的研究基础,同样也是伟大的年代学(chronosophie)、时间哲学(philosophie du temps)以及人类未来哲学的基础。时间性(temporalité)①是错综复杂的,这一点是我们理解18世纪的一个基本原则。

　　时间性能够对日常琐事进行定义,正如研究过去、现在、未来之间关系的时间哲学能够确切地定义历史。在这两个领域之间,有看不见的潮流在涌动。每当预示着要发生重大的突变,这些思潮便会赋予人们以敏感性,并且成为争论的话题。由此看来,启蒙时期处于两个时代的夹缝之间。关于时间的一般研究早在几个世纪之前就已经开始演变,但是人们的研究实践仍然在几个领域内继续进行,它们分别以宇宙、宗教,尤其是商业作为参照范畴。与此同时,历史学的理论发生变化,这是因为它在根本上受到了质疑,同时它本身也在实践中有所改变。

　　让我们重新翻阅一下词典。对于特雷武的耶稣会教团来说,历史是艺术化的叙事故事,是以讲述的方式对事件进行描述——描述那些最值得纪念的事实和最壮丽的行动。历史学以描述自然万物自诩,其中最好的典型当属普林尼②的《自然史》。该书的特点就在于其自然、宗教、世俗方面的内容;或许还在于它的形式——像年表或大事记一般简洁,形象地混合各种知识,犹如出自历史学家之笔。因此,在现实主题下的历史叙述(histoire-récit)与充满幻想和传奇色彩的历史传说(histoire-fable)之间存在着巨大的差异。人们可以在关于优先权诉讼的登记簿里找到各种带“历史”字眼的材料,用这些材料进行的语义学分析也表现出同样的两重性。关于这一点,弗朗

①　费尔南·布罗代尔(Fernand Braudel)提出的历史学研究方法。在历史研究中,他主张从地理时间、人文时间、个别时间三个层次进行探讨;认为历史可区分为短时段、中时段和长时段,历史学家更重要的是研究长时段的历史发展,而不仅仅是对短时段的历史事件做详细的研究。——译者注
②　Pline,罗马著名博物学家。——译者注

索瓦·孚雷曾经作过阐述。① 从年代学和自然演变的观点,或者从空间及其广延性的角度来观察,我们能够发现,古典主义思想中的自然史与人文事件史在缓慢地靠近。在历史学的各种话语方式之间,以及在它的不同主题之间,存在着一种分类体系:圣史是历史学的基础和最重要的参照,非宗教的历史学则能够帮助我们了解机构、风俗和认知的演变,人物史是对个人进行研究的历史,特殊事件史则是研究各种事件的历史。总而言之,历史能够帮助我们论证过去对现在的影响力。它的未来是一种"过去的将来",是以文明化的神圣基础为导向的。②

翻开《百科全书》,我们能够听到伏尔泰的心声,精神世界随着他的脉搏而跳动。③ 历史,它是对真实事件的叙述;相反,传说叙述的事件却不是真实的。我们有思想史,那是对人类谬误的沉思;我们有艺术史,那是对人类文明的发展与进步最有用的学问。作为历史学家的伏尔泰从圣史研究中排除了那些不宜讨论的"虔敬主题"——通过这种方式,凭着已经摆脱了舆论趋同性的一种现实世界的认识论,伏尔泰将历史学的时间场世俗化了,关于偏见的研究也因此成为一门历史。将文化与自然万物区分开来——自然史就是凭借这样一种认知方法论,将自己的光芒反射到物理学家们的研究领域。艺术、各类技术与知识,以及"不带任何先验论前提"的所有事件,一直都属于历史学的研究范畴。基于此,世界的分类法也能够成为人类的历史。伏尔泰终于将历史学纳入了现代性的范畴,因为他将历史学的定义建立在通过论证而可知的基础上,因为

---

① Furet (F.), *L'ensemble Histoire*, in Furet (F.)(éd.), *Livre et Société dans la France du XVIIIe siècle*, Paris-La Haye, 1970, t. II, pp. 95 - 100.

② Koselleck (R.), *Le Futur passé*, Paris, trad., 1990.

③ Furet (F.), *L'ensemble Histoire*, *op. cit.*

他按照我们至今仍然采用的划分标准来确立这门科学的结构。历史学由于它世俗化的编年学概念（未来，就是人类将要做的事情），也由于它的真实条件而得到了重新定义。

如果我们衡量一下这两个定义在观念上的巨大差距，我们就能够理解，它们的现代性中都蕴含着人与时间关系的转变。在现实中，时间本身也发生了变化，它更加世俗化，更加理性化了，这是无可争议的。与此同时，若干个历史学概念仍然被组合在一起，看似都基本符合规范，表面上也未必存在着非常明显的对立，因而我们一直沿用至今。百科全书编撰者若古骑士就曾经对形容词"历史的"作了如下定义：

> 属于历史学，不同于虚构。我们可以说历史年代、虚构的年代，还可以说历史学著作。然而历史画则是指表现一个真实事件的图画，这个事件可以是历史学研究的一个活动，更广义地说，甚至可以是发生在人与人之间的一个活动。至于这个活动是真实的还是构想的，这并不重要。

话锋从历史学话语场（champ du discours）转到绘画，确实不乏趣味，不过，我们还是应该更仔细地审视其中关于时间消耗力的解读方式。在上面的文字里，作者让我们看到，用历史真实性作为历史学定义的唯一构件是不完善的。如今，实用性已经扩大了使用范围和使用条件。面对变化中的现实，在我们对时间的感知中，在我们耗费个人和群体时间而达成的最终目标里，已经混合了周期性的、线性的、可进化的实在性。对于时间的解读有着各种实用文化，这些文化的不同方面已经与18世纪人们的智慧和记忆有机地结合在一起。

人文时间

人类学告诉我们如何解读人文时间的日常特性。在对彼此之间差异最大的文化进行研究的过程中，可以从三个方面进行对比，这将帮助我们得出关于时间特性的定义。但是，必须在了解时间本身也有历史的前提下，我们才能够对这三种对比进行详细的阐述。

首先，重复事件与大事件之间的对比。平常时间是周期性的有规律的时间，在平静单调中安排固定的日常工作和生活。这是时间的第一个含义，由此产生了一种观念——我们可以通过人们支配时间的方式来确定一个时代（旧制度）、一个时期（18 世纪）、一种文化（启蒙文化）的特征。但是必须承认，从此以后，进行时间预算（budgets-temps）不再是一件简单的事情，因为我们要做的不再仅仅是个人或家庭的时间预算。当我们在对日常生活所代表的含义，以及人们在突发事件或偶然事件中所具有的安全感或自信心进行研究时，我们应该谨慎地对待收集来的证据。因为一次进步或者一次合理的行动都可能引起一场变化，而收集来的这些证据只能够说明这一变化的特性：理解土壤细孔渗水的逻辑会很有帮助。

其次，日常时间的特性还在于突发事件与重复事件的对比。我们可以在有序和混乱之间、有规律和无规律之间画一条界线，这样我们就能明白，这些单调的空间如何填满了时间，又是如何为突发事件所激活的（在现代社会即是节假日的作用）。关于启蒙社会的时间性，应该考虑一个基本问题：在节假日的自由和平日劳作之间的对比中，社会控制的影响和社会变化的各种可能性（其中主要是经济方面的变化）仍然以另一种方式在发挥作用。总而言之，时间的不同节奏，无论工作的节奏，还是休息的节奏，都是我们理解文化演变的各种方式的核心。

最后,关于第三方面的对比,我们应该思考这样一个问题:是什么构成了日常生活与时间本身之间的对立?自 18 世纪以来,社会机制秉承传统,采取各种措施来支配人文时间,要么通过行为控制以确保对社会变化的监控,要么通过惯例来掩盖行动的效果。任何时期的人文经验中都包含着各种各样的习俗。在 18 世纪,这些习俗一直在两大理论之间摇摆,因为那个世纪的人们始终致力于两大理论的阐述:其一,牛顿提出的关于"宇宙未来"的理论,那是一种绝对的时间概念,时间按照数学和神秘物理学(上帝是时间的主宰)的共同模式,以固定的速度流逝,与外界没有任何关系。其二,康德提出的主观主义和形而上学理论,他认为时间是"一切变化的中心"。在哲学家们看来,时间概念本身意义的形成表现了各种认知要素的相互交错。帕斯卡承袭圣·奥古斯丁的思想,认为对时间进行定义是没有意义的,甚至是不可能的。"时间就是这样,谁能给它一个定义?人人都在谈论时间,构思表达时间的话语,既然谁都无法得出更确切的定义,为什么还要尝试?"[1]个人时间与群体时间是否能够达到协调,这一点留待文化史学家们去探讨。总之,到时候我们就发现时间的相互交错,正如空间的相互重叠。[2] 好几种对于时间的认知带着它们各自的文化地域性和文化水平,以不同的节奏交织在一起,其中伴随着代表它们各自特征的习性,以及它们与自然和文化的各种联系方式。这一切集中体现为两种价值论:宇宙与自然时间的价值论,以及有规律的时钟时间价值论。两者之间不可嫁接。

宇宙时间　自然时间

在 18 世纪法国人的时间结构中,混合了一种关于时间的重要情结。

---

① Pascal, *De l'esprit géométrique*, in *Pensées*.
② Braudel (F.), *Écrits sur l'histoire*, Paris, 1977.

在解读人们对于时间的各种感受时，需要注意一个问题。正如皮亚杰等认知心理学家所教导的，对时间的感知以及这种感知的获得是从童年时期开始的，甚至早在个人的自我意识之前；它随着人们的语言和记忆一起被建构起来，并且通过社会经验以及对事物与存在的认知而得以巩固。在这方面，历史学家很少有机会从结构上揭示个人内心深处的经验。相反，若要讨论群体经验，他们往往更有发言权。然而，构成个人经验之结构的正是群体经验，即使这些个体并没有以同样的节奏也没有按照同样的个人模式和家庭模式感受过这种经验。各种各样的运动就是这样通过人们的日程安排产生了联系，它们既是独立的，又是天文观测、科学观测、实用主义的观测，以及宗教事务甚至政治事务的相互依存中所固有的。在乡村，日程的运动轨迹繁复多样；在城市则更加复杂。18 世纪的法国在时间的计量中秉承了两大传统：人与自然的古老联系和教会的思维逻辑。

在一个以乡村生活为主导的社会里，时间首先是属于季节和日月的。季节和带有季节特征的农活周期性反复，从而决定了生产活动与拜师学徒的日程安排。在人们的记忆中，这种周而复始的劳作将人们的回忆定格在了已往行程的标界上，无论它们标注的是幸运或是不幸。深深触动路易十四统治的是那些不幸的年代，它们留下的时代烙印远远比君主的辞世更让人记忆犹新。那是恐怖的年代，根据沃邦的研究，有十分之一的民众沦为乞丐；那是接二连三的屠杀，法国因此损失了几百万人口（1693 年至 1694 年，损失 150 万人；1709 年至 1711 年，损失 80 多万人）；直至 1750 年至 1760 年，那些恐怖回忆仍然萦绕在年长者的脑海中。当灾难不断扩大，当风雨不调，土地无以供应人类的食粮，人们便对整个大自然，包括对上帝产生了疑问。[①] 我们注意到，随着这种压力在

---

① Lachiver（M.），*Les Années de misère, la famine au temps du grand roi*, Paris, 1991.

18 世纪的逐步减弱,回忆的步调变得更加顺畅。旺多姆瓦人波尔迪埃①在写日记时并没有按照抽象的计量单位来计算时间,而是将自己的切身经验和实际操作的脉络体系作为时间的参照。季节既反映了日历时间的结构,同时也反映了农业劳动的顺序。皮埃尔·波尔迪埃的常用表达有"小麦的八月""燕麦的八月"。季节的节奏通常影响着风俗和典礼的进程。

　　人们对时间的感觉,以及早期计量时间的方法,都与家庭劳动的步骤及各种家务活的自然状态所具有的影响力有关。波尔迪埃的日记,还有其他一些文献,带领我们进入了农牧业时间的循环更替之中。一天的农活在"日出"与"日落"之间进行,城里也是如此,按天或按件计算的冬季工资因此而缩减。从圣约翰节(Saint-Jean)到诸圣瞻礼节(Toussaint),一年的劳作都安排在这短暂而繁忙的 4 个月里,农活和交易在这个季节里爆发,但是持续的时间不长;接下来是 8 个月漫长的等待。这两个时期的长度不同,却被认为具有同等重要的意义。与此同时,农闲季节(或沉睡的季节)与农忙季节之间的反差由于宗教日历中重要节日的同化作用而得以缓和。

　　关于这两个方面,皮埃尔·波尔迪埃几乎做了全面的记录,包括平凡的和不平凡的事。从 1748 年到 1767 年,通过将近 20 年的观察,他记录了各种各样的农业耕作方法,从 10 月的"覆土"(couvrailles)——在施肥、翻耕、播种(semer les bleds)之后——到 8 月的收获、脱粒、入仓。春风又起,紧张繁忙的农活随之而来;3 月翻耕土地,以备快熟粮食作物和燕麦的轮作;6 月,收割草料;10 月,收获葡萄和橡栗。季节的轮回决定了旺多姆瓦地区的基本生活结构。正如在有的地方,水手们需要遵循潮汐的节奏出海,顺应冬季汹涌的浪潮去远航。在这个阳光并不充沛的地

---

①　Vassort (J.), *Une société provinciale...*, *op. cit.*, p. 272.

方,昼与夜的更替形成了一条富有多重意义的分界线。日复一日,时光的推移伴随着人类活动的脚步。波尔迪埃记录了集市交易的日历推算法,强调了集市和雇佣季节工人的重要性——一年一度的圣约翰节是雇佣家务零工的时候;7月的收获季节则雇佣"割麦工"(scyeux),也就是用镰刀收割麦子的工人。最后,从农庄开始洋溢起欢乐气氛的时刻一直到诸圣瞻礼节,波尔迪埃侧重记录了租金和租赁在这一过程中的重要意义。

　　其他的时间划分则来自教会日历。教会日历支配着每个星期的节奏,决定了星期日的休息、星期一的婚礼、封斋前的星期二、封斋期的前夜,以及此后禁止聚会的漫长的几个星期。在星期日和重大节日,弥撒是各地团体聚会的时机。酷爱争辩的人们无视小酒店管理署的意志,因为任何权力机构都无法终结那里的活动。人们在那里商议众人关心的事情,交流各方面的消息。与市场和集市一样,礼拜日的聚会也是一个重要的时刻,它汇聚了各种社会关系和个人关系,使人们得以进行各种买卖,交流各类信息。复活节、圣灵降临节、诸圣瞻礼节、圣诞节是各地盛行的节日,这些重大节日的日历构成了通俗的时间标志。波尔迪埃和纳威耶的葡萄种植者拉特隆在他们的日记中选择了同样层次和频度的记录;不同之处也是显见的,因为农耕者和葡萄种植者对圣事和行业规范表现出了不同的虔敬之心。某些记录的出现或消失可以证明他们在感知方面的差异或距离城市的远近,然而,在这两份记录中,关于节日的描述主要都集中在每年的上半年(分别为67%和54%)。在准备收割的那些月份,描述总是最啰唆的。谷物种植者和葡萄种植者都在期待中生活,对他们来说,现在永远是未来的载体,而未来是不确定的,因为他们的劳动成果取决于上天。

　　时间结构的基础是大自然的节奏和各种圣礼庆典,我们可以从中得出两个结论:一方面,它仍然有力地制约着婚礼、洗礼和葬礼的季节分布。春天的出生高峰和秋季的出生低谷实际上是与死亡率的季节性波动相对应的,生的季节与死的季节相互并列。婚姻虽然比以前更自由了,但是仍然逃不出农业的必然性、传统与民众的信仰、教会的戒律三重制约。三分之二的婚礼集中在一二月和六七月这 4 个月里。另一方面,农民具有广泛的生物学耐受性(amplitude biologique)①,他们通过庆典来划分季节的节拍。城里人也一样,只是他们这么做或许理由不是很充分。教会曾制止这些庆典,但是后来基本上都予以接纳。由麦秆火把、圣诞柴、劈柴形蛋糕组成的庆祝仪式使冬至日、一年一度的封斋期和圣约翰节变得不同寻常。后来,这类庆祝仪式越来越少了。

因此,一年又一年的循环往复成了全社会最不可缺少的东西。人们正是参照这种循环来建构自己的记忆,考虑周年的作用。有张有弛的生活也是根据这种循环来安排的。只有按工作需要安排出来的时间才会打乱生活的节奏,才能够抗衡季节轮回的强有力的节拍。波尔迪埃"耕耘"着他的"日记",字里行间表现出一种具体而直接的理解力。工作属于人人遵守的必然范畴,这种必然性决定了对祖先遗留传统的尊重。

此外,它还引起了工作与社会生活之间的轻微分离。它在人们对时间的依附中组合起一种自由,那是人人都向往的自由,也是那个世纪人们谈论的焦点。谁会让时间白白流淌?关于这个问题,教会人士、管理者、产业所有者、经济学家们给出了不同的答案,然而,"民众的失业"现象、节日的不当利用,也即时间的不当使用,是对于所有答案而言同样敏感的话题。增加节日、延长放松身心的时间,就是糟蹋时间——因为必须从时间中祛除一切非神圣的东西。让我们来听听拉·罗谢尔教区的费耶神甫是怎么说的:

---

① 或译作生物学幅度。——译者

　　每个星期日,在圣维维安堂区守护神的 8 日庆期的最后一天,市镇中心小酒馆门前聚集起了人群,无礼、放荡、酗酒的事件屡有发生,其中混杂着争吵和渎神的话,毫不顾忌这个神圣日子的庄严,以致堂区没有人做晚课①……

　　节日是在时间问题上文化和宗教冲突的核心。遏止节日活动是精英领袖人物操心的问题,他们既希望在有益于风俗、有利于生产的意义上约束人们的行为,同时又渴望将节日变成一个机会,借以进行社会新价值的庆典。当时间转化为金钱,耗费的劳动力(主要是青年人的劳动力)就会变成一种被认同的价值。持这种观点的启蒙思想家的著作不胜枚举:孟德斯鸠、伏尔泰、图尔比利侯爵、F. 德·维尔纳夫、乔麦尔、鲁耶·德奥尔夫耶。《人类之友》的态度更慎重一些,对节日采取保护态度,认为那是"对工作的激励",是"上天创立的惯例"。《百科全书》、科学院(其中拉·罗谢尔的科学院)、农业团体则反对这样的无所事事。然而,负责节日治安的警察并不一定能战胜人们的习惯。"中西部那些渴望成为骑士的贵族从来没有像在旧制度的最后几年那样畅快淋漓地跳过舞",历史学家得出了这样的结论。②

　　此外,在关于时间、工作、闲暇的理解方式上,若是我们坚信统治阶级与被统治阶级之间存在着某种形式的交锋,那就错了。事实上,或许正是因为他们在日常生活中彼此的心理完整倾向(prégnance)和彼此的物质文化(即使这种文化没有以同一种方式表达出来)蕴藏着坚固的共同基础,才引出了各种有益的思考。精英分子的时间范畴不可能与各种

---

① Pellegrin (N.), *Les Bachelleries dans le Centre-Ouest*, *organisations et fêtes de la jeunesse*, Poitiers, 1982, p. 277.

② *Ibid.*

自然事件没有关系，但是他们的权力基础并不在于此。我们由此能够理解将贵族、神职人员、警察调动起来，使他们站在同一条战线共同反对节日活动的全部意义。对时间有限性的控制既是一个政治问题，也是经济问题；是宗教问题，同样也是世俗问题；所有的问题在这里混合。太阳、礼拜仪式、政治日历结合起来共同构建了集体时间。在 18 世纪，精英领袖们并非生活在大多数被支配者所在的宇宙之外，他们渴望控制民众的娱乐，策划更周全的庆祝活动来促进工作、完善德行。

　　乡村的田园祭礼是"戴着玫瑰花冠的贞洁少女的节日"。在这些仪式中，花环被授予年长者或者有建树的年轻人。感谢卢梭和马蒙泰尔给了我们机会，让我们能够在人们重归自然的这些重大场面中体会到宇宙的永恒。事实上，田园诗、牧歌、阿卡迪亚式的乡愁从来不曾在这个宇宙中消失过，它们在以另一种方式叙述着人们与世界的联系，值得我们饶有兴致地一读。自然诗和年鉴一样，它们对时间的永恒范畴有着共同的眷恋。

诗人的季节

　　"自然诗"胜利地走过近代，从此出现一个问题：1769 年以后自然诗的大量涌现究竟是一种新生还是一次复兴？而这个行为本身就突出了这种重要文化现象存在的意义。尽管从巴洛克时期到启蒙运动时期，这种文化在形式上历经变化，并且借用了各种文化的不同色彩。① 自然诗在善感的人们那里得到了成功，这与它的两大恒定性是不可分的。首先，描绘和教训诗（poésie descriptive et didactique）的恒定性。尽管布瓦洛不乐意，但是这类诗歌一直拥有自己的爱好者，吸引了大大小小的创

---

① 　Gutton（E.），*L'État et la mendicité dans la première moitié du XVIIIe siècle*，*Auvergne*，*Beaujolais*，*Forez*，*Lyonnais*，Lyon，1973.

作者——到18世纪，中学生们仍然在读拉封丹或拉潘神甫的诗。另一个恒定性是维吉尔、卢克莱修、赫西奥德所代表的伟大的古典传统。作为典范和翻译模仿的对象，这份希腊—拉丁文化遗产使《田园诗》模仿者心中的圣火长明，因而当它借用《物性论》中的图画，援引其中的问题时，更能够为严密而有条理的哲学思考提供养料。维吉尔是新诗人和外省柏拉图弟子们模仿的典范，卢克莱修为波利尼亚克红衣主教和无神论者西尔万·马雷夏尔带来了灵感，奥维德激励了一代又一代的法语模仿者（拉丁语模仿者则少一些）。外国文学的激励为抒情诗增添了新的风尚和色彩，从德国的哈雷和格斯纳到英国的阿瑟·扬和汤姆逊（Thomson），人们或许能够以另一种方式从中领悟到自然科学的强烈效应，发现其中的秀丽风光（pittoresque：一个与风景画有关的英文词）。马赛科学院藏有大商人杜拉尔的神学史诗《论自然奇观中上帝之伟大》（1751年，已经查明的再版就有五次！）：7 000行的诗篇，真够分量。红衣主教贝尼斯——伏尔泰称之为"卖花女巴贝"——则写下了满怀护教思想的世俗诗《为宗教正名》。大自然、季节的节奏、劳动的步伐和光阴的节律、树林与河流的隐喻，诸如此类的主题在诗作中大量涌现，令神学史诗无以招架，逐渐向世俗诗过渡。"自然主义立足于教导性，并彰显这种性质"，将整个社会空间与经久不变的乡土观念紧密联系在一起，这本身就是一大功德。

法兰西的诗歌魂灵令四方能人才情迸发，他们借用各种咏唱和描绘现代艺术的方法革新之，并表达其中的细微差异。分析的方法不仅属于诗人，也属于画家。瓦多雷的《绘画艺术》和约瑟夫·韦尔内的《四季》印证了这一点。1750年前后，抒情诗的根本性转变逐渐明朗化，这种变化可以被认为是一次真正意义上的创造，而不是翻炒式的模仿。1753年的《论不平等》是1757年圣-朗贝尔在《百科全书》中的"精华"篇章；爱尔维修也在1740年至1771年间使他的宏伟诗作《论幸福》更趋成熟;圣-朗贝尔描绘的《季节》更是体现了一种音韵的和谐。

季节轮回是时间诗的一个不变的特征,从绘画到音乐(1725年的维瓦尔第、1801年的海顿)都是如此。1748年前后,贝尼斯也进行了尝试,他写了《一天中的四部分》和《四季》。当然,这方面最有影响力的还是圣-朗贝尔侯爵,他有着理性的名利欲,他还战胜了伏尔泰,圆满地赢得了温柔的艾米丽,也就是夏特莱夫人的芳心。圣-朗贝尔进行了诗学方面的改革,他强调手法的运用,从而取代了传统的体裁;他要求少一些描绘性的说教,多一些自然主义艺术,旨在表达对全人类热爱自然之心的崇敬。他写的《季节》是哲学家眼里的普通时间。他"要在乡村放松身心",要重归大自然、重回乡间府邸,那是被赋予了伦理学色彩的大众时间,也是真正的诗人所吟唱的时间。他在《秋天》里颂扬了收获葡萄和捕猎鹿。然而,我们必须走进他的意境,悉心体会那种已经不再完全属于我们这个时代的韵律:

> 她(秋天)来了,驾着祥和的云彩,
>
> 她从天上看见了葡萄的紫色,
>
> 还有花园里果树的绿荫和果实的浅红。
>
> 丰收的葡萄挂满一片片山坡,
>
> 喧闹和欢腾的季节就要来临;
>
> 我听见远处富裕的人们在欢呼,
>
> 在奔跑,手握青藤环绕的酒神杖。
>
> 巴克科斯①的宠臣,波莫纳②的仆役,

---

① 希腊酒神狄俄尼索斯(Dionysus),在罗马神话中叫巴克科斯(Bacchu)。——译者注

② 水果女神,法国第一部歌剧《波莫纳》(*Pomone*)中的人物,该剧于1671年在皇家音乐学院(即巴黎歌剧院)首演。——译者注

快来同庆秋天的妩媚，

岁末的凋零将覆盖她的艳丽……

除了必要的文化参照，我们还能从诗中感受到一种对大自然以及时间的崇拜，那是"诗与画"的交融。德利尔神甫是典型的从学院走出来的诗人，他在外省科学院成长起来（在马赛当选为科学院院士），然而，是圣-朗贝尔将他推上知识与学术声誉的顶峰。圣-朗贝尔还翻译了《田园诗》，在法国乃至欧洲得到了令人难忘的赞誉。1769 年以后，勒米埃尔和鲁歇在 1779 年分别发表了《吉日》和《月份》，从此表明描绘季节和时间的史诗有了新的体裁。稍后，德利尔神甫的《田园生活的欢乐》和《农民》，以及 1782 年的《花园》都是人们世代传诵的作品，它们在揭示了诗人是如何考证公共文学遗产，又是如何为习俗的更新进行辩护的同时，既反映了农事诗人的忧虑，又包含了下层百姓的劳动日程。巴什拉曾说："诗人眼里的景象在缓慢地演变。"通过这些诗，我们能够看到，工作日程的非连续性是怎样建立起一种使自然和时间范畴中的人们均以不同的方式视为己有的观念。

交易时节与钟表时间

要在一个理性的时代振兴抒情诗，似乎有点荒谬。但是如果真的这样认为，就等于忘记了我们的逻辑：各种事物和概念之间存在着错综复杂的联系。人们可能喜欢卢梭描绘的葡萄收获季节，如《新爱洛伊丝》中的克拉伦斯镇，胜于喜欢圣-朗贝尔或者德利尔神甫笔下的收获情景，这属于个人喜好。然而，历史学迫使我们既要了解他们以前的成功，又要了解在人们的喜好经过演变之后他们所建立的或者被证实的成就。总之，发扬诗歌的描绘性无须再给它加上思想运动的名目。它强调了怎样才能在某一个时刻同时涉及多种思想体系和行为体系，这就已经功劳卓著。这是因为,任何关于时间的思考都会导致一种模棱两可的发现:古老的时间学平和地将变化与稳定、持久与变异结合在一起;而在第二次现代性(seconde modernité)的顶峰时期,18世纪的人们并没有割断与这些古老的时间学(chronosophie)的联系,比如说亚里士多德的时间学和奥古斯丁的时间学——相对于时间媒介(médiation temporelle)而言,这是两种不同的时间态度。宗教时间本身的影响、城市与商人的冲击、理论时间准确性的逐步取得、钟表时间的作用,这一切同时揭示了时间的线性和量化的决定性趋势是怎样与季节和日期的周期性结构叠合在一起的。①

皮埃尔·波尔迪埃的记录梗概,以及我们能够读到的已经出版或尚未出版的许多理性书籍,无不证明着宗教时间的完整倾向和以节日的轮回为结构、根据不可逆转的人类进步(它的起点是神的降生和来临,还有宗教审判)组织起来的时间的普遍力量。因此,教士文人脱离了信守时间周期循环的奥古斯丁教义,逐渐以历史学和编年学的可能性为依据进行思考。教理的讲授、信徒的宗教活动、为圣化生死而进行的圣事的普及,这一切不同程度地使人们的立场在个人生活中的内心化成为可能。自15世纪以来,神学和世俗观念由于宗教改革而加速发展,从而使生命和时间的宝贵价值作为永福之必要条件而得以神圣化。整个基督教教育的目的就是要把圣史与个人的生活融为一体,宗教典礼的构想则是为了使个人进入圣史的范畴。每一颗心灵所经受的岁月就是人文时间,这个根深蒂固的观念存在于庆典和圣化时间活动的日复一日的记录中。隐修院和修道院里的宁静之所以比那个时代和那个世道更适合这些神圣化活动,是因为它们已经为之所浸染。无论是在僻静的乡村或是喧闹的城市,让我们来想一想教堂的钟

---

① Pomian (K.), *L'Ordre du temps*, Paris, pp. 231-267.

声,想一想宗教庆典,以怎样的方式来圣化人们生命中的那些重要时刻和重要场面;又以怎样的方式来强化民众的欢乐与痛苦,突出天灾人祸的效应,展现团体或王国的欢乐气氛。那是一种已经遗失了译码的语言,却有助于提高时间的价值。

压制宗教,即使不是为了对这些古老的信条进行全面质疑,至少也是为了改变它们的反响。贸易、货币流通、情报和信息传递、建立在金钱和期限关系上的信贷投机,这一切充斥着世界,从而使城市逐渐接受了社会时间的转变;同时,在一个更加缓慢的过程中,这种转变也略微影响了乡村。① 面对建立规则和量化时间的必然性,具有直接封臣权的社会体系逐步退却。谁懂得不浪费时间,谁就是未来的主人。通过对劳动进行分析,人们接受了新的社会要求——必须对工薪劳动者进行监督,在同时考虑劳动的流动性和劳动时间的前提下,确定劳动者的工作。由此构成了东家与伙计之间、雇主与职员之间、管理者与被管理者之间相互冲突的一个永久的根源。这也是人类克服无规则状态历史进程中的一个方面。18世纪的人们在这个领域所做的努力与他们在思想观念方面所做的努力是一致的——积极监控人数、产量,以及在物理学向经济学转移中实现的流量。② 通过研究各类科学观察和发明的原始记录(阿拉伯数字、用数字标注的量、平均数、表格等),人们还发现习惯做法通常先于理论。人类为某一进步事业思考的时间就像做算术一样,也是通过社会运算得出的一个暗喻符号。我们可以从17世纪末的牛顿时代到20世纪初的爱因斯坦时代的哲学简表中找出这种差异。在这个历史时期,人类经历了缓慢推进的社会变革:历法属于神圣的范畴(即使法国大革命也在历法改革的问题上

---

① Le Goff (J.), *Pour un autre Moyen Age*, Paris, 1977.

② Perrot (J.-C.), *Une histoire intellectuelle…*, *op. cit.*

遭受了挫折），而每一个日子的安排则与神圣无关，甚至逐渐远远超出了宗教的范畴。①

时间准确性的建立取决于科学技术的日益发展。测算时间的方法在不断完善，但是所有这些方法并非以同一节奏结束各自的使命。18世纪的人们仍然使用日晷仪，还在翻动沙漏，继续在水时计的古老齿轮上涂抹润滑油。他们一直在蜡烛的光晕里看着时间的流淌，通过天体缓慢的移动来计算光阴的脚步。真正的胜利来自机械钟表的成就，即使出现偶然因素（云雨天、困倦或疏忽），它们照样能够形象地表达时间。钟表与科学的观念联系在一起，世界、宇宙、人文机构都能够用机械术语进行表达和沟通。时间通过机械时钟得以形象化，这只是天体运动形象化的一个方面。根据这一合理性构想，将上帝喻为"伟大的钟表匠"更具有标准化的意义。宇宙时钟之隐喻适用于人们思考的各个领域，从人类自由到社会机构。手表越来越广泛地进入人们的生活，然而这种物质文明现象"却对细微的理论时间差异的具体性形成了一种相反的影响"②。这是因为，作为**机械的机器**（machina machinarum），时钟是所有机器中最独立的；机器本身内部调整，独立运作。因此，它有助于解释宇宙的自动法则，正如"伟大的钟表匠"最初用手指轻轻一弹就能够为痴迷于手工艺和自动化的人们留下如此丰富的精神财富。无论实质的或是宇宙的，装在口袋里的或是存在于话语中的，时钟都是一个构件，一种和谐的因素。对于牛顿的读者来说，时钟是能够对世界作出普遍性解释的一个成功原型；而对于街头巷尾的那些平凡的人们，时钟是可以支配运动、支配空间，甚至支配人的外表的一种温顺的工具。

---

① Pomian (K.), *L'Ordre du temps*, *op. cit.*, p. 163.
② Schlanger (J.), *Les Métaphores de l'organisme*, Paris, 1971, pp. 53 – 54.

　　我们不可能在这里复述钟表发展的技术历程①,然而,由于大量新发现以及钟表的日益普及,钟表的支配力日益扩大。在 15 至 17 世纪,人们购买的主要是擒纵机构(échappement)的钟表,这种钟表是通过其机械装置使时间得以精确地显示出来的。17 世纪末,由于惠更斯以及后来科斯特的努力,摆钟和发条钟表的误差减少到只有几秒钟。在巴黎和伦敦的科学院的推动,以及航海者的促进下,18 世纪的人们使所有这些技术得以完善。接下来就是解决经度时间的问题了。到 18 世纪末,所有的新技术都已经被同化,时间已经可以量化了。它已经是人的财产,而不再归属于上帝,尽管教会对时间的支配比以前更加敏感。将来有一天,我们一定要借助那些虔敬地描绘小商品交易的文学作品,好好研究一下它是怎样使这种断断续续的时间变得丰满的。关于时间的书和祈祷的书、退隐指南、弃绝的艺术,这一切向人们提供了一种关于时间的智慧,通过非宗教途径处理问题时正好能够予以借鉴。

　　对时间的支配权从年长的虔敬教徒和城市的统治者手里转移到了普通民众手中,在这一变化中,市场行为和经济组织的行为起了决定作用。在法国、英国、荷兰、瑞士,钟表匠都是商业资本主义的子孙。相互交流的增加、运输活动逐步实现规范化、交通工具的进步,这一切也是促进这场变化的关键因素。从此以后,驿车的时间表张贴出来,公之于众,人人都可以看到,并倾向于被大家遵守。然而,我们不能忘记,每个国家、每个城市都保留着自己的时间;不同的地方,天亮的时刻也不一样。时间在全国的统一化要等到 19 世纪来完成,到那时,人们才按照尚不规范的时区来校对自己的手表。此外,为了协同部队的和船队的移动,军队和航海者的行动也是这场变化的至关重要的因素。手表可以避免在

① Landes (J.), *L'Heure qu'il est, les horloges, la mesure du temps et la formation du monde moderne*, Paris, trad.,1987.

朦胧的黎明弄错时间，它有助于协调与组合；在使用新式武器的作战中，比如说炮战，手表是必不可少的。无论在哪里，手表都是一种规范的工具，在英格兰，人们在制定劳动规章时就是这样认为的。哪里需要管理，需要监控，手表就会在哪里出现。让我们想一想卢梭神甫，想一想精密时计的发源地英格兰和哈里森的杰作，还要想想布雷盖①的法兰西：瑞士的杰出产业和一群能干的生意人共同顺应了不断扩大的消费需求。

　　然而，这种需求并不属于理性消费，因为它同时也是一种追求时尚和高雅生活的行为。如果我们关注一下巴黎工薪界和商业盘存清单，注意一下时钟和手表数量的增加，就会发现，人们对钟表实用性的关注可能已经被它的装饰性所掩盖，甚至可以说实用性与装饰性相融合。时钟可以用来装饰，它还具有方便实用的特性；手表则是一个仪器，一件首饰。这就是为什么钟表的外观即使不会比走时准确更重要，至少也是同样重要的。拥有钟表意味着归属于一个有教养、守规矩的社会阶层；在乡村，钟表是显要人物的标志。无论走到哪里，如果能在货郎的一大堆物件中发现钟表的存在，那是非常让人开心的事情，因为钟表与眼镜、书籍、图片、饰带一样，能够让人焕然一新。在巴黎，雅克-路易·梅内塔经常走访一些乌七八糟的妓女，她们酷爱的是瑞士推销商的手表；而出租马车的车夫则常常佩戴英国手表。至于法国的钟表业，正如贝尔图在 1786 年所哀叹的那样，已经让位于瑞士和英国——是他们为"巴黎最高级的卖家"提供产品，但是法国手表在风格上更胜于他们。全欧洲的上流社会都欣赏布雷盖的豪华产品，但实用的和相对便宜的钟表都来自伦敦和日内瓦。从事钟表生产和贸易的家族将足迹踏遍了人们所能企及的地方。

　　流传到各地的时钟确实是一架测量时间的机器，然而，问题的关键

---

①　Abraham-Louis Bréguet（1747—1823），生于瑞士，17 岁起开始在巴黎制造钟表，他的才华得到法国国王路易十五的赏识。——译者注

却在于，从此以后，时钟造就了时间。关于这一点，我们可以列举一位非常重要的思想家荣格的一段话：

> 这种说法似乎与理想主义相违背，因为理想主义令人信服地揭示说，时间是人类的表现形式之一。但是这种表现是与民众和时代相关联的，它除了决定测量时间的技术，还更普遍地决定了人们赋予时间的价值。这是因为，除了测量时间之外，人们还能够以任何一种其他的方式来理解时间。用康德的话来说，人，如果作为实践的我为这个世界构思了一个新时代，那么作为理论的我便要为他的时代收取一点报偿。反响来自的地方就是最广泛意义上的时钟。

就这样，一种绝对权力在 18 世纪诞生了。

历史学家的时间

时间的正规化手段和监控手段都在不断进步，其迫切性也在日益加强，这是客观事实。尽管如此，人类感知到的时间的历史仍然表现出结构的复杂性，因为个人时间、宗教时间、社会时间、团体时间相互交错地存在于这个复杂的结构中。时间的历史不能与人们对于时间本身的探索相分离，于是，时间变成历史学家们的首要课题。然而，如果我们能够站在历史学家的角度，以阅读历史的方式来看问题，我们就不仅能够看到惯例的转变正逐渐形成趋势，同时还能够侧重指出某些更为重要的变化。在 18 世纪，史学家们的历史发生了深刻的变化，因为相对其自身的参照系而言，这场政治思想运动在发生改变，人们只能通过历史学把它记录下来。也正因为如此，时代需要大量的历史书籍。从书店提交审查的书目清单上可以看出，历史学占据了不容忽视的地位。无论是与教会有关的或是世俗的，大量的历史学著述在相关学科流传。地理学和游记文学更是给予了有力的支持——在图书馆的书架上，根据当时的分类，地理学书籍和游记文学一起被归并于历史类。在 1723—1727 年间，历史类约占所统计的 1 700 个标题中的 10%；1750—1754 年仍然占 10%；1788 年前后大约占 18%；这些都是准许公开出版的数据。我们对 1750—1784 年的研究结果显示，默许出版的历史类书籍相对更稳定一些，约占 10%—15%。

　　总之，从人们对出版物的粗略统计来看，历史学并没有扮演重要角色，远远地落后于纯文学及科学与艺术；但是历史属于知识的基本范畴，期刊的发行情况可以证实这一点。通过《特雷武回忆录》中阐述的 30% 的主题以及 18 世纪初（1715—1719）《学者杂志》中 23% 的篇目，我们可以看出，历史学是文化读者的主要功课。在全国各地，大多数历史学著作都以世俗的主题广泛面对时代关注的各种问题，因为在很大程度上，构成分析材料的各个类别内容是随着人们的观察结果而变化的。比如说，如果档案室的登记簿上反映出非宗教史的研究始终保持稳定甚至上升的趋势，那么特雷武关于耶稣会教团的研究就会出现衰退。这当然是一个征兆，它意味着一个才华聚集地的消退，或者说渊博的知识与古老的历史学的萎靡。通过这番评价我们应该发现其中存在着一种消费、一种需求，在这种存在的背后隐藏着人们的各种关注，从初中生的培养到公民的利益。在人们的读物中，某些阶层的人群比其他阶层更多地为历史学所吸引。贵族阶层就是这样，无论是在巴黎或是在外省，他们的书房里都塞满了历史书籍。① 杜尔哥书房里 5 000 册藏书中就有 1 200 多

---

① Roche（D.），*La Culture des apparences. Une histoire du vêtement, XVIIᵉ–XVIIIᵉ siècle*, Paris, 1989, p. 84.

册历史书。在巴黎,喜欢看书的贵族对过去的经历更感兴趣,尤其是王国的经历(占标题目录的40%)。与普罗旺斯地区一样,在布列塔尼、朗格多克、弗朗什-孔泰地区,无论是高等法院派或是佩剑贵族,在他们的图书目录上,历史书籍占四分之一到三分之一以上。随着时间的推移,比例还在逐步上升。

然而,在史学家的历史与读者的历史之间存在着许多差异。这些差异显示了18世纪的人们感受过去的方法,以及他们构想时间的方式。关于这一点,我们可以通过两个外省人的历史观研究和历史学在年鉴中的地位这样两个例证来解释。作为一种大规模发行物,年鉴能够周期性地引发人们对时间性进行构想的思潮,同时又是这些思潮的产物。相对而言,这些例证突出了《百科全书》的"人文知识体系"为历史学所预留的那个缩略空间的存在。这是一种研究方法,它能够让我们在知识领域中找出舆论界的重大决裂从产生到终结的缓慢过程,以及从王国的政体逐步走向最后的资本化的历史进程——那个时代最终使历史学懂得了理性,学会了质疑自己的确实性。

时间观 历史观

与其他写日记的人一样,皮埃尔·波尔迪埃通过他记录的一些生活梗概和他在1741年到1781年的日记描述了乡村生活的时间安排。与同样性质的文献相比,他提供的文献具有一定的优越性:他把时间置于整个思考的核心地位,并且通过事件来对周期性的时间进行观察。① 更为特别的是,他还在日记中表现了一种特有的能力,即对时间流逝的关心,以及对人的记忆力的关注,而记忆力能够维持人们对以往时间的回忆。这位农民逐年记录了他所熟知的农耕生活,概括了其中的

---

① Vassort (J.), *Une société provinciale…*, *op. cit.*, p. 330.

主要特征。在追求知识的道路上,他读到了一部文稿,于是他**全文**(in extenso)抄录作为参考——献给毕达哥拉斯、公平者约瑟夫和预言者丹尼尔的《永恒的预言》(最后一次发行是 1743 年的普罗特版本)是普及性读物的典范,也是普及读本取得成功的例证。那部文稿试图阐明一种假说:每隔 28 年,时间会原原本本地循环一次。对于波尔迪埃来说,他从中找到了一种解读现实的秘诀,人类世世代代的繁衍生息(28 岁是结婚的平均年龄)以及农耕生活中的偶然事件都能够由此得到解释。小麦锈病的复发、反常的降雨,他都可以用来证实那些预言。即使周期性有时候不很准确,他也绝不放弃,仍然以此作为参照来解释宇宙万物的轮回。

这是时间的第一结构。除此之外,他还逐渐在季节更替的连续性与某个孤立事件之间建立联系,就好像他所关注的历史同时在两个层面上展开:一个表现的是缓慢的不间断的重复,另一个则是强劲有力的瞬间波动。事件的特殊性、偶然性和被迫忍受性(caractère subi)将波尔迪埃带到了事件的现场,同时也将他推向了全世界。他的日记重现了圣职者奉行教规的活动,我们似乎看见教士们忙碌于各种官方统计表之间,在写有类似批语的堂区登记簿上书写批注:1709 年那个不同寻常的冬天、战争、加冕礼等。他们记录的事件构成了乡村年表中值得纪念的历史,波尔迪埃能够从中看出物价或收成等与正常状态的差距,就好像大事年表的连贯性与伴随王国历史的某些重大事件之间的关系。我们能够从中感受到正常状态与偶发事件的时间表现力,以及在波尔迪埃所能接触到的信息体系中人们所尊崇的历史观,如讲道、王室的公告、客栈里流传的小道消息。通过这种循环的观念,他所记录的事件在本质上得以同化,因为它们印证的是那个朝代与生命有关的大事件或重大的宗教节日(大赦年、圣年)。在波尔迪埃关于时间和历史的观念中,惯性的力量要大于突变的可能。①

如果将这种时间态度与米歇尔·西蒙神甫的态度进行一番对比,我们就能够注意到两者之间的差异和某些共同特征。米歇尔·西蒙(1712—1782)是一位博学的人,他出生于旺多姆地区并在那里终老。他写了《旺多姆及其周边地区的历史》,阐述了一种属于城里人、圣职人员、博学者的观点。西蒙神甫起先担任圣乔治参事会教会的本堂神甫,后来担任议事司铎。作为安逸的享受俸禄者,他代表的是充斥于各地科学院的中等阶层和贵族阶层的利益。他收藏图画,是个有趣味的人,同时他也是科学家和观察家。他的藏书主要集中于神学和法律,但是历史书籍占有相当大的比例(27%)。他对古典作品的热爱要大于对启蒙思想的兴趣,他信奉奥古斯丁教义。

即使没有被纳入更加广博的研究体系,他的地方史研究计划并不缺乏类似的研究基础。遗憾的是手稿还没出版,他就去世了。然而,就算不做任何改动,这部手稿仍然是如今我们历史学著作的典范。他在方法论以及核实与考证方面的功夫是不容置疑的,此外,他还提到了关于推定年代的历史学观点。总体来说,西蒙神甫致力于对伯爵、公爵、神甫们的研究,分析他们的历史角色,因为是他们光耀了地方的门庭。他的研究还特别突出了伯爵领地、修道院等中世纪机构的作用。伯爵领地的作用表现为它们在对抗外敌中的确定性,对这些领地的评价取决于不同历史人物的开创性及其或好或坏的作用。修道院历经变故,它们的作用主要被认为是一个周期性的回归之地;在 15 世纪以后,创建者的这一意愿定期地得到确认,并最终得以证实。随着历史的发展,记叙的内容和笔调都在变化——在近代历史中,地方的观点统一在了王国的历史中,或者说通过对旺多姆公爵领地的最后一位主人路易三世的颂扬而得以同

① Vassort (J.), *Une société provinciale...*, *op. cit.*, p. 335.

化,由此构成了波旁王朝全部美言集的共同参照。

与波尔迪埃相比,西蒙神甫记录的历史更局限于地方,肯定也更加受到制度化年表的制约。这是一部鸟瞰式的历史,主要以道德和宗教为价值取向来书写伯爵和公爵们的命运,我们可以从中了解西蒙神甫对生活在他那个时代的人的行为进行评价的方式。他记录重大事件,很少添加额外的注释,因为这些事件都归属于同一个时间概念。这位议事司铎的时间是一种恒定的、循环的时间,开头的部分总是反复出现在各种各样的基础史料登记簿里:修道院、伯爵领地和公爵领地的建立,公爵领地最终归属于王国(1712)。与此同时,他的时间又被人类代际间的生命周期所改变,比如说,根据一代又一代的名人传记计算出来的周期,这是时间流逝的正常方式。因此,永恒与变迁,以及博学者与伦理学家所认证的进步能够得到协调。西蒙神甫的历史是一部极其稳定的历史,就算跨越一千年,他也不太会去审视其中的变化。因此,在理解时间的方式上,他与那位农耕者邻居相差并不遥远,因为他与这位农耕者的时间观一样,永恒优先于演变,循环优先于变迁。据此,我们可以提出两个主要问题:启蒙运动时期的历史中如何融入了关于变革的新观点?这种新观点又是如何得以传播的?从这个角度来看,约定俗成的社会文化等级及其边界并没有那么严明。年鉴将要展现时间的另一种风貌。

年鉴与历史

自从 19 世纪的尼札尔和 30 年前的芒德鲁以来,年鉴一直受到研究"大众文化"的历史学家们的关注。这类文学作品广为流传,从城市到乡村,几乎无处不在。从 17 世纪到 18 世纪,读者的社会文化边界在游移,如今我们对这些边界的确定性已经不那么有把握。年鉴有着各种各样的惯用语,从这个意义上来说,它具有启示作用。此外,它还能够帮助我们重新找到最初在各种认知方法相互交错并逐步流向社会时提出的问题。

　　年鉴的作用首先在于传播教会的时间、农业时间、卫生保健时间，以及节日、自然季节和对人体构成影响的朔望月。它传递了通过年龄来理解生命，借助或多或少有所进步的编年学来理解历史的一整套方法，其目的在于对时间进行明确统计；而日历则处于所有统计版本的核心位置。借助《年鉴或农耕者的预测》《牧羊人年鉴》《跛脚的信使》或《列日年鉴》《马蒂厄·拉昂斯贝格》等，我们很容易就能看出，编纂者立足于一种时间交替循环的宇宙概念之中；天体对人的神秘影响与占星术对人的性格和脾气的暗示，以及预言融合在了一起。因此，眼前的时间与未来可能发生的重大变革是分不开的。

　　然而，在18世纪，年鉴的演变仍然朝着两个主要的方向展开。一方面，在年鉴的精确性、专业性及其在社会各阶层的发行和普及之间建立起了一种关联。另一方面，年鉴从预言性向历史性发展，在这一过程中它经历了深刻的文化转变，我们在波尔迪埃和西蒙神甫的记录中都能够看到这一点。这种形式的出版物在全国各省同时取得了成功。以《皇家年鉴》为例，我们看到了各种年鉴、日历、人名录的普及，它们广泛地适应外省和都市的不同情况和不同人群，如猎人、诗歌爱好者、时装爱好者、女性。这一转变主要始于18世纪上半叶，1750年以后变化加快。1700年之前，从各类年鉴、行政人名录、军事人名录①中统计到的文献大约有100来个目录；而到了1750年前后，就有300多个；仅在路易十六统治时期就统计到300多个刊号。宫廷历史日历是给外省的新年礼物，王国政体概况图则是给军队、教会、警察的新年犒赏。从此以后，大家手里都有了一份材料，可以解读王国复杂的行政结构——随着城市

---

① Saffroy, *Bibliographie des almanachs et annuaire administratif, ecclésiastiques et militaires français de l'Ancien Régime*, Paris, 1959.

和经济的发展,这已经是一个必不可少的惯例。年鉴继续履行时间指引者的角色,但这只是它的基本角色;与此同时,年鉴还提供各种信息,顺应人们的多种需求。

从《牧羊人的堆肥》到对名人进行分类的人名录,这中间经历了一个缓慢的过渡。因此,在图卢兹,18世纪初还在出版《米兰年鉴》,这部"真正包罗万象的年鉴是由基亚拉瓦莱①的一位有名的捕鱼人出版的……其内容包括那一年的各种观测记录,在页面底部还有对布道的评语"。人们仍然停留在通俗宇宙进化论的文化空间里:揭示未来是为了证明一种循环论的历史观。直至1750年,《图卢兹市的稀世珍奇年鉴》仍然沿袭这一传统。人们对《皇家年鉴》和《教会颂》的模仿或许构成了那场变革的决定因素。模仿《皇家年鉴》,因为那是巴黎书店的畅销书;模仿《教会颂》则是因为人们从中看到了它点评人物的同一性原则,以及它阐述了如何以教区的圣事和节日日历作为范例来组织每年的宗教评议会。世俗的忧虑和对社会问题的担心交织在一起,促使人们对时间和空间进行可比性分割,并且对都市社会进行分类陈述。1750年以后,人名录的表达形式通过《朗格多克地区历史学和年代学年鉴》得以明确,实用性和统计清查占主导地位,所有人都能够从中找到他们想要了解的东西,如集市的日期、某官员的传达员的住址,或者某批发商、行业管理人的通信方式。这是一种常用的小开本书,无论是销售还是发行,习惯上都要求多种样式并存:15个苏只能买到日历,你同样也可以用6个苏在书店里买一本《跛脚的信使》;若是花1利弗尔10苏则可以买到完整版。人名录—年鉴和年鉴—人名录的存在表明了时间的传统惯例与新功利主义的古老习俗之间的相互交错。

在与空间和消费维持着一种新关系的同时,年鉴还谨慎地记录着历

---

① Chiaravalle,意大利安科纳(Ancona)地区的一个小镇。——译者注

史。我们可以通过《跛脚的信使》来追寻历史的痕迹。12 世纪以来,这部最具代表性的关于宇宙和循环说的年鉴就一直以其巴塞尔版本和阿尔萨斯版本闻名,18 世纪开始在瑞士和法国大量发行。如同它的主要竞争者《马蒂厄·拉昂斯贝格》一样,这部年鉴也被卖到各地,只是外观和编辑目的上的细微差别使它与那位列日竞争者保持了距离。正如《牧羊人的堆肥》中人们早已熟知的那些组成要素(24 页,占 1770 年版本三分之一的篇幅),以及那几页人体画和仍然表现了年鉴共同特性的天文学专栏,在《跛脚的信使》中日历占有重要地位,这使得它能够屹立于传统之中。然而,更重要的还在于《跛脚的信使》越来越倾向于"历史性"。如果我们真正想随性地解读这个词,难道还能找到一部更"通俗的"历史学读本吗?

　　各种事件并存,却没有通过叙事的方式来体现,年鉴因此给人留下了深刻的印象。波尔迪埃也是这样做的。他记录事件和偏差,但是他的信息不允许他达到年鉴编辑者所追求的透彻程度。从这个意义上来说,《跛脚的信使》为我们提供了四部编年史典籍:大事记、节日、庆典所体现的名人生活(1764—1789,占原文的 10%—15%);战争、条约、民众的历史和伟人的历史之类的政治事件(18%);以技术、收入、医疗方法、发明创造为主要内容的新闻时事(5%);包括各种法令和敕令在内的法律记事(不到 2%);大量社会杂闻充斥其间,如自然灾害、畸形生物、生育力旺盛的妇女、妊娠期的延长、犯罪和善举(60% 以上)。虽然异国情调的影响仍然占有一定地位,但是我们可以看出,有一种观念如何被建构起来——它以超出日常生活的新闻时事为中心,以欧洲作为自己形成的主要空间。更重要的是,年鉴为我们提供了一份具有时空距离的资料,一部"自发的当代史"。因此,它借用了杂志、报纸、"临时刊物和无名小报"等普通资料,却不能非常明确地提供所报道事件的信息来源。简单地说,年鉴几乎是对杂志提供的现场报道进行了分类。整体上的逻辑联系并不在于按照历史年月记叙事件的修辞手法,因为那不是通过建构某种关系所能赋予的,而在于年鉴论述的主题具有永恒性。[1]

战争为年鉴提供了大量的基本史料。它虽然没有触及王国的要害,却也没有从王国的根本忧虑中消失。战争构成了一段历史的背景,在这样的背景下,人们考虑要教育民众和君主。那场伟大的社会政治运动就是在这样的背景下拉开了帷幕,与此同时,高尚的行为和鄙陋的角色都在那里亮相。战争是人们释放激情的舞台,它周期性地惩罚人类,已经变成了被批判的对象,因为人类的不幸已经激起了同情之心和民众的愤慨。作为战争的主人,君主所处的位置简直使他们成了历史的创造者。"如今,我们庆幸地看到,在温和、开明、公平的君主统治下,欧洲恢复了和平",1760 年《跛脚的信使》就是这样写的。借助各种仪式和节日庆典,君主的行为举止使皇室所代表的"威严的国家机器"得到了强化和普及。然而,这也是一个树立好君主或坏君主形象的时机,同时也是表达臣民期待的时刻。爱好和平、乐于行善的君主常常是幸运的,而像腓特烈二世那样喜欢虚张声势的人或者那些好战的国王则会受到谴责。因此,年鉴也流露出少许对政治行为的批评,当然这些批评仍然是完全发自内心的。这也是年鉴所书写的个人史的总体特征。

个人史与杂闻、精彩的犯罪故事、催人泪下的叙述属于同一个范畴,因此,强盗和遭受挫折的美丽爱情、富于教益的壮丽牺牲、令人战栗的酷刑、受人尊敬的善良老人,这一切构成了年鉴支配者们通常要保留的画卷。然而,年鉴并不因此而疏于吸取时代的告诫,它仍然传陋开明人士所揭露的那些"偏见"和"迷信"。即便如此,它同样也为社会变化的各种征象、为打破地区之间的文化闭塞状态提供版面。对机械驱动装置的

---

[1] Sarrazin (V.), *L'Histoire dans les almanachs*, mémoire de maîtrise, Paris I, 1988, ex. dactyl.

发明、大有前途的医疗方法和科学发现,对人口保健格言和疫苗接种,年鉴一律大加赞扬。年鉴欢迎启蒙运动的到来,带着几许对宗教的宽容和对司法机构的批判:1787 年和 1789 年,《跛脚的信使》对酷刑和奴役进行了谴责。它推广启蒙思想,并且记录启蒙思想的传播。

《跛脚的信使》在现在时间与过去时间之间建立了一条边界,并根据这条边界来对历史进行分类整理:其年表相对来说比较准确,其中的每一年都与历史上的关键日期相对应,所有的事件都是根据这份年表收集和排列的。相对日历以及人们按照时间顺序整理基本史实的传统记忆方法来说,这里的历史仍然是不准确的。"自从我主耶稣基督诞辰以来 1 787 年,自人类社会出现以来 5 736 年,自从史前大洪水以来 4 080 年……自从谷登堡在斯特拉斯堡发明印刷术以来 847 年……自查理曼大帝以来 973 年,自美利坚合众国盟约以来 12 年。"除了上文提到的最后一个日期,一切都与正在经历的那个世纪无关。其他内容大部分是王朝的政治记事——既是圣事,也是俗事。就其本身而言,这部编年史根本没有关于民众的内容。它是一份关于学术史的简易材料;然而,如果涉及圣史研究,则应该重新审视这份材料。即便在追忆历史,编年史还是与历史叙述没有什么直接关联,因为历史叙述仅仅限于人们对一年的感受。

年鉴变化不大,但是它通过评论建立起了"对现在的记忆",那是以未来的观点来看待现在,具有前瞻性。根据这种观点,现在将变成值得庆祝的难忘的过去。在这一过程中,年鉴逐步吸收了比较复杂的历史学话语。① 从此以后,《跛脚的信使》受到了时间场(terrains temporels)的期待,在那里传统也可以被质疑,这样就产生了关于政治史或各种社会表

---

① Retat(P.), *Regards sur la presse et histoire au XVIIIe siècle*, *l'année 1734*, Lyon, 1978, p. 26.

现,比如民众表现的新观点。年鉴信守时间周而复始的理念,同时又在教学心理上忠实于历史的线性表述方法,因而它能够唤起日益扩大的读者群体对于公共生活的关注。它编纂历史,把即时消息、对未来的告诫、现时经验和实用知识融合在了一起。与波尔迪埃的记录梗概以及西蒙神甫的《旺多姆历史》①一样,年鉴也传达关于社会不断变化的各种尚不确切的可能性。可以想见,这三项实践就这样缓慢地穿越了平静的海滩和动荡的峡谷,经受了几个世纪的悠悠岁月。它们是差异化社会教育的具体体现,据此,我们每个人都能够以自己的方式随心所欲地在记忆和习俗中各取所需。

历史、记忆与习俗

在传统及时代实践与不断更换的历史学话语之间存在着共同之处:教会的线性时间是一种不可逆转的进化时间,它满足于不间断地对自然和人类的历史进行周期性的解读;哲学家、文人、科学家的线性时间则是累积性的,可以接受某种意义上的退化,因而他们谈论趣味庸俗化、风俗败坏、宗教腐化、政治堕落、脱离自然等话题。② 这一切在古波斯王(Grand Roi)身后构成了古今之间的争论和对立。各种各样的舆论在为人们的行为提供理论依据,而人们的行为有时是如此大相径庭。然而,正是这些舆论为这场演变提供了养分,进而确定了18世纪人们所采取的姿态的特性。问题的关键是应该在与古老传统的对比中理解这种线性时间观的传播,弄清楚它如何通过促进文明的进步孕育了一种广博的哲学观。换言之,在我们继承哲学家的遗产之前,首先必须了解当时作为"历史学疆域"标志的那些实践活动的复杂性。也就是说,我们既要

---

① 即《旺多姆及其周边地区的历史》。——译者注
② Pomeau（R.），*Politique de Voltaire*，*op. cit.*，p. 54.

发现制度和活动者的复杂性,同时也要了解人们所做的各种选择的复杂性,因为正是这些选择突出了教会的历史与国王的历史之间的关联,并且将这两者结合起来。历史编纂学总是习惯于以业绩为中心,常常忽略对社会制度的关注。在启蒙运动的研究中,人们又一次将目光集中于事物的确实性,而过于把以往的争论和妥协遗留在尘封之中。

从古典时期到启蒙运动时期,教会和王权作为两大社会角色分享着克利俄女神(Clio)①的恩典,并且在同一个观念上达成了妥协。无论对于教会还是王权,历史都是同一的。从波舒哀主教到马布利②,从《世界史》到《献给帕尔马亲王的历史学习计划》,历史学始终是国王身边一位睿智的哲人,它揭示人类的本质,其智慧已经超出了政治的范畴。因此,研究过去的目的在于证实道德学家的观点,坚定护教论者的信心。波舒哀主教反对变革,维护稳定,捍卫上帝所期望的世界;他为神学绘制的历史图画成了整个这一派舆论的入门课本,全面影响了他们的观点。历史的合理性只能启示上帝的旨意,即使自然和人文事件之间的因果关系常常将世界上的各种事件联系在一起。如果说这就是历史学,那么其中可能终归还是缺少那种本质性的东西:时间的意识和进化的意识。③

波舒哀和他的模仿者为了服务于他们的宗教思想而撰写的著作,以及根据君主政治明示或暗示的要求而进行的其他创作,确立了他的地位。他审核政策,甚至左右群体的命运,而群体的命运就是波旁王朝所掌管的法兰西王国的命运。历史被调动起来为政治服务,协助论证某某姿态或某某选择的合理性。宪法的问题就这样造成了两个具有独创性并且富于美好未来的法律体系之间的对立:迪博斯特神甫所主张的罗

---

① 希腊神话中 9 个缪斯女神之一,司掌历史。——译者注
② 18 世纪法国启蒙思想家和空想共产主义者。——译者注
③ Ehrard (J.), Palmade (G.-P.), *L'Histoire*, Paris, 1964, p. 33.

马法系和布兰维里耶的日耳曼法系。因此,关于法国历史的讨论构成了
18世纪文学中最生动的一部分内容,因为这些讨论都紧紧围绕着将公
民社会推向权利这一根本问题,而且很早就开始寻求其合法性。① 绝对
君主制篡权的问题被提了出来。即使人们把现在的问题移植到过去的
背景下,而且倡导者们也没有完全畅所欲言地论证自己的立场,这仍然
是一场真正的讨论。在《论法的精神》中,孟德斯鸠并没有回避这场辩
论。他为此写了三本书,合并成集,表达了更加全面的规划,预计在比较
长的时期内使历史学摆脱功利主义,以便寻求在国家的统治实践以及各
种习俗中能够起作用的"法则"。

　　如果我们认为可以在哲学家的历史学与服务于宗教和王权的历史
学之间设立一条人为的边界,那就错了。对渊博者的历史学和文化人的
历史学一律予以摒弃,这样的想法同样也是完全欠思虑的。他们是用实
证主义历史学的尺度来衡量博学者和文化人的工作,却不考虑读者的差
异,以及对他们的工作进行认同的那些决策机构的差异,何况关注文化
的某个团体也可能赋予历史学实践各种不同的实用方法。② 孟德斯鸠
所体现的最高智慧、无数专家学者和更多的文化爱好者闭门苦读、孜孜
以求的目的,就是通过吸收历史资料,从中找出一套与神证论不同的方
法,以便控制和理解社会变化。启蒙时代笃信历史,因为那个时代的知
识分子从各种事实中得出了事物本质中所固有的历史逻辑,从而能够在
普遍原理和特殊原理两个层面上进行思考,避开偶然性的制约,达到对
事件的控制。如果说历史学因为追求与之无关的目标而困顿,那就等于
没有认识到在历史研究所涉及的各个不同领域之间存在着一种强有力

---

① Furet (F.), Ozouf (M.), Mably et Boulainvilliers, deux légitimations historiques de la société française au XVIIIᵉ siècle, *Annales E. S. C.*, 1979, pp. 438 - 450.

② Benrekassa (G.), *Montesquieu, la liberté et l'histoire*, Paris, 1987, p. 79.

的关联;而且这种关联,即广博的学识与哲学批判之间的关联,具有与唯神论一样强大的推动力。要想了解启蒙运动的历史走向,除了应该参照19世纪的方法论,还必须接受这个定论。

正如古老的修辞学传统,18世纪的历史学家首先要做的仍然是教育人,因此,他们必须先博得人们的好感,然后才能说服人。文学偏见的影响力使某些实践活动始终受到人们的追捧,这颇为令人吃惊,但是这些活动却具有积极的教育意义,从而使历史学家类似于演说家,使历史学类似于雄辩术。这正是博学者朗格雷·迪弗雷斯努瓦在他的《历史学研究方法》中所倡导的(这部书出版于1713年,此后一再重版):

> 阳刚而雄辩,高尚而雅致,除此之外,历史学还能用什么方式来写作?博闻强记不需要雅致,只有在描绘著名的民众运动时,我们才能够透过那些宏大而神圣的场面发现它的位置。①

难道我们从来没有真正跳出他对事物的看法?这一点值得怀疑。无论是修辞学偏见的顽固性,还是其实用性,都不能掩盖实践活动的鱼龙混杂。关于学校的教学实践,我们会想起罗林及其畅销书《古代史》。说起忙乱的史料编纂者的工作,我们可以想想趴在"废纸"文献堆里做文章的维尔多神甫,当有人向他提供关于罗得岛围攻战从未公开过的细节时,他答道:"我结论已定,不再改了。"到现在人们还记得他说过那样的话。我们还要想想伏尔泰和孟德斯鸠,他们以不同的方法使哲学和历史学融合,从而促进了分析与阐述方法的进步。至于其他作者,他们都

---

① Lenglet-Dufresnoy, *Méthode pour étudier l'histoire*, Paris, 1735, pp. 470-475.

是历史学家,但是每个人的推理方法都是不同的,追求的目标也不一样。然而,促使他们联合的因素与促使他们分离的因素难道不是同样重要吗? 其实,这些因素就是时代的魅力,人们都试图将兼收并蓄和系统化的愿望用于对知识和时间的支配。研究各种来源的刊物如杂志、零散印刷品、文学报,也就是说,研究当时的杰出作品以及我们找到的关于选定的那个年份(1734 年)的各种材料,这就是我们参照历史的完整倾向,也是这种认知方法的价值及其通过方法论、目标、分类法的批判得到证实的革新能力之所在。"历史学的胜利就是体现了强烈的时间意识和变革意识的现代精神的胜利。"①

批判历史学机制

历史学的研究方法在 18 世纪以前或多或少已经有所转变。毫无疑问,这种转变与令整个欧洲支离破碎的宗教分裂和"信仰危机"是紧密联系在一起的。天主教教义的博大精深被迫变成了虚构故事,新教的科学思想也变成了圣经注释。皮埃尔·培尔评论的攻击性作为 18 世纪整个上半叶各种争论的一个缩影,可以放在这样的大背景下来理解。此外,知识和思想的丰富与繁荣标志着后来的时代特征,我们也可以通过与之进行对比来确立其攻击性的历史地位。② 我们要掌握历史学研究的合理性,但是这个愿望不应该掩盖人们在它的机制下完成的大量工作,因为对这些工作进行研究或许是我们重新发现主要文化构成要素的唯一途径。从这个角度出发,我们可以划分出四大团体,尽管他们的活动从来都不是完全孤立的: 宗教团体,特别是本笃会的工作;法兰西文

---

① Retat (P.), *Regards sur la presse...*, *op. cit.*, p. 9.

② Chaunu (P.), *La civilisation de l'Europe des Lumières*, Grenoble, 1971, 2 vol., pp. 281 – 282.

学院;国王的仆从,皇家档案室的修史官或雇员;外省的学术团体。只有进行更为细致的研究,我们才可能揭示出存在于这些不同的系统之间、各种材料的相互交叉和印证之间,以及不同的版本之间真正的对应关系。关于这一点,我们能做的最多也就是接近某一团体的运作情况,而不是重建某种不太可能统一化的历史学理论。

圣摩尔会修士的工作及其研究方法清楚地展现了第一个团体的特性,他们建立档案的步骤是以马比容修士所创立的《古文书学》基础知识为依据的。1710 年,马比容去世。从这个团体的第一代人到法国大革命,本笃会的工作通过大修道院系统得到了完善,特别是圣日尔曼德普雷修道院对学术研究的激励。圣摩尔会修士的推动力主要体现在既彼此连贯又相互交错的三件大事:第一,他们专注于年代顺序的历史和一整套的教会知识,从教会圣师的著作研究到各种礼拜仪式;第二,《文学史》、教会史研究(如《加利亚·克里斯蒂安》①),以及外省的历史研究(朗格多克地区、布列塔尼地区、勃艮第地区)是蒙福孔和塔里斯等修士为法国历史学研究的兴起奉献的一份厚礼;第三,高卢历史学家文集和无数文献的出版最终将本笃会的工作纳入了时代争论的范畴,如关于人类起源的构想、关于古代史研究的重要意义。

丰厚的研究积累突显了三个重要原则,有利于我们认识各种文化实践。首先,要认识各种文化实践必须以长期的专业训练为基础,必须进行复杂的研究技巧和方法论的学习。正是这种认知活动能够帮助我们从事分类整理、鉴别真伪之类的工作,进行原始材料的收集和抄录。认识文化的活动遇上了王室的政策,而且这场活动的推动力与君主政体及教会的命运所赋予的使命感也是分不开的。其次,本笃会的事务是以社交网的形式展开的,它的运作依赖于通信、传送、聚会。它的事业证明了

---

① *Gallia Christiana*,16 卷本拉丁文基督教百科全书。——译者注

有规律、不懈怠的宗教团体的生命力。[1] 最后,由于认识论上的取舍,本笃会的工作与我们在其他领域发现的新事物具有完全相同的性质,例如自然科学领域的新事物,以及人们控制和理解空间的新举措。核对资料、展开评论,这一切是以观察、比较和分类整理,以及分类和分类法的运用为基础的。因此,书面优先于口头、公众优先于私人,这是约定俗成的事实。为了对文献进行整理,人们便对先前颁布的某个法令进行重新排版。古典文献学家和档案保管员在他们的领域中扮演着重要角色,正是他们最终对文献进行删节处理:他们拥有具体的理论工具,跟随马比容去发现新的真理,而这种真理不仅仅归属于数学论证的进步。[2]

社交和书信往来在本笃会系统与法兰西文学院之间建立起了许多联系。柯尔贝尔创建的法兰西文学院以某种方式接替了圣摩尔会修士们的事务:当时圣摩尔会热情略有减弱,它与詹森教一起陷入了一场危机。当然,由于将责任转嫁给了皇家档案室,这场危机在一定程度上得以化解。为了彰显"国王的荣耀",皇家碑铭学院成立了"小学术院"(Petite Académie)。在比尼翁神甫的托管下,"小学术院"变成了各类学科的发祥地:考古学、碑铭学、古文字学、古代史和近代史、东方学史。与所有学术团体一样,40多个成员按职务和声望论资排辈,他们的工作接受统一的监督管理。作为回报,王国确保他们的报酬,以及他们在国家行政体系中的地位。就知识学养而论,重要的是最终在这个团体中出现了尼古拉·弗雷列、安托万·加朗以及巴泰勒米神甫,他在1789年大

---

① Julia (D.), Donnat (L.), *Le recrutement d'une congrégation monastique*, *les bénédictins de Saint-Maur*, *esquisse d'histoire quantitative*, *Saint-Thierry*, *une abbaye du VIe au XXe siècle*, Actes du colloque international d'histoire monastique, Reims-Saint-Thierry, 11 - 14 octobre 1976, Saint-Thierry, 1979, pp. 505 - 594.

② Barret-Kriegel (B.), *Les Historiens de la Monarchie*, Paris, 1988, 4 vol.; t. III: *Les Académies de l'Histoire*; t. IV: *La République incertaine*.

革命前夕出版了《4世纪中期少年阿那卡西斯希腊游记》；还有布里尼翁、布干维尔神甫（注意不是航海者布干维尔）、封斯玛尼和圣·帕莱耶。这是一个由专业人员构成的社会阶层，非常均衡地招募各界人士，同时向第三等级和圣职者中的精英人士开放。他们服务于君主政体，从而享有极大的权威。

学术院是发展高深学术批评的领域，是考古学和所有作为历史学辅助学科的建设基地，同时也是通过相互交流与协作对古代研究和东方研究进行重新调整的场所。作为旧制度的陪伴者，学术院使调查研究为历史学和国家服务，却没有在其领域里成为能够代表渊博的知识阶层的唯一参照系，就像科学院的科学鉴定或法兰西学术院（Académie française）的语言规范那样。学术院推行其思想纲领，认为传统的古代史研究可以成为其宏伟的服务事业的"沃尔佳浓"（Organon）①和法国历史学不可缺少的熔炉，显然它还没有达到目标。学术院绝不是敌视启蒙运动的一个边缘化的与世隔绝者，也不是对任何非正统思想都怀有戒备之心的保守派团体。它善于兼容并蓄，当然不无中庸之道，广泛地接纳代表启蒙思想的个人和论题，其中包括凯吕斯、德·布罗瑟斯、迪克罗、帕斯托雷。学术院禁止对启蒙运动乃至自由开放的思想进行贵族式的阐述，并且对此表现得特别敏感。关于这一点，布兰维里耶周围的人和高等法院派得出了一个基本的知识价值总则：反对将历史学引向雄辩术的观点，拥护以理论为基础的调查以及对论题进行分类，摆脱偏见的束缚，激励才华，推崇德行。

总而言之，学术院以真正的知识分子的果敢建构了一个自由的空间，但是现实的谨慎和策略使他们的行动显得温和。正如L.戈斯曼的研究，在批判专制主义方面，学术院与高等法院派的立场相差不远；但是在

---

①　即亚里士多德的全部伦理学著作。——译者注

那些最激进的问题上,学术院没有跟随哲学家们的选择。换言之,没有在思想体系上做出决定性的选择,从而向传统的自然观和历史观妥协,这是学术院社会边缘化的征象之一。然而,不愿墨守成规的博学者则总是显得有些突兀,以圣·帕莱耶为例,他发扬了中世纪史学批评的深厚传统,但是他只看到了古老的社会秩序对法律和传统的等级体系的尊重,却没能看到社会世界的其他存在。因此,在学识渊博之士看来,历史学的目的就是历史本身;而对于哲学家和君主政体来说,历史学能够论证一个行动对于文明进步的意义。这就是主张不干涉原则的自由主义。

　　本笃会修士和陷入神学之争教士的社会边缘化,以及博学之士对进步哲学保持距离的社会边缘化,这两者在皇家档案室的组建中产生了反响。作为第三个社会团体,皇家档案室的探索历程就是一个很好的例证,充分说明了那场以行政和制约为目的的历史研究运动的发展过程。雅各布·尼古拉·莫罗是启蒙哲学家的反对派中最有声望的人之一,他所做的一切尝试都是在君主制国家的法律基础和历史基础的制约和引导下进行的。这位律师饱受传统文化教育,与阿格索及其法官圈子有联系,是著名的《哲学讽刺集》的作者。他继承了多重使命:经管1759年以财政总监名义收藏的档案,制定调查大纲,对政府所必需的分散在各地的档案文献进行集中管理,并在此基础上加强"对公法文献(droit public)和历史文献的保存",我们可以在1762年的调查大纲里看到这一点。"历史学家的所有发现都必须在法学家的推理中得到统一,法学家和历史学家则应该相互给予协助。"只有这样,政府才能够得到一切必要的明证以做出准确的判断,进而开展行动,解决争议。

　　档案馆和行政部门收藏文献的工作极为繁重。文献调查大力发动了本笃会系统和巴黎以及外省科学院院士的参与。这次调查通过各地的机构,从图书馆到乡村行政单位的文献室,在全国各省收集了成千上万份文献副本,如今在国家图书馆的手稿文献室里还存放着40 000件原

稿,但是其中许多原稿都来自国外。有预算、有员工、有管理者(贝尔丹、
保尔米、阿格索)和专家能够见面的指导委员会(即文献会议),还有出
版计划,这一切使历史与政治的结合仍然被置于专业化和科学鉴定的氛
围中。文件和法典的集权化管理应该有助于贝尔丹早在 1774 年就向路
易十六提出的司法改革策略:博大精深的历史学应该辅佐王政寻觅它
越来越需要的合法性,必须考虑从根源和原理上解决问题。1778 年,
"历史与公法委员会"接受了使命,必须建立一个标准化的文献系统以
便形成宪法的基本构架。国家要进行变革或许已经太晚,而皇家档案室
及其领导者的研究结果又无以对启蒙运动的历史做出任何明确的评价。
这个机构致力于对它的使命和完成使命的方法进行定义,努力建立一种
鉴定机制,主张在理性而不是在历史的基础上建立一种更加公平的法
律;尽管它的理念赢得过民心,但它还是不能中断与国家及其法律政策
的协作。①

　　类似的矛盾也是历史学领域最上层的人们必须面对的,例如外省科
学院的院士们。在历史学方面,外省的学术团体倾注了很大的努力,对
于他们来说,历史学从一开始就归属于人文科学,费勒蒂埃就是这么认
为的。然而,这种历史学观点没有与修辞学及教育学清楚地区分开来。
促使历史学蓬勃发展的因素来自几个方面。首先,相对于巴黎而言,外
省的意识始终是通过追忆过去表现出来的。其次,人类进步和变革的理
想以同一个节拍激励着启蒙思想家和国家的管理者,科学院在观念上自
然而然地拥护这个理想;于是,历史学作为以往岁月的保管者,成了未
来的主人,掌管着人文思想转变的尺度。从这个意义上来说,它必须
传授一种已经达到独立境界的思维和生活方式,推广一种新的教士身

---

① Gemmbicki（D.）, *Histoire et Politique à la fin de l'Ancien Régime*, *Jacob-Nicolas
Moreau, 1717－1803*, Paris, 1967.

份。此外，历史学是以社会对抗的消解和贵族社会价值准则的内在化为基础的，它能够保障自由；它是保守的，也允许革新图变。因此，它是各地活动目录里的固定项目，这些地方往往还形成了在历史学领域中有着丰富积累的学术团体，图卢兹、贝桑松、第戎、马赛、尼姆、里昂等地就因某些著名的会考而享有盛名。高等法院派和学识渊博的教士（robe érudite）扮演了可靠的角色，这是毋庸置疑的。如果只能在成百上千的人物中选出一个例子，我会举弗朗索瓦·德罗兹的例子。作为贝桑松议会的参事，他沟通了本笃会与皇家档案室之间的联系；他推动了一场激烈的运动——只有在达成全面共识的条件下，这场运动才得以在全国各地深入。

最后，重要的是人们赋予历史学什么样的角色和身份。历史学首先保持了一项职能，就是使"那些生来就被赋予了统治权的人具有统治的能力"。与此同时，它证明了作为领导者的精英群体享有特权的合理性，并且还将扩大所有人相对于国家的自由。因此，它将成为一所"真正的公民学校"。这就是为什么它更具有世俗性，而且主要在外省发展。这也是历史学能够服务于启蒙运动的原因所在。带着鲜明的外省特征，它将人们对过去历史的研究发展为对风俗和习惯的研究，外省的新不朽（néo-Immortels）历史学派还将马比容与伏尔泰的学说调和起来。首先，它考虑的是对批判历史学进行一次清点，并核对历史年表。其次，构思历史学的志向，要为符合进步的线性时间概念的人文科学观服务。

公众的不幸或国家的繁荣，帝国的强盛或帝国的衰微，可以说都会在构成伟大国家的各个不同省份表现出细微差异，因为气候、风俗、惯例，以及无数物质的或精神的其他原因都可能导致各种明显的差异。这些特征常常为漠然的目光所忽略,人们翻遍通史想要搜寻它们,往往都是徒劳。然而,谁要是觉得有义务对自己的国土和民族的特性进行一番认真的研究,总能够在他所探寻的原始记忆里以及专门为他而存在的历史遗迹中发现它们。

透过历史学机制中不同的现代性,我们已经看到,要将博学与理性、博学者与哲学家之类的用词逐一进行对照有一定的难度。它们并不总是以类似的方式被提出来,但却在文化实践的同一个浪潮中被同化。韦德①强调伏尔泰遇见塞农人(Senones)的重要性,这是很有道理的,因为当时伏尔泰正在写《风俗论》(1756),几乎已经穷尽了卡尔梅修道院院长图书馆里的所有参考文献。这一历史片段表明事物的来龙去脉之间存在着深刻的关联,同时也突出了那场悬而未决的争论所具有的重要意义。伏尔泰以经验论的历史真实性对抗了人的推理力(raison raisonnante)范畴,然而历史学是作为人类思想的历史来构想的,从《查理十二世史》(1732)到《路易十四时代》(1739－1751),从《路易十五统治时期简史》(1751)到《彼得大帝史》(1763),住在费尔奈的这位哲学家②作为历史学家的全部努力无不证明了这一点。③

作为一种文明史,伏尔泰学派的历史学开辟了一条探索之路,揭示了历史的偶然事件和罪恶事件背后所隐藏的人类智能的发展逻辑。它让我们想起杜尔哥的思索(《关于人类精神不断进步的哲学简表》,1750)和孔多塞的思想(《人类精神进步史表纲要》,1794)。总而言之,

---

① Wade (I. O.), *Voltaire, an Intellectual Biography*, Princeton, 1969.

② 即伏尔泰。——译者注

③ Pomeau (R.), *Politique de Voltaire*, *op. cit.*

历史或许只教给了我们一个法则：在时间长河的流淌中（le flux du temps），人类发展了其理性，扩大了其自由，同样也强化了其超越过去的能力。①

---

① Baker（K.），*Condorcet, raison et politique*，Paris, trad., 1988, p. 455.

第四章　两个法国：农民的王国和商人的王国

　　为了掌握空间和种群的异质性所付出的认知努力,支配空间手段的迅猛发展,思考时间和统一时间方式的多样性,所有这一切表明,18世纪的法国人已经生活在彼此既相互倾轧又反差鲜明的文化空间里。他们中的大多数人被限定在狭窄的疆域范围内,要想进入更大范围的关系网,只能由商品和人员的流通,以及各种秩序和信息所提供的可能性来决定,而秩序和信息的水平则取决于运输结构、基层行政结构、流动和开放的能力。因此,在这个自14世纪以来就已经完全稳定了的社会里①,乡村世界似乎主要取决于它的空间维度(dimension spatiale)。地理学家也教导我们,村庄是乡村世界里固定的点(points fixes),村庄之间的关系主要受到彼此之间的距离,即线性维度(dimension linéaire)的制约。② 至于自然资源和以自然资源为基础的物质交流,则是随着与供和求有关,以及与日用品的需求和营运能力有关的第三维度,即质量维度(dimension qualitative)变化的。这三个维度就像人们与土地的关系,以及人与人之间的交往方式一样,构成了乡村生活的背景。

　　这个自14世纪以来就发生重构的空间,成了官僚君主政体占领的地盘。然而,封建制度的根源仍然深深地遗留在社会关系的线性结构中——从农民到领主,从采邑领主到或多或少总想着让人尊重他们特权

---

① Chaunu (P.), *La Civilisation de l'Europe des Lumières*, Paris-Grenoble, 1974.

② Fox (E. W.), *L'Autre France, l'histoire en perspective géographique*, Paris, 1973, p. 27.

的封建世袭君主。由于波旁王朝的领土国家依赖的是人民的力量,因此,国王的行政官员们总是忙于了解和掌握领土上的各种情况。因为在这片国土上,捐税在增加,而且征缴方便;仍然是在这片国土上,军队必须能够轻松地招募到需要的士兵。从这个角度来看,这种集中了行政和军事、税收和官僚主义特征的国家模式,以金钱和服务的形式将人员流动和价值流通结合在了一起。通过这种模式,城市的扩张以及星罗棋布的乡镇和城市都被一体化了。由此看来,君主制国家的行动为剩余人口,同时也为剩余的货币资源提供了第一个疏导空间。因此,国土一体化的过程就是形形色色的农民经济以自己的方式相互接近的过程。"农民的王国"是一个"纵深的王国",它不仅是法国农耕史所特有的产物,而且还可以成为我们在了解稳定和变化相互对抗的历史情境时必须探索的一个领域。

与此同时,在另一个社会里已经形成了其他的一些关系结构,把法国人的生活和文化引向了新的地平线。这个社会是随着商品交换和贸易发展孕育而生的。它是大型港口的社会,也是大面积的企业园区和大型批发贸易区的社会,沿海城市或内地的贸易大都会都加入了不同寻常的交流和信息网。进驻地中海和大西洋沿岸地区、通过商业网维持与内地的联系、运输商品、传播消息,所有这一切构成了经济发展的重要轴心和贸易领域的主要干道;然而,它同时也勾画了另一个展示文化推动力的空间。对于那个纵深的法国,开明的总督们试图通过更加严密、更加激烈的改良和变革行动来激发它的效能。"另一个法国"则与之形成鲜明的对照,它更加开放、更具流动性,即使它还没有自己的文化,但至少已经有了自己的交往和联络方式。这一切都以极大的活力扎根于以贸易为基础的社会体系中。

只要努力展现两个法国之间的对比,我们就能够绘出一幅准确的、无异于18世纪法国社会和文化真实性的图画。此外,还必须考虑一些其他的分化，如宗教、社交等领域，即使这些分化有时与我们的观点构成冲突，例如，新教的伦理（éthique protestante）和基督教经济学的天主教模型（modèle catholique）。我们应该将这种对比当作一种分析方法来对待，这有助于我们阐明好几个问题。

第一个问题在于不同社会结构模式之间的相互冲突，这种冲突既存在于古老的乡村社会本身的结构中，也存在于相对年轻的商业城市的结构中。冲突的焦点之一就在于经济政策。我们可以从中发现两种体系相互渗透的一种模式。由于缺乏研究，我们难以清楚地了解两个体系的主体可能会如何看待对方。因此，我们只能通过一些测试来衡量对抗和冲突的程度。这样就有了关于"两种贸易梦想"的考察。通过考察，我们发现商业领域可以分为古老的特权社会和经营自由的逻辑主导的社会。前者是王国的社会表现，它具有纵深性，以国家为最高仲裁；后者表现的则是一种放任自流，自从第一部《资本论》中有了"赤裸裸的交易"，这种放任自流就被用来概括商品流通领域的显著特征，那是"与生俱来的人权和公民权的真正乐园。在那里，自由、平等、繁荣以及边沁的功利主义思想是唯一的主宰"。[1] 问题在于必须阐明利益世界与古老社会之间的关系。[2] 根据这一观点，我们还发现了"资产阶级的变节"问题。这是布罗代尔曾经在另一种情境中提出来的，后来人们拿来研究社会上升运动中的主要现象，因为历史学家的研究手段不足以破解这样的难题。既然存在着两个社会的相互对照，王权又可以通过捐官买爵的游戏小心翼翼地加以维护和裁判，那么从商人家族上升为贵族的社会上升运动还怎么可能会中断？

---

[1]　Marx（K.），*Le capital*, *op. cit.*, livre I, pp. 179, 726.

[2]　Hirsch（J.-P.），*Les Deux Rêves du commerce*, *entreprise et institution dans la région lilloise*,*1780 – 1800*, Paris, 1991, p. 9.

随后,第二个问题表现了出来,即社会角逐第三方的出现,未来将把这些坐收渔利的第三者(le troisième larron)推向社会的首位,他们就是实业家(industriel)。实业的发展很大程度上取决于其商业资本的积累及再投资,也取决于其操控力。在很长一段时期内(至少持续到19世纪下半叶),批发商对基础工业生产就具有这样的操控力。我们可以想一想纺织业的情况。然而,工业企业对商业的回应则直接取决于纵深的王国的作用,取决于它的管理者及其特权体系的作用,以及企业经营者(如实业家贵族)的行动。此外,还要考虑通常隶属于土地资本的原始投资及其影响,以及投放于原始工业加工系统的农民劳动力的作用。在两个社会、两种经济、两种文化之间存在着多重界限,无论在乡村还是在城市,我们都能够发现它们的存在。透过这些界限,我们能够看见约定俗成的价值准则如何在商品交换的价值逻辑面前丢失了阵地;启蒙运动的现代性又是如何在由稳定的国家向运动的社会过渡的历程中得到理解的。[①]

农民的王国:稳定性的结构

伟大的变革可能在我们不知不觉中悄然发生。如今,法国已经在1993年进入了欧洲统一市场,正在经历它历史上重大运动所带来的空前繁荣。启蒙运动对此功不可没。古老的乡村已经变成了都市,这是不可逆转的事实。维持着18世纪农村人口与城市人口之间平衡的传统力量关系在经历了缓慢的变革之后已经被彻底颠覆:如果不考虑各方面的细枝末节,从前农村人口约占80%,城市人口占20%;如今的情况正好相反,在就业人口中更是如此。古老的文明体系正在消失。

―――――――

① Perrot (J.-C.), *Genèse d'une ville moderne...*, *op. cit.*, t. II, p. 951.

因此，研究变革的起源是我们的责任之一。这场变革始于 1750 年之前，随后是加速发展和缓慢推进的过程，历经好几代人，直至 20 世纪的"第二次法国大革命"。18 世纪的《乡下人》并没有经历"农业革命"，因为农民日渐消失，"农业革命"只是一个类比的解释模型，它的存在只是为了将这场变革的各个方面统一起来。[①] 因此，我们需要了解的是在一个稳定的社会里，这些缓慢的演变是如何发生的，又是如何将一种不同的平衡元素引入其中的；而且这种新的平衡不是静止的，而是在不断失去旧的平衡的过程中形成的。[②] 总而言之，我们需要研究农民社会的运作逻辑。

　　传统和各种束缚影响着基本的生产活动和整个农民社会，这是我们必须看到的第一个方面，因为经济上的旧制度不能与 18 世纪相分离。与此同时，乡村社会存在着太多的问题，我们不能不尝试着研究这些问题的不同方面，而在所有这些方面，历史正开始遭遇现代性的挑战。最后，对于我们感觉到的各种变化，我们还是应该进行质疑，即使这些变化已经深入到了村庄——王国富有生命力的基本单位。因为在对运动的向往与变革的可能性之间，客观实在性取决于多方面的因素。其中包括不同文化的交汇，因为现实激励着那些有教养的支配阶层，促使他们按照艺术家和诗人描绘的图景来构想乡村的幸福生活，我们一旦想要改变这种现实，就会遭到实实在在的限制。一部分启蒙思想家将他们对幸福的追求和梦想托付给了牧羊人，让他们代替自己来体验这一切。但是，无论我们的文献多么丰富，解读多么深刻，真实的表现往往为形式上的要求所掩盖。寓言作家弗洛里安在 1788 年出版了小说《埃斯特尔》，该书的前言《论牧歌》可以让我们体会到其中的困难：

---

① Mendras (H.), *La Seconde Révolution française*, Paris, 1989.

② *Id.*, *La Fin des paysans*, Paris, 1984, pp. 14 – 15.

　　一位牧羊人在自家羊舍的门框上自缢,这并不是牧羊人生活中的场景,因为在牧羊人的生活中不应该有这样的冲动,可以导致如此的行为……这样的行为应该有它们自己特有的语言,在峡谷之外是听不见的。[①]

　　整个乡村社会的"特有语言"可以用古老、永恒、迟缓来定义,但是在它们所表现的僵化的景色和一成不变的束缚中,以及在人们依附于土地的具体行为中,我们都能够发现这些特性的存在。古老的社会秩序既影响着农民的文化,同样也影响着人们在了解自然时所必需的那些尚不成熟的规范。从这方面来看,作为旅行者的阿瑟·扬策马周游就是一件很有意义的事情。他将注意力集中放在了各种农业用具上,因为这有可能增强他对进步的英国农艺的信仰。同时,他也特别关注各种风俗习惯,这些方面往往能够真正显示我们实实在在的落后,而且每次他都要将这一切与惯例和习俗的影响联系在一起。农民无法摆脱这些因素的制约,而在所有这些因素中,地理和历史的因素总是不同程度地结合在一起。在这个问题上,阿瑟·扬骑士留下的地图学至今仍然牵引着我们的目光,为我们昭示空间结构的重要关节。我们可以发现其中的主要差别。

　　在法国的北部和东北部地区,大型村庄聚集在钟楼的周围,田野如同狭长的带子在开阔的大地上蜿蜒。在这片土地上,农民承袭了种植谷物所必需的文化。那是一种恒定的文化,它带来了生生不息的大轮作(grandes soles),造成了集体的束缚,同时也对轮作周期和牲畜的使用形成了制约。在那些最富饶的土地上,马匹是真正的主宰,它意味着农耕者像从前的老爷那样过着轻松快乐的日子。在国王、王族和领主的大片

---

① Florian, "Essai sur la pastorale", préface à *Estelle*, Paris, 1788, pp. 6 - 7.

森林之外,有一些零零星星的林地,为这里的居民提供燃料、工具、牧场,有时也成为他们的庇护所。在这个极具特性的地区,唯有结块的、坚硬的、贫瘠的土地位于专制暴政的地盘之外。它们构成了拓荒者的"边疆",因为这些地方的开垦需要很多牲口和高效的排犁(train de culture),需要有资金投入。在博雷湿地和索洛涅沙地,我们可以见到这样的土地。这些地方的村庄布局与别处不一样,土地也更不规整。阿瑟·扬一路南行,但是他的注意力并没有很快从最先看到的这些景物转向更为开阔的景色和更加松散的居住地——那是南部和西部的特征。到处都是小博斯①和迷你香槟园区(mini-Champagnes)。即便是在集权制度下,近乎理想的间隔仍然随处可见。然而,在他前行的道路上,在横穿利穆赞和上行布列塔尼的途中,他越来越多地看到了由稀疏的或茂密的绿篱围隔的田地,看到了法国面积最大的堂区和其间的星星点点的农舍群,还有稍晚一些时候形成的居住群,以及残存的习俗——除了在山区,那里的专制奴役还很强大。在这些区域的文明史中,占主导地位的并不是**耕地**(ager)和麦田,这些"并非必不可少的"②;**荒地**(saltus)、荒野、森林、牧场、家畜和养殖业才是最重要的。因此,布列塔尼和南部的历史学家让我们明白,我们并不是要从这些文明中发现一个无法回避、灾难深重的区域,而是要发现一个广阔的区域,在那里,农民的实践智慧和组织能力使他们能够发展事业。无论是在南部还是在西部,他们都能够因此而躲过最严重的灾难——在每一次死亡高峰过后,这些灾难足以使村庄陷于瘫痪。短暂的萧条是优胜劣汰的平衡必须付出的代价。

---

① 巴黎盆地的平原。——译者注

② Mulliez (J.),"Le blé, mal nécessaire", *Revue d'histoire moderne et contemporaine*, 1979, pp. 3 – 47.

　　对于全体农民来说,这些基本的生活框架是无法动摇的,也是不太可能改变的。于是,实现技术和生产的变化、超越家庭温饱水平线、摆脱对土地的依赖、减少对危机的畏惧等方面的可能性开始显现。一种观念在这片土地上建构起来,那里有对于发展的呼唤和弥补落后的方法。然而,在18世纪的变革中,耕作体系的辎重极大地抑制了进步的动力。在大面积的谷物种植区,人们主要是通过提高麦田的产量来对抗人口压力和对粮荒的恐惧,这同时也证明了耕种效益的低下——因为肥料不足(2∶1至2.5∶1)。法律和税赋方面的障碍、资金的短缺(因为地租不太可能再用于生产投资)、技术和用具的落后等因素遏制了任何形式的革命。怎样才能让人们改变收获之后在耕地上共同放牧(vaine pâture)和春夏休耕(jachère)的做法? 无论是在西部还是在南部,在比较贫穷同时也比较安定的地区,原始的耕作特性几乎不允许任何变化的发生,只要这种变化有可能直接触及依靠自然和社会的力量取得的稳定性。

　　因此,法国将一片布满荆棘的场地留给了革新者施展才能。1745年,奥里用非常浅显的方法完成了一项关于生活水平的调查,他将法国分为完全不同的两个部分:北部和东部已经过着富裕的生活,那里更开放,经济更发达;西部和南部则是贫穷的、封闭的、拒绝进步的。我们现在明白,为什么"民众的经济实力"图与奥里的调查结果一样,能够与直至19世纪的众多地图相吻合,如文盲状态图、形态学对比图。在农民的法国和商人的法国这一对比之上,我们还应该建立第二层对比。这一点在18世纪已经初露端倪:即发达的法国和发展中的法国。这"两个法国"之间的边界微微地移动着,但是没有达到骤变的程度。个人的命运只是偶然在其中发挥一点作用,因为面对各种各样的制约,我们既不能通晓历史,也无法掌握技术发展的进程;而且在对革新、运动、流通和交流进行探索的过程中,诸多因素介入进来,具有很大的随意性。

　　我们应该理解,从空间上对乡村社会(ruralité)进行定义的三个维度具有重要意义。村庄是一个农业单位，农民很大程度上依赖可支配的土地，而出于耕作经营的考虑，土地本身又取决于距离。土地一旦达到了其经济效益和来往距离的极限，产能就会下降，发展就会受到人口密度的限制。由于无法跳出这些制约，人们只能通过分工和专业化来提高产量。在这个机制中，"乡镇—集市"网具有决定性的意义，它活跃了交易和服务，促进了流通。不仅如此，对于农民来说，城市有点遥不可及，因此，再分配的过程只能紧紧依赖运输能力。同样在这个机制中，地理意义上的流动性几乎不受距离本身的限制，也不受妨碍运输的天然屏障的制约，但是经济和社会的束缚却给它造成了极大的障碍。无论是对于发展的态度，还是对于社会等级的尊重，18世纪的法国乡村都显示了比较强烈的流动性倾向。在这个时期，自给自足的经济对社会的发展产生了制约，而专业化和某些更加有利可图的投机活动则在社会的边缘得到了发展，例如高品质葡萄园的增加、栗树种植为粮食提供的安全保障。此外，存在于整个18世纪的某些主要现象已经开始显现，如由于航海和城市发展的需要，森林的开发利用全面展开，而且林木的采伐也保持了一个合理的森林空间。此外，新的作物逐步推广，玉米的种植占据了整个朗格多克地区和西南部地区；在1770年之后，豆科作物和土豆的种植也得到了推广。社会变革的进程开始启动，其动因就是以一种新的方法实施春夏休耕法：通过**套种**（dérobée）引入了新的农耕作物（豌豆、蚕豆、四季豆、萝卜、甜菜）和草料作物——植草促进了畜牧业的发展。革新的气息似乎触动了各地"寂静的村庄"，但是来自行为的束缚和对社会等级的尊重并没有遭到全面的质疑，而这些正是革新和拓展的桎梏。

土地崇拜

正如马克思那个著名的比喻，当各地方行政区域的状态多少有点"像袋子里的土豆"时，18世纪农民社会的这种相对自给自足的经济会带来什么呢?① 变化只有通过群体的接纳来实现,革新只能来自外部世界,因为一切都致力于促进社会整体的稳定性——人们彼此互知的这个共同体的运作、更个人化而非功能化的社会关系、非农者所把持的社会经济体系的威望,无不证明了这一点。② "在这样一种社会体系中,个人无须适应新的环境,也无须做出任何决定;他甚至不需要向其他人表达或披露什么,大家知道他的方方面面。因此,他倾向于保持对于自己的忠实,以及对自己在别人心中的形象的忠实。个人情感和观点的表露或表达并不能得到社会价值和规范的支持。"这一社会逻辑清楚地阐明了物质世界变革和精神世界演变之间错综复杂的关系。

农民经济的伦理是一种家庭伦理。要想让这种伦理接受新的价值准则,它必须自我开放。只要不存在诱惑人、吸引人的城市,就不会有农民。激烈的冲突主要表现在三个方面:人们与土地的关系、与劳动的关系、与贵族社会声望的关系。农民置身于具体的环境里,凭借他的体格特征、他的长处、他所展现的才能,历经重重困难才继承了产业并以此为生。因此,"经营土地"是所有农民古老的梦想。通过学习和劳动,各地的农民都成为田园和土地的创造者。因此,土地具有不同寻常的价值,这种价值在全社会处于象征性的支配地位,而在村庄里更是得到了强化——耕作的要求和随着季节周而复始的劳动的要求使然。土地和女性之间的类似性、对土地肥沃程度的性解读,以及土地的女性特质所具有的价值,这一切都在另一个层面表明了这种基本联系所具有的力量。土地、地产、遗产、垦地可以是同义词,但却未必会重合。这就是最重要的资本所在,是唯一的价值,也是唯一可靠的财富。③

① Marx（K.）, *Le 18 Brumaire*, Messidor, 1984.
② Mendras（H.）, *La fin des paysans*, *op. cit.*, pp. 18 - 19.
③ *Ibid.*

　　因此,18 世纪农民产业的演变是一个绝对关键的问题。若说法国已经是一个由众多小业主构成的国家,这种说法很平常。重要的是应该指出,很少有完整的产业(自由地只占国家土地的 10%),农民虽有权决定土地的遗赠、出售、出租、赠送,却从来都不是这块土地的绝对主人。无论在哪里,都存在服从领主的义务,而佃农争取独立的斗争总是被领主施以更重的赋税。通过税收文件、土地税基测定记录、土地赋税表,我们可以大致推算出农民自己的产业所承受的税赋总额。他们耕作的土地大约一半归属于自己,但是地区之间存在很大的差异性,西部的税赋要低得多(莫日地区为 13%),巴黎盆地、北部、东部略微低一些(20%—30%),南部和山区则比较高。尽管如此,在这个社会内部仍然存在着一套完整的产权体系,因而也存在着一整套反映人与垦地关系的等级制度。正是在这种比较随意的大环境里,人们与劳动、与家庭自主性的关系,以及人们对领主不同程度的服从关系,得以建立和发展起来。

　　各种各样的权利,以及可以承受但其性质却丝毫也不会改的租佃(每一次领主的更替、每一次的"效忠和清点",都会让所有人想起它),还有土地转移税和实物地租(实物地租比与土地所有权有关的赋税更重,它使收获物承受比耕地更重的赋税),这一切在各地的实施情况都不一样。领主的各项征税把乡村分化成了一个繁杂的世界,其复杂性甚至超过了各地的习俗。各种各样的征税多少让人感到苛刻,因而影响了各地的发展,尽管其中不无复杂性。领主制比较薄弱或者已经退化的地区,可以和领主制严格的地区结合起来,比如法国的整个南部、西部和中西部。这些地区总体上态度消极、发展迟缓、难以吸收增长的人口。[1] 勃艮第和其他一些领主暴虐的地区则发生了动荡,人们纷纷反对

---

[1]　Leroy-Ladurie (E.), *Histoire de la France rurale*; t. II: *L'Age classique des paysans*, Paris, 1975, p. 406.

经营对手的投机行为。大约从 17 世纪开始,各地领主的反应逐渐成为一个决定性的因素,由于新型领主善于用更合理的方法来经营产业和"储备物",并且能够借助法律的监督,他们的领地日益繁荣。当领主制被赋予了现代性,其权利则主要表现为对经济和农庄的垄断,以及象征性的租佃。他们变得不那么咄咄逼人,但却常常引起争议。总而言之,法国经历了无数次激进分子的热潮:从农民的反响过渡到领主的反应,这场运动以不同的方式展现了人们为了占有土地而延续了几个世纪的斗争,以及为确保垦地的继承权而进行的不懈努力——垦地的继承权实际上就是以家庭为基本单位的生存权。然而,无论是租佃合同,还是分成制租佃合同,永远都无法确保这种权利,除非在农民社会的顶端。

通过贵族的传播,时钟和手表逐渐占领了乡村,它们逐渐改变了历法的传统表述。莫斯就曾经说过,历法是"时间的身份代码",而传统的年历则将一年划分为具有适当功能的时期,并且注明一年中的吉日和忌日。时间与人们的活动、生产、期限联系在一起,这样就可以按日或者按年对每天的劳动和雇工进行测算——按年度雇用仆人与在圣约翰节到诸圣瞻礼节期间雇佣的工钱相等。地里的农活是衡量生活的尺度,同样也是衡量空间的尺度;它既是面积的计量单位,也是一个工作分派体系。在劳动时间与闲暇时间之间存在着一种不确定性,它支配着传统的农民社会。这种不确定性类似于生产和消费之间以及生产活动和生产性的家庭娱乐之间的不确定性。我们可以这样设想,对于农村居民来说,劳动与其说是理性使然,不如说是伦理使然。因为理性只出现在重农主义者的企业会计学里,其目的在于验证大面积耕作有利可图的经营理论和净利润的增长。[1]

---

[1] Perrot (J.-C.), *Une histoire intellectuelle...*, *op. cit.*, p. 232.

日常劳作

土地及其耕作是实践和表现的环境，因为它记录了人们的日常生活，也为未来的生活定下了标记。下代对上代的继承意味着一种良好的经营状况和一个具有决定意义的日子，它标志着产业的传递，是未来的生存保障："农民以土地为生，人勤则地不懒。"[①]在这些无尽的继承中，耕地的永恒秩序是通过事物的永恒回归建立起来的，[②]任何的变化似乎都是家庭结构的一次裂变，或者一种不稳定性的产生。我们都知道以家庭模式展开的那些投机活动。通过地理位置的确定及其与各种指数的比较，我们看到了一种巧合，那是南部、西部、阿尔萨斯的大家庭（famille élargie）区域与发展迟缓之间的巧合，也是原子家庭（famille nucléaire）区域与提早介入现代性之间的巧合。[③] 18 世纪也和我们今天一样，过去困扰着现在。除了各种不扎实的重建性质的研究，我们还必须面对社会的变化，以及社会流动性和习俗制约下的家庭开放。农民的婚姻中混合着利益、内在倾向、社会协调、父母的制约，以及根据与现今不同的判断方式进行的个人选择。因此，这种婚姻可能主要是一种重新开始农耕生活的行为，也或许是开创一番新事业的行为。婚礼之后不久，家庭角色和劳动的分配就开始了，为的是维持生计。这种角色和劳动的分配更具连续性而少有变化，让人难以想象。

一代又一代的学习过程都是在劳动中完成的，一切都在父亲监管之下。在这一过程中，劳动技能和生活方式的学习是同一种体验。正是这种做事和做人的学问使农耕者（laboureur）不同于农耕短工（domestique

---

①   Perrot (J.-C.), *Une histoire intellectuelle...*, *op. cit.*, p. 214.

②   Mendras (H.), *La fin des paysans*, *essai*, *op. cit.*, p. 214.

③   Le Bras (H.), Todd (E.), *L'Invention de la France*, *atlas anthropologique et politique*, Paris, 1981.

de culture）；而能够迅速走出困境，并善于思考时间问题和数量问题的能力，则将农民改造成了一个灵活的人，使他学会了在各地的集市和市场上进行买和卖的交易。掌握信息的能力于是变得至关重要，它表明了选择的可能性，而这一点在大多数农庄还很少见。自给自足其实是不可能的，因为总有些东西是人们自己不能生产的。而市场，由于它能够引发需求，一直支配着家庭的经济。但是对于土地的忠诚仍然占主导地位，这一点是不变的，因为真正的财富并不存在于流通之中，而是蕴藏在牧场、耕地、地产之中，所以应该扩大这些产业。佩罗称之为"癫狂"，它比马克思定义的癫狂更令人印象深刻，①因为它使村庄陷于停滞状态。在稳定的经济背景下，两个因素变得至关重要，它们几乎自下而上地操纵着社会体系，这就是家庭的经济理想和对与土地有关的社会等级的尊重。因此，稳定性产业的吸引力始终主导着整个经济。

关于日常经济学，奥利维耶·德·塞尔和列波的学术著作代表了法国早期的农业思想，这些作品直至 18 世纪还一再重版。他们将家庭作为衡量品行的模型，但是却把家务事和家里的事混为一谈。他们向全社会阐述了同一个土地贵族模型，并将它置于父权的威望之下，因为父亲是家庭社会单元的生产者和责任人。因此，乡村生活体现了一种工具化的双重权力征象：土地所有者和各类雇工之间的劳动，以及**家长**（pater familias）必须供应全家之所需的责任。这种关系从人扩展到物，因为人们对财产的物质实在性有着特别的依恋，而这种依恋却是由各种特殊的关系所导致的——它们既不完全属于生产关系，也不完全属于领主制度或封建制度的关系。这种关系还提高了这位家长在能够体现他双重能力的社会单元中的地位，促进生产、供养家庭，为的是一个明确的目标：维持甚至扩大由全部财产和家庭成员构成的这份家业。奥佩德男爵亨

---

① Perrot（J.-C.），*Une histoire intellectuelle...*，*op. cit.*

利·德·福尔班认为："任何好品行的男人都有义务将尽可能多的家产留给自己的后代，而且很有必要为子孙树立这个榜样。"当依存性的食物经济与个人关系及社会关系完全重合时，我们便触及了古老经济体系的核心。父亲作为一家之主储存和积累着真实可见的财富，他为此有计划地储蓄，不愿意抵押家产。与他相比，教育使家庭主妇有了新的角色，她的地位也因此得以提高——尤其是在费奈隆之后的 18 世纪——只是她们仍然保持着依附状态。在这样的背景下，促进变革的前提条件是众人角色的转变——这就意味着必须让农民的王国与商人的王国正面交锋。伟大的杜尔哥正怀有这样的梦想。

　　数百年来，人们尊重这种社会分工，从而对角色和行为的改变形成了一种额外制约。其实，这种尊重的基础来自土地的诱惑力。因为"它能够赋予家庭姓氏、封号或纹章，它象征着家庭的实质和永恒，承载着由采邑和领主构成的一个复杂的集合体，并赋之以生命力。事实上，正是这个集合体奠定了社会差异化体系的基础，其中包括国王本人，他是王国最大的地产拥有者。重农主义者将这一切列入了政治改革的基本构成……"①这就是乡村社会结构的基础，也是一种物质实在，它证实了各社会群体之间始终模糊不清的社会边界的存在——贵族老爷、资产阶级或教士。他们介入的场合比我们想到的要多，因为助理人员、经纪人终归可以代理他们的事务。其次是更能融入乡村生活的贵族、修道院或隐修院院长、大法官、公证人、领主审判所检察员、批发商、农耕者、小商贩，这些人都经营着不动产和动产。然后是农夫或佃农，包括一部分土地主。作为部分所有者，他们的命运在很大程度取决于他们支配作物和牲畜的能力。还有手工业者，他们脚踏耕地的节拍，同时紧随加工的步骤，他们是稳定的经济中不可缺少的因素。最后是按日雇用和短期雇用的

① Perrot（J.-C.），*Une histoire intellectuelle…，op. cit.*，p. 215.

农村短工，就像在等级体系中一样，他们被派往村庄的边缘地带，既要跑腿，又要受限制，而且最容易受到意外变故的影响。财产水平的明显差异和生活方式的不同造成的严重社会分层，以及社会性流动和地理性流动的减弱，这些因素同时支配着所有的人。但是，这些不均衡因素既会以积极而无序的方式出现，以便维持一种激昂的、冲突的、抗争的状态；同时，也会以消极的方式出现："传统上已经形成的先前的顺从习惯决定了等级和特权体系的集体内化。"这是一种桎梏。多种多样的反差使法国民众有着各不相同的身份，不同身份的人以不同的方式感知和体验着它的沉重。然而，正是这一点突出了乡村社会与文化之间主要关系的特征。

乡村社会与文化

在这样的情况下怎么可能发生农业革命？农民不同程度地承受着来自外部的各种压力，有经济的（市场经济）、社会的（贸易和流动性）、文化的（人们在教育上付出了无数的努力）。只有与那场运动的双重意义相关联，我们才能够理解各种不同的进步因素：那是一场激励人们把乡村社会作为一切变化的主要舞台来理解的运动，也是为我们勾画了那条重要边界的运动。它将乡村共同体的坚实文化与经过改良和革新的文化，或者说属于城市及其在乡村的贵族骨干分子的文化区分开来。

追求偏见和迷信往往是相互联系、相互依存的，无论是关于农艺还是关于宗教。因为在这个问题上，我们不可能通过教会或国家来制定一个从前没人意识到也没人考虑过的计划来愚弄人民，使他们脱离传统文化。我们要做的是"塑造现代人"。[①] 在这两种观点之间，并不只是简单

---

① Muchembled（R.），*Culture populaire et culture des élites*，Paris，1978；*L'Invention de l'homme moderne*，Paris，1988.

的词汇转换，重要的是必须从生硬的理解向复杂的分析步骤过渡。无论乡村社会有没有能力完成这个转变，我们都应该将它置于学术的、能够体现水平和力量的话语中来讨论。不仅如此，我们还应该将人们的物质行为和精神状态结合起来，进行耐心的探究。或许这才是我们唯一的方法，因为只有这样，我们才能够理解社会的团结和守旧如何能够共存，以及微弱的转变迹象如何出现在了农民的精神世界里。卡斯当对图卢兹人的诉讼案卷所做的分析明确阐述了这个问题。① 在各种各样的冲突中，人们预感到了流动的困难，因为在 18 世纪要创造和获得财富比以前更难，而且社会关系和个人关系的复杂性在一定程度上也来自这种毫无生气的环境。尽管城市里熟人之间的交往习惯以及都市的氛围有别于乡村，但都市社会本身也不能完全幸免——它在很大程度上已经陷入了与土地紧密相连的精神状态中，开发乡村只能激励它朝这个方向走得更远。

要打破这种因循守旧的局面，只能依靠其他力量。经济学家的工作是对这些力量逐一进行统计，而对普遍的社会偏见进行批判则在于激发更多的力量。无论是统计还是批判，人们的认知努力共同揭示了社会力量和社会行为的战线已经形成，社会动力已经启动。

开放的可能性

如果能够结合两个例证进行思考，应该能够更好地理解这一命题。第一个例证引导我们从智慧的顶端走向具体的现实，它以重农主义的分析为基础，提出了一个解读社会的模型。第二个例证围绕民众的智慧，

---

① Castan（Y.），*Criminalités paysannes et urbaines en Languedoc au XVIIIe siècle*, thèse de 3e cycle, Toulouse, 1961, ex. dactyl.

提出不同文化的交汇,它本身只是提出了一个方案:如何实现教育与自然的协调?

重农主义者的期望

对于有兴趣研究 18 世纪的人们来说,阅读重农主义者的著作是一项必须进行的工作,因为我们可以从中找到一种关于自然范畴和人文范畴的概念,其最终目的可能具有双重指向。重农主义表达的是混合了产业主和贵族特征的地产主阶层的思想,他们渴望让时间停滞,他们不重视历史,经常以现实的规律性来反对历史的荒诞性,并且想要改变它。博多神甫是重农"学派"最杰出的成员之一,他在《经济哲学导论》中阐明了教育的使命——它将君主及其代理人,以及地产主聚集起来,同时还将目标指向另外两个社会阶层:属于"不生产阶层"的实业家和商人,以及作为"生产阶层"的农民和农业经营者。这是一种"社会艺术",它应该履行三种职能:教育(必须由司祭承担)、行政和社会安全。王权、贵族、产业就这样被牢固地结合在了一起,重农主义的教育从此主要应该传授一种新的"经济伦理",而且"应该用基础知识指导全民教育"。透过这些词语,我们很容易解读出财产的自然所有权的概念——作为一种公理,天赋人权是不可动摇的范畴——这是一种功利主义的观点,它服务于土地所有制的实际利益,也是旨在使特权社会与流通经济以及与社会变革相适应的一种努力,其中不无风险。① 国家机器中强有力的少数派的作用证实了这种观点,他们试图改变领导阶级的思想,创造一种对他们的主张有利的环境;他们甚至在杜尔哥及其政府前后时期取得了各个方面的操控权。

然而,总的来说,重农主义的分析还是体现了一种优势,它阐明了两

---

① Bernard (M.), *Introduction à une sociologie des doctrines économiques des physiocrates à Stuart Mill*, Paris, 1963.

个重要问题：乡村法则与城市法则及贸易法则之间的对立如何形成了一种主要的对立面，而不同文化之间的协调是社会变革的关键的假说又是如何在由相互倾轧的两种经济构成的这面镜子里反映出来的。这份功劳应该归属于吕迪。为了阐述这个关键问题，他在《新教徒银行》①一书中充分发挥了魁奈的《经济表》的作用：

> 经济（所指农业），其实就是麦田或阳光下果实累累的油橄榄园。上帝是万物的施主，他存在于田垄之间，并且施恩于农民、领主、教士。上帝有他自己的公正性，那绝非**以物换物**（*do ut des*）（我付出是为了让你付出）的公平。因为农民本身并不生长果实，他只是一个谦卑的侍从，尽心尽责地促成收获奇观的出现，他本身并不是这里唯一的主人。货殖论（所指贸易和交换）就是市场，匿名的卖家和买家在那里交锋，他们只用抽象符号作为交流媒介，其中的实物只是在人们手里流转的商品，而商品体现的是与其等值并能够到手的金钱数额。市场上，除了交流媒介的赢利，没有什么能够触动其分毫，上帝也不在那里出现，他最多就是贯穿于各类法则之间，如道德和商业诚信法则、公平无私法则。②

真正的道德和平静的幸福始终属于土地，属于自然；激情和不安定则属于城市、贸易和文化。两者之间的冲突构成了意识形态和政治领域冲突的核心，也构成了旧制度危机的焦点。由于冲突，社会本身的运作

---

① Lüthy（H.），*La Banque protestante en France*，*de la révocation de l'édit de Nantes à la Révolution*，Paris，1959－1960，2 vol.；t. II：*De la Banque aux Finances*，pp. 15－45.
② *Ibid.*，p. 768.

机制昭然天下。

　　魁奈的《经济表》①使现实的等级体系突显在重农主义者的眼前，正是这个体系制约着社会的变革。位于这个体系顶端的"地产主阶层"其实就是旧制度本身，根据其构成顺序，这个阶层有国王、贵族、僧侣、食利资产阶级、官僚资产阶级，以及所有追求"净收益"（produit net），也就是农业收益的人。他们的支出支配着一切经济活动。在这个体系的下层，魁奈博士将由农耕者和农民构成的"生产阶层"与"不生产阶层"区分开来，后者包括小商贩、批发商、实业家、手工业者，他们的谋生手段是提供制品或服务，而不是重农主义"学派"看作唯一财富来源的土地生产。《经济表》的严密性在于它将生产、流通、消费融合在了与财富的唯一概念——土地——紧密相关的过程中。所有其他的财富都由此派生而来，因而只有调动"正当收益"才能够维持流通和贸易。进口产品和加工产品的大批量消费还没有形成，这种消费诞生在英国，后来才在法国流传。在农村和社会下层，手工业者和小商贩们仅限于天然生活必需品的需求，而且使用着原始的技术或智力型工具。即使开放的微风缓缓而来，从城市吹向农村，并且借助各种媒介抵达了绿篱围隔的田园草地和那些最封闭、最落后的山谷，但是新型工业和殖民贸易在那里还是找不到自己的主要市场。鉴于军队、宫廷和城市的开支，"净收益"必须调动全社会的力量。归根到底，为这一切奠定基础的是路易十五那几百万种地的臣民所付出的劳动，以及通过地产主进行了再分配的税收。

　　魁奈的《经济表》对现实问题进行了梳理，并且解释了一个重要问题：农民劳动的社会收益在满足了生活必需品和再生产的需求之外，其剩余部分怎么还能够用来抵偿全社会诸如奢华、声望、行政和军队、信仰、艺术之类的非经济开支？君主的这份收入为政治秩序提供了保障，

---

① Salleron (L.), *Œuvres complètes de Quesnay*, Paris, 1958, 2 vol.

而政治秩序又必须促进君主收入的增加，因为那是它生存的来源。精深而辉煌的全部文明史的存在奥秘正在于此。我们应该注意各种力量的碰撞，这样才能避免文化的历史和经济的历史、社会的历史和智识的历史无休止地相互对立，同时让我们每一个人轮番扮演消费者和生产者的角色。贸易的潮流只有通过高消费社会才能够形成，于是打破乡村社会封闭状态的文化赌注显得事关重大。农业王国危机四伏，商业的法兰西日益崛起。在这样的背景下，国家的前途和税收的增加构成了社会舞台的主要剧情。在马克思之前，魁奈博士或许是最后一个企图构想一种哲学的人，他试图通过哲学将国家和社会、经济和自然统筹为一个整体，以乡村社会作为这个整体的核心——马克思借用了他的思想，为的是"让他东山再起，重振事业"。

农民的智慧，稳定与增长

我们在尽力衡量开放的可能性及其制约因素之前，必须先强调农民文化的优越性，虽然在一定程度上变革的春风无法吹进这种文化，因为农民智慧的渊源超出了历史和流通的范畴。再生产的必要性以及以户为单位的家庭的发展，决定了人们对习俗和传统的尊重；而传统则约束着人们维持几百年来的耕作法，并保持乡村景色的永久性，尽管新的生产技术的先进性或多或少给各地的景致造成了损害。有一句话算是老生常谈："要取消春夏休耕，就必须有肥料；要想弄到肥料，就应该养牲口；说到底，要喂养牲口，就要有牧场，不管是天然牧场还是人工牧场。"这就是乡村经济的循环逻辑。[①] 农业进步的准星在于休耕法。要是进一步推理，其结论必定是牲畜存栏数不足。

但是我们还知道，传统遭遇了现代性的迫切要求。当阿瑟·扬见到

---

① 　Mulliez（J.），"Le blé, mal nécessaire", *art. cit.*

了由大片的小麦作物和长期存在的休耕地构成的乡村景色时,他惊得目瞪口呆。眼前的景象表现出一种冲突。因为透过休耕地和荒地,他看到的并不仅仅是贫瘠,在这片土地上,18世纪末的农艺学与农民的耕作实践是相抵触的。农艺学只用一种模式来解释农业发展的道路,即周而复始的轮作需要**田地**(openfields)。然而,几乎在所有的地方,农民的传统做法是寻求其他的平衡方式:发展其他的耕作体系而不采用佛兰德的轮作法;或者在休耕地上种玉米,但是从谷物种植的农艺信条并不允许采用这种做法。最后,正如米利耶所指出的那样,很大一部分耕地都用于放牧。在所有这些地区,农学家所批判的那种"预留休耕地"的做法其实是不存在的。面对发展,乡村的传统或"原始农业"仍然忠实于与几百年来的自然环境相适应的生产技术。正因为如此,我们才会看到周期漫长的轮作、使用普通肥和勤于收集厩肥、为了乳品和鲜肉的供应而在种植牧草方面动脑筋;我们才会知道以养马为特色的法国西部和中央高原北部边缘地区的存在。也正因为这一点,我们才能够区分山区和高原牧场。因为在高原牧场,一旦休耕构成了发展畜牧业的基础,那么农业就得让位于畜牧业,尤其是在布列塔尼、普瓦图、曼恩、佩尔什、卡迪那地区。

农学家的批判阐明了两件事。首先,相对于某一规范或公设而言(比如说富饶之乡就是谷物之乡),作为落后代名词的偏见是如何被定义的。其次,传统是如何为人们所接受的。或者说,人们怎么会选择了牧场而不是耕地,怎么会决定长期休耕而不种小麦;传统又是怎样为人们描绘出另外一条道路——被人们对饥荒的恐惧或英明政府对农业安全的梦想所强加的。于是,我们可以在制约甚至稳定中嗅出改变的气息。这便是社会变革中审慎的历史。

如同在农业生活和乡村经济引起的行为的连续性中一样,我们还可以在历书所展现的智慧中发现其他的征象。年鉴根本不是为农民准备的,即使它在18世纪的农村经历过一次迅速传播。似乎是由于历书含有与天文学和星相学有关的图案和符号，它才成为一种媒介，甚至传到那些不识字的人手里。同时，年鉴也是全社会从上到下都愿意看的一本读物，因为它涉及的农事对所有人都有用处，无论是城里的地产主、不劳而食的官吏，还是农村居民。重要的还在于波雷姆阐述的观点①：年鉴重现了季节周而复始的必然性，但是在 18 世纪，缓慢的变革压倒了一切，而且已经展现出了它的历史维度。

从此以后，实用的、百科全书式的、时事的内容成了各地流传的年鉴的主题。因此，年鉴与日常生活建立起了一种全新的联系，不再是进行什么预测，而是提供具体而实用的建议。年鉴公布的内容唤起越来越多的读者，他们开始审视自己和周围的世界。在关于农艺的主题中，我们选取两篇成功的例子来进行一番比较。

17 世纪末：

> 为了祝福 1678 年，安托万·马京外号"孤独"的隐士编写了这本好农家万年历和年鉴。为你对未来各年进行永久性的全面预测。它方便实用，无论是农耕者、园艺师，或者其他人士，都能从书中汇集的各种评语和告诫——它们真实、灵验，能够帮助你预知荒年和物价上涨，并将给你带来吃不尽的小麦、喝不完的美酒、花不完的金钱，以及其他生活必需品——中获得帮助。

受话者涵盖了从城市到农村的所有人，通过宣讲的方式，为人们提供一系列实用信息。它是大众的福祉！

18 世纪末：

---

① Bolleme（G.），*Les Almanachs populaires aux XVIIe et XVIIIe siècles，essai d'histoire sociale*，Paris-La Haye，1969.

农业年鉴,农耕者必备,无论你是佃农还是自耕农。本年鉴分章节向你介绍各种农学基础知识,涉及面广,包括家畜、耕种、肥料、土地翻耕、播种、收割、谷物储藏,以及巴黎周边农村的各种农活等内容。(会长语,1773 年)

受话者明确,预言家的那种神秘吸引力消失了,功用的目的性明显。年鉴正准备向人们传输重农主义的技术格言和经营安乐生活的技艺。

从内容方面来看,年鉴没有什么改变,它始终是最重要的智慧载体。但是我们必须关注其中的两种变化:星相学的衰落和重农主义技术格言的社会化。对于大众而言,星相学评论是人们把握未来的唯一途径。在一个由类比知识而不是由科学知识统治的时代,星相学的说法符合人们了解世界的期待:人们可以通过星体的运动解读个人和社会命运发展的全部轨迹。在 18 世纪,预言方面的话语受到了抑制,气候、耕地的产量、事故和疾病都听凭上帝的意志。话语的重心逐渐向穷人的上帝转移:祈求他保护人民远离灾难,奖赏那些努力劳动、与上帝的仁慈相称的人。数千年来的忧虑消失了。在此基础上,非神圣化过程确立了人们对仁慈上帝的信仰——以信义求得庇护。上帝保佑劳苦大众,正如保佑智者。总之,人们所接受的关于上帝的观念符合开放、向前发展的线性时间,人们可以自由地投身于各项有益的事业,更好地安排自己的生活,为自己的幸福努力工作。[①] 要与上帝的仁慈相称,就意味着要思考、观察和学习。

这是第一次发生这样的转移,与此同时,年鉴正在强化它所传播的

---

① Bolleme（G.），"Littérature populaire et littérature de colportage en France au XVIIIe siècle", *in* F. Furet（éd.）, *Livre et Société dans la France du XVIIIe siècle*, Paris, La Haye, 1965, pp. 61 - 92.

社会化伦理。它此时的话语更类似于谚语、警句、格言，而不是长篇大论的说教。总的来说，就是告诫人们要谨慎、顺从。所有此类手册都能让人读到这样的忠告：尊重强者，但不蔑视穷人。然而，年鉴慢慢开始以社交的甚至世俗的目标为己任了：

> 爱要无私无利，宽恕不代表懦弱。匍匐于大人物的脚下吧，不要觉得可耻。小心经营与众人的友谊，但面对官司绝不要讲情义……施人恩惠要有分别。点滴之恩要涌泉相报，但不要显得过分，不可轻视自己……不可自夸，要守住自己的秘密，这才是完善自身的最佳途径。

　　1766 年《跛脚的信使》发表了上述箴言，准确地抓住了乡村有教养者的特征：他敏感于事物的表象，精于选择，行为明智，善于算计，"不经过权衡绝不做任何决定"；他在现实中不失理性，懂得"把属于创造者的东西归还他"，以及"动手之前要仔细斟酌"。这时，年鉴体现的是一种大销量文学读物的基本特征，具有"通俗"性。一部分都市人由于模仿宫廷生活而变成了文明阶层，年鉴则在百姓中传播这个阶层的处世格言，他们的风尚是受教育，通过教育学习为人处世的基本原则、体现民族智慧的至理名言，以及能够帮助人们过上安逸生活、增加富足和幸福体验的各种告诫，但是这些内容常常混合在一起。大部分格言激励人们要明智、节俭、禁欲，通过教化，以德行达到稳定。因此，1787 年《跛脚的信使》各个月份的日历是这样写的①：

---

① Bolleme（G.），"Littérature populaire et littérature de colportage en France au XVIIIᵉ siècle"，*in* F. Furet（éd.），*Livre et Société dans la France du XVIIIᵉ siècle*，Paris，La Haye，1965，pp. 80 – 81.

8月,这个月的雷声预示着巨大的繁荣,应该赞美伟大仁慈的上帝。

9月,为了保持血液的新鲜,应该比平时更注重排毒和放血。规规矩矩地生活,远离疾病的困扰。

10月,饮酒要有节制,身体才能更强健,生命才会更有希望。

11月,赞美上帝,他赋予我们一切,从不把我们抛弃。

这些朴实的忠告从来都无法验证,但是却总能得到证实。然而,重要的是其中混合了越来越多的思考,从而使读者更主动地关注社会伦理,甚至政治伦理。总之,使他们更关注变革。对社会的一种谨慎的批评也开始渗透到这些无关紧要的告诫中。那么,在1787年《跛脚的信使》五六月份的日历上,我们又能看到什么内容?

沐浴、放血有益健康,
合理穿衣同样重要。
快乐些吧,鼓起勇气,
注意照顾自己的家庭。
保持规律的生活状态,
同时防范各种混乱。
士兵应该不忘荣誉,满怀抱负,理性行动。
……
吃蔬菜,喝好酒,
适度锻炼,万全的法宝。
根除懒惰,
防患未然,
高贵的人积极关注穷人的命运。

在这段摘录中，我们可以看到这个"僵化的社会"所推崇的德行，其中还混合了某种"肤浅文化"的处世训。这种文化披着一件朴实耐久的外衣，适合每一个人的身份状态。此外，作为一种社会基础，它推行的忍耐力在这个"静止的国家"构筑了乡村姿态的结构。然而，一道闪光划过，人们突然呼吁要改变这一切，因为他们更需要勤勉的功利主义和富于成效的善举，而不是慈悲。虽然已经接受了教化，农村人的智慧可能仍然脱离不了他们的本质。与此同时，他们已经觉醒，开始观察他们本该了解和规划的这个世界。① 从此以后，出版商、作者、读者在两个层面上展开了行动。要使旧的模式换上时代的新颜，成功的关键在此一举。年鉴推出了一种哲学，一种处世的学问，或者说一种行为方式。它努力把握之，大力推广之。卑微之人也可以有自己幸福，逆来顺受的态度开始动摇。我们来听听 1766 年《跛脚的信使》如何宣告这一新的理想：

> 但愿新的一年和未来所有的年份，幸福与和平能够充盈每个人的心灵。只要哲学的光芒持续闪亮，只要各族人民彼此团结，共同用才华耕耘日益繁荣的艺术和人性，人类的幸福就有保证。才华和艺术已经创造了这样的神奇，让我们在和平的阳光下继续耕耘它们！社会的死结将由此而解开，人类的生活将更加美满幸福……

文化、社交、启蒙运动就这样进入了乡村的轨道。年鉴不再和传播传统文化的工作混在一起，因为传统是一种根深蒂固的东西，它更多地存在于娱乐性读物中，如各类谚语、收集日常生活和职业生活秘方的各种文集。这些读物时刻向读者暗示某些类型的角色和实践活动，其间充

---

① *Les Almanachs populaires*, *op. cit.*, pp. 84 - 85.

斥着顺从、耐性、对流动性价值准则及其代价的轻蔑,以及对当权者、上帝、圣贤、神职人员的讥讽。通过文人学者或民俗学家手里的资料清单,翻开其中的任何一份材料,我们都能够感受到这一点,虽然资料的流动性使我们难以确定它的年代。"大法官摘你的葡萄,行政官吏结队成行,检察官们巧取豪夺,执达官逮着就咬,领主若不小心避让,到头来肯定什么也得不到。"令人满意的是大人物之间开始相互撕咬,但是不幸最终总是落在农民的身上。[①]

对于年鉴,18 世纪的精英们表现出了三种态度:轻蔑、好奇、将它用于教化。通过鄙视和揭露在不同范畴中存在的偏见,年鉴立足于通过文学、宗教、农艺等各种具有科学性和文化内涵的征象来表现自己的不同之处,努力表明什么是通俗性,并且把通俗性与其他的东西区分开来。然而,历史学家首先需要理解的应该是这种区分的成功之处,以及年鉴如何变成了一种混合性的文化读物,尤其是在 18 世纪。年鉴具有不同的功能,从而可以满足多种读者群的阅读需求。此外,它传递的是各种不同性质的规范,因而能够通过知识层面的努力,改变广大读者的现实经验和精神感受。出于文化人的好奇心,珍本爱好者们争相收藏图书,读书于是变成了一种与益智有关的主动行为,广大读者无不如此,无论他是土地的拥有者,还是土地的耕作者。当然,并不排除读书只是因为一种简单的吸引,一种了解的渴望,或者一种模仿的嗜好——模仿那个把乡村看作是可能的幸福之地的阶层。年鉴吸引力的提高带动了它的专业化。它始终保持着教化和传播新旧价值准则的功能,这一点也可以通过它成功的格言警句得到印证:它能够触动识字不多甚至不识字的人。《大日历牧羊人的堆肥》是年鉴的典范。这不仅是一种象征,而且说明不会写字的人也可以成为作者,例如《大山里伟大的牧羊人》。作

---

① Pineaux(G.), *Proverbes et dictons français*, Paris, 1956, p. 108.

者和读者彼此平等,他们可以交换各自的朴素智慧所赋予的行为方式。随着 18 世纪的到来,真正改变了的是这种智慧的目标与方法。

打破法国的文化封闭从"僵化的村庄"开始,这种想法有多少可行性? 思考这个问题就意味着我们必须与精英们的那种敌对的、同情的或苦恼的态度保持距离,虽然他们都是有教养的、担任圣职的、生活在大都市里的或是享有特权的人。在索洛涅的塞纳里,那里属于奥尔良教区管辖,1728 年主教令的实施责成各地本堂神甫"从教区被洪水淹没的信徒手里接受他们托付的那些有害文字时要加倍小心"①,这一事实揭示了教会对大众读物及其影响力的疑虑。但是我们要了解这种读物、了解它的加速发展,就必须回到开放的可行性条件中去。真正理解那种能够作为乡村阅读史的一个章节来构想的东西,能够作为思想的表达和交流现场的地形图来设计的东西,也是我们可以作为真正的激情来理解的东西——那是一种能够在王国上空飞扬的激情,也是试图将这个王国改变成为"农学"王国的激情。无论从哪个角度去展望,个人的自由、环境的制约和行为的边界之间的交锋将成为社会舞台的主要剧目。

乡村读物,必经之域

态度的改变取决于众多的诱因和时机。它来源于书籍、报纸、刊物、年鉴、图片等印刷品的市场法则,还有各种书面和口头信息所提供的可能性,以及人们边看边学的实践活动。因此,态度的改变起因于一种普遍的发展方式和由公路政策带来的普遍的流通方式。像奥里和贝尔丹这样重要的农业部长也会对公路问题感兴趣;而且像杜尔哥那样的重农主义者,以及受到他们影响的一批人也成了改善公路运输条件的坚强卫士;当然,他们的目标在于降低运输费用,使改良土壤的新技术像两轮马

---

① Bouchard（G.）, *Le village immobile..., op. cit.*

车那样一直深入到外省最深远的角落。然而,这一切的发生并不完全属于偶然。公路是文化的推进器,这一点我们已经提到过。有一个例子足以重新燃起这个问题的生命之光。

我们可以和安娜·菲永一起再次翻开路易·西蒙的自传。他做的是粗纱织物买卖,他叙述的生活背景仍然是乡村共同体的稳定生活。① 拉芳登位于勒芒附近,大多数村民在那里终其一生。我们在村民的记事录上看到,有的人家在这里延续了三四代人,例如毕弗容、勒布尔、科斯纳尔、莫兰、勒法兰克、福吉里等家族,有的可以上溯到 15 世纪。尽管随着孩子的诞生和家庭人口数的增加,人们会以自己的方式、根据自己的需求反复搬迁,但在这个村子里,流动只在内部进行。然而,这个社会已经开始变化了,路易·西蒙在他文稿的一个章节里记录了这些变化的历史和年代。该文稿以“我在法国生活期间遇到的新鲜事”为题,反映了当时人们视野的拓宽——从乡土到王国。但是这份记录里更让人感兴趣的却在于:他把人们视野境界的变化与皇家公路的开通联系在了一起,认为正是公路的开通改变了人们的生活。“我看到从勒芒到拉弗雷什之间,宽阔的公路在田野、草地和荒原上延伸,建筑这条公路的是服劳役的人民。”路易·西蒙强调说,“农民所承受的劳动及其付出的努力给他们造成了毁灭性的影响。”然而正是他们在 1750 年到 1762 年之间,从开山填土到赶车搬运(铺路石可是一项技术性工作),建造了这条宽阔的道路。虽然负担了沉重的劳役,公路建设却也给村庄带来了好处。以前这儿没有车,也没有运输,9 月份一开始下雨,一切就陷进了泥泞里。后来,马车抵达田间地头,可以运送基本物资,把收获物运出去、把木材和各种饮料运进来;当然,也运送其他物品。透过盘货清单,我们

① Fillon (A.), *Louis Simon, étaminier (1741–1820)*, *dans son village du Haut-Maine au Siècle des lumières*, *thèse*, Le Mans, 1983, ex. dactyl., 2 vol.

看见"棉纱"和"棉织品"进来了，随之而来的还有奥兰治染布和印花棉布。消费被触动了。除了革命之前危机中的那一代人所经历的困难，生活质量的提高是确实无疑的。购买力和需求之间的矛盾将社会撕扯得四分五裂，从而构成了最大的社会障碍。通过对比可以看出这一点，当然其中不无矛盾。

不仅如此，路易·西蒙看到的还有信息传播速度的加快。邮政函件、报纸，都能够毫无障碍地抵达乡村。昂热的驿车星期二早晨6点离开巴黎，游客可以在勒芒用午餐，星期六在福勒图尔特过夜，大约星期一早晨10点到达昂热。1785年，代斯诺斯在《忠实指南》中提供的信息很受重视，虽然不能算是一项法国的最高纪录，但却标志着关于17世纪旅行时代研究的一个相当大的进步。相关的服务及其规范化带动了小客栈的发展。在福勒图尔特，**法国的盾牌客栈**（Ecu de France）在**绿十字**（Croix verte）的灰烬里重生，布罗克侯爵则"在宫廷给他的封地上建起了一个具有全套旅馆业设施的驿马站"。拉芳登距离公路稍微远一些，那里的小客栈和小酒店也应该令人满意，因为店主就是路易·西蒙。为了把日子过得更好，他真是三十六行无所不为。他在1786年开了**岱丹酒店**（Plat d'Etain），同时还兼做其他工作——粗纱织物买卖、教堂的圣器室管理人、税务员、小农场经营者。站在乡民们中间，他就是乡民的代表，他要捍卫他们的共同体。自世纪初以来，这个共同体已经受到了深刻影响——它被打开了，习惯则被打破，但这个共同体反而更加贫穷了，因为一部分地产主离开了，这使很大一部分佃农陷入了困境。路易·西蒙的话一点也不夸张，他说："这里的人有事都来找我帮忙，因为我是唯一会写字的人，也是唯一能听他们倾诉的人。"作为小客栈的主人，他提供的各种服务活跃了乡村的生活。第二家小旅馆**白马客栈**（cheval blanc）出现了，表明这个领域的需求水平仍然在提高，其他领域也一样。

从图书的流通到它真正发挥作用，其间当然不存在一个不曾受到外界影响而且前后保持连贯的方案等着我们去研究。运动可能沿着图书销售的可行路线一路前行，沿途刮起一阵阵旋风，最终抵达某些地方——印刷品会遵循它们自身的吸引规则，将自己的影响力从这些地方辐射出去。通过城里的、周边的或外地的图书商，通过直销，通过集日和市场，通过从邮局订购和发送，图书抵达了村庄。托奈是多勒地区的书商，他向那里普通的乡村精英兜售图书和宗教刊物。在乡下，人们可以在杂货铺里买到书，也可以在其他商人的小店里买到；这些小店还会临时卖一些其他东西，如布料、钉子和镜子、香粉和念珠。流动商贩更是不得了，也更为人所知。[①] 他们哪儿都去，因而集中体现了三个主要特征：他们熟悉自己的地盘，这使他们成了传闻的载体或传播新闻和秘密的人；他们还是令人信任的角色，因为他们维系着书商及其所属共同体的关系网，能够满足更多人的需求；最后，印刷品和小商品以及人们用来改变外貌的东西在他们那里都能找得到。流动商贩什么都卖，但是商贩和商贩从来都是不一样的。从普通的"成批服饰用品商"到"流动书商"，从事同一职业的人们竟有那么大的差别！这些人卖鞋子，另外一些人卖束腰女式大衣和短筒皮靴；而像诺埃尔·吉尔那样因为卖了"坏书"，违反了书店管理规定而遭到逮捕的人，则经常出入于镇上或城里的集市和市场。这种贸易能够给众人带来方便，正如 1752 年拉穆瓦尼翁·德·马尔泽尔布[②]先生所写的那样：

> 人们对文学的兴趣是如此普遍，以至于要想完全禁止这

---

① Sauvy（A.），"Le livre aux champs", in Chartier（R.），et Martin（H.‐J.）（éd.），*Histoire de l'édition française*；t. II：*Le Livre triomphant*，Paris，1984，p. 561.

② Lamoignon de Malesherbes（1721—1794），曾担任最高法院首席大法官和图书馆馆长。——译者注

类贸易简直困难重重。那等于要剥夺人们一项重要的生活便利，其中包括生活在自己土地上的领主、乡村教士，还有许多其他的人——他们退隐于市镇或乡村，而那里根本没有书店。

　　贸易的服务对象就是这样一些人。此外涉及的主要文化媒介有：本堂神甫的住所、城堡、名人显贵的家。关于本堂神甫的住所，我们感受到天主教会的涵化作用（rôle acculturant），以及其关系网的功能。最重要的藏书和信息传播手段都存在于乡村，然而，隐修院的绿树浓荫所掩护的以及寺院和修道院里收藏的，显然要比本堂神甫简陋的住处所能容纳的东西多。但是，无论是在哪种情况下，人们都能够接触到读物。雅克-路易·梅内塔就是在修道院的图书馆还有本堂神甫的居所里培育出了一种文化的全部元素，后来他将这种文化与客栈里其他人的文化进行了对比。如果必须为之辩护，我们知道在哪儿能找到他——这就得回到1758年的塞文山区，来到特吕代纳城堡旁边蒙蒂尼本堂神甫的家（他们的相遇真是具有象征意义！），我们这位做门窗玻璃生意的朋友就是在那里完善了自己的知识，并且与神甫进行了学术性的神学谈话：

　　　　我经常以借书的名义去。有一天，我估计他在城堡里，就跑去他的住所。我一边逼近他的女管家，一边跟她讲了许多道理，结果让人听见了。于是我就往旁边烟囱的角落里跑，我一只手整理衣衫，另一只手拿着一本书。

　　我们的这位朋友学会了读书写字，他成了一个有见识的人。这种相遇特别有趣，它表现了借书的本领以及可利用的机会。我们没有任何理由认为与图书接触的粗人就没有能力用这些书做同样多的事情。① 培养教士方面的进步以及教士在教育中——如同他们在正式或非正式消息的传播中——所起的作用，奠定了整个下层神职人员在乡村文化直接或间接的涵化进程中的突出地位。可以肯定的是，在18世纪，教士比100年前拥有了更多的藏书。

城堡主人的图书馆和贵族的图书馆都不是公共的，也不对外开放，但是却向人们提供阅读机会。毋庸置疑，阅读已经变成乡村生活的一个组成部分。领主图书馆的分布密度随之得以提高，藏书得以增加，内容也更多样化了。在那里，人们为自己而读，也为他人而读，让里斯夫人那里的"城堡看护人"就是这样。有的城堡主人学识渊博，而另外一些则没有什么文化；有的图书馆收藏珍本，另外一些可能都是实用性的书。然而，重要的是图书馆不但借书，有时还会发生偷书的事情，于是就有了图书的传播和流通。此外，教士之类的贵族具有流动的天性，他们是变革的载体，这才是关键。书籍、各种手册的存在也是至关重要的，因为它们构成了新事物的起因，能够激发其他事物，形成一种通过大量中间媒介传递的推动力，其中包括管家、检察官、旅馆老板、贴身仆人、女佣甚至车马夫。通过这些媒介，读物抵达了村庄和农场。

我们总体上可以作上述解读，但是仍然存在两个局限。首先是通过小学和基础教育完成整个文化涵化运动所面临的局限性。关于这个问题必须到公共空间的形成过程中去寻找答案，因为在这个空间里，从印刷品到读物，从书籍到阅读，这些过程就包含在从城市到乡村的更为深刻的变革范畴中。其次，究竟哪一类读物能够对乡村居民形成触动，这个问题本身就带有局限性。农场里收藏的图书并不多，我们还是进行了

① Roche（D.），*Journal de ma vie*，*l'autobiographie d'un compagnon vitrier*，*Jacques Louis Ménétra*，Paris，1982.

统计。从已经掌握的情况来看,农业技术类书籍没有显示特别的存在价值,除了在上流阶层和发展比较活跃的地区——让-马克·莫里索研究了法兰西岛的农耕者,他们的情况反映了这一点。因此,必须考虑各种间接效应的存在。首先,由于接触传播媒介或接触各种形式的印刷品而导致习惯的改变。其次,某些发行量较大的刊物,如年鉴和报纸,其内容的自觉性演变。最后还必须考虑榜样的力量。我们再来看一下客栈的情况。在《法兰西信使》的征订清单上,第二类读者(近 850 人中的 400 人)中有三分之二是住在城堡里的贵族(约 250 人),其中大约 50 个人是邮政领班。在他们背后,究竟有着多少潜在读者? 既是"官吏"又是承办人,既是"那个纵深的王国"的人(通常是大农场主和饲养马匹的人)又是流通和贸易理想的代理人,既是读者又是信息的传播者,一个既能说又能写的人——他们所扮演的社会角色印证了将乡村社会的演变由表面推向深入的各种积极力量。

　　努力阐明现实榜样的历史作用,以及人们在受到激励或推动情况下的行为的历史功效,这或许就是一种对乡村结构的演变进行解读的方法。这种结构其实就是众人眼里的实践结构,也是日益改进的农业工具的结构。因为农学实践的特征就在于,它与其他科学不同,它不停留于书本,也不局限于学者们的书房或实验室。物质的和精神的变革与社会结构混合在一起。在 1750 年以后,农村经济就是一个火热的熔炉,各种经济学说、社会等级体系、政治结构、技术变革都在那里融合。所有这一切相互制约,彼此之间结构如此紧密,只有作为整体才能够行动。[1] 农学理论的传播导致了一场由革命引发的革命。它推动了土地结构的改革、乡村空间的变化,致使另一个地产主阶层闯入了农村——即使他们不算是一个全新的阶级,至少也是一个具有侵略性的闯入者。因为对于

---

① Dagognet (F.), *Pour une théorie…*, *op. cit.*

那种"英国式的发展"以及照搬诺福克郡**绅士**(gentlemen)的做法,人们还是心存忧虑。资本主义与恢复了活力的土地之间展开了互动,从而触动了价格,引起人们对贸易自由和税收选择自由的呼唤。这就是内克尔与杜尔哥之间的对立,也是过去与未来之间的交锋。究竟是选择过去还是选择未来? 我们并不是要研究这些原则性的问题,也不是要构思几场论战。在这里,我们要讨论的是如何提出农学的涵化(acculturation agronomiqué)问题。有两条途径可供我们思考,期望得到历史的检验:名人显贵的角色和农学印刷品的大量传播——后者本身既是一个动因,也是一种条件。

　　贵族,我们且用这个词来指代所有与"净收益"有关的地产主,这些人难得有实质性的创造活动,他们的存在取决于通常在别处酝酿和发展起来的思考。此外,我们还应该考虑到农学网络(réseau agronomique)在促进农业发展方面所起的作用。[1] 参照都市来对农民进行定义真的不无道理。从总体规律上来说,农民几乎不能进行什么革新,因为社会体制的压力和传统的桎梏不允许他们这么做——我们都知道租佃合同的辖重下能有什么样的发展进步。相反,非农地产主(propriétaire non paysan)由于边缘化处境,反而具有更强的革新能力和尝试传播新生事物的能力。[2] 拥有城堡的领主、资产阶级老爷、神职人员中的有产者,他们生活在另外一个空间里,一个与他们的佃农(fermier)和分成制佃农(métayer)不一样的空间。他们受过教育,他们旅行过,他们懂得进行比较。如果地产主是一个传统主义者,那么他属于拒绝变革的那一类人,属于保守主义。这是 18 世纪需要面对的一个至关重要的问题,也是关系到地产主的居住地(résidence)的问题。

---

[1]　*Cf.* chap. XVI.

[2]　Mendras (H.), *La Fin des paysans*, *essai*, *op. cit.*

不在地主制（absentéisme）①是宫廷生活之所需，或许我们曾经过分强调了这一点。我们也许应该对贵族生活进行一次更深刻、锐利的研究，以便重新审视这个问题。正如宗教方面那些身在别处的主教，不在乡地主也未必永远有错，因为这与行政结构、代理制结构，以及激励和对话机制有关。我们应该承认，大部分地产主都有可能以直接或间接的方式当一个部分时间制或全日制的"农民"。首先，贵族的生活圈子不仅能够根据他们一年的生活节奏做好日程上的安排：8 月份离开城市和宫廷赶去收获谷物和葡萄，秋天又把他们从各地集中起来狩猎；而且还能够与他们的活动类型以及职务类型相吻合：这位乡绅曾经是个军人；那位绅士家里有农田和家禽饲养场，还曾经当过海军、行政官员，不久前才来到城里。其次，女性的劳动角色应该得到充分的阐述，这一点同样具有重要意义：当主人不在家时，她必须保证城堡里各项责任的连续性。费奈隆就是这样教导的，圣西尔女子学校的小姐们学习的正是这个，她们向周围的人传播的也是这个——基督教教育的要义和家政学的目的正在于此。因此，生活在外面世界的贵族同样能够发挥积极作用，甚至比住在村庄里的作用更大。他们当中的革新者不乏其人。

贵族的流动性来自两个方面的促动，即他们的生活类型及其经济上的优越性。维护自己的领地、确保子女的前途、保持家族门第，所有这一切都需要有收入；而冬天住在城里则可以加快资金的再分配。贵族们不可能自给自足地安排生活，也不可能靠微薄的盈余过日子。他们的需求和消费经济迫使他们投机。市场经济既不排除贵族，也不排除教士。因此，问题就在于摸准入市的时机。只要有机会，就会有资金。作为日渐增长的农业利润的占有者，他们能够接受投资的风险，有能力购买新的农业机具，也有能力关心种子和肥料方面的事情。他们的成功仅在于他

---

① 指地主不住在农村，由管家代为催租收租的一种生活方式。——译者注

们令人信服的能力。有人从事过这方面的努力,比如说杜阿美尔·迪蒙梭在 1753—1761 年写了六卷本《论土地耕作》,他和他的兄弟亚历山大在卡迪内的德南维耶尔经营的土地为该书提供了地产方面的经验:

> 但愿人们不要以为我是在鄙视那些工人(这里是指护林员)。他们在森林里生长,从小注定在这里劳动;除了自己的职业,他们不关心别的。不,应该说他们只关心自己浑身的汗水和尘土。太阳烘烤着他们的皮肤,寒冷又在那上面留下一道道口子。他们衣衫褴褛,很难让人抱以幻想。我和这些善良的人们相处和睦,我发现他们具有一种与生俱来的良好判断力和对自己操作的事情进行正确思考的能力……但是,由于他们的思想被封闭在一个狭小的圈子里,因而与生俱来的判断力并不足以让他们根据自己操持的工作所反映的逻辑联系进行各种推论。①

进行推论,不断地以成功服人,这就是农学传播者及其实验农场努力而为之事。让我们再想一想拉瓦锡,他将实验室里富于经验的化学家的计算方法运用于田间,从而找到了一种方法来驱除人们的幻想,并努力倡导通过教育来复苏农村经济。

农学读物的大量传播为社会转变的进程提供了第二个参数。这种读物针对的是开明阶层,它们形式多样,从理论性的教科书到最实用的期刊,我们必须借助缪塞-巴泰②的图书馆才可能想象出这种读物的普及边界:

---

① Duhamel Dumonceau, *Traité de l'exploitation du bois*, Paris, 1761, préface pp. IV, V.

② *Bibliographie de la littérature agronomique*, Paris, 1810.

1500 年以前	26
1500—1599	111
1600—1649	55
1650—1699	91
1700—1749	96
1750—1799	1 105
1800 年及以后	491
	1 975
无年代	159
总　计	2 134

就是说，在 2 000 多种期刊中，18 世纪下半叶出现了爆发性增长。这次爆发显示出新事物的吸引力，它不仅提升了专业出版物的影响力，完善了宣传贵族读物为宗旨的政府活动，同时还发挥了导向性的作用。从 1750 年代变革者的勃勃雄心到后来 100 年间缓慢而深入地步步推进，这个时期的农学出版机器如野马脱缰，超速运转。当危机降临且愈演愈烈时，它只是勉强放慢了速度，到 1800 年又得以迅猛发展。总之，农学在某个社会阶层得到了推广和普及，由此产生的效果将由帝国时代的调查者们去审视。

这是第一层面，或者说宏观经济层面的思考，我们应该由此向变革者本身的层面过渡。虽然客观研究状态不允许我们这样做，但有一点是毫无疑问的：那就是在一定程度上，我们只有通过这条途径才能够理解人们对以往各种尝试和错误所做的定位；也只有通过这条途径我们才能够认识到，要质疑绝大多数人通过日积月累的经验堆砌起来的传统实在性，将会遭遇什么样的抵制。乡村的变革节奏缓慢，因为变革始终被当

作是稳定性和传统所面临的一种威胁。克服这种忧虑,乃是人们把农业
当作一种卓越的艺术来定义的最终目的。我们来听听在《人类的朋友》
一书中米拉波侯爵说过的一段话:

> 在众多的艺术中,农业不仅是最奇妙、国家之最急需、社会
> 之最原始的艺术,它还呈现出这个社会所能接受的最复杂的形
> 态,从而构成了一种最有益也最有收获的艺术。正是这种劳动
> 将消耗体力换取的所得最多地带给了人类的事业。农业是所
> 有艺术中最利于交往的艺术。带着自己的收割队伍,领着自己
> 的羊群,就这样度过自己的一生,具有如此风范的人是多么高
> 尚,他们对世人的款待又是多么殷勤……只有当道德与适当的
> 利益相关联时,我才会在这里谈论道德。老实说,无论在哪里,
> 最严格的道德说到底就是最现实的利益。[1]

传统与革新者的功利性在这里交锋,我们应该衡量这种交锋的规模
和影响。

---

[1] Mirabeau (marquis de), *L'Ami des hommes ou Traité de la population*, 1758,
pp. 33 – 39.

第五章 商业的王国：特权文化与商业文化

伏尔泰发现了英国，发现了商业。1726 年 5 月，伏尔泰抵达伦敦，此后一直在那里居住，直至 1728 年秋天。这并不是他的第一次旅行，四年前他去过荷兰和阿姆斯特丹。这一回，他是一位觉醒的旅人，他要观察那个时代的欧洲经济状况。当时，他正好置身于欧洲强大的商业力量中心。让我们重温《哲学书简》的第十篇：①

> **关于商业**。英国人靠商业富裕了起来，商业使英国人成了自由人，而且自由又反过来扩大了商业的范围，由此形成了国家的强盛。商业渐渐造就了海军的威力，而英国人是在有了海军之后，才称霸海洋的。现在，他们拥有差不多近两百艘战舰……②

这封信以经济和政治领域中突变性的革命事件作为开头，把自由贸易作为富国富民的根源来肯定，并以此影射重商主义者关于贸易管制和进口税的传统观念。这座小岛"本身只有一点铅、一点锡，还有一些漂白土和粗羊毛"，是流通性使这个资源贫乏的岛国变成一个无论在海上还是在陆地上都堪与路易十四抗衡的强大国家。英国商人凭借他们的信贷网借给了欧根亲王 5 000 万，那正是他的意大利战场所急需的。

---

① Voltaire, *Lettres philosophiques*, R.Pomeau（éd.）, GF, 1964, pp. 66 – 67.
② 译文引自《哲学书简》，闫素伟译，商务印书馆 2018 年版，以下同。

用这笔钱解放了都灵，打败了法国人，并给借给他这笔钱的人写了一封短信说："先生们，我已收到你们的钱，而且很高兴钱的用途使你们感到满意。"

从此，战争近乎买卖，国家的自由则取决于商人们之间的周旋。

这一切使得英国的商人恰如其分地感到很自豪，而且不无理由地敢把自己与罗马的公民相比拟。因此，英国的贵族子弟是不会不屑于做生意的……

在法国，只要你愿意，你就可以当侯爵。从穷乡僻壤来到巴黎的人，只要是有钱的，只要名字当中带个"阿克"（ac）或者"依尔"（ill）的，开口闭口都可以说"像我这样的人"，"像我这种身份的人"，而且对生意人嗤之以鼻。生意人经常听到别人在言谈中蔑视经商，也就不会愚蠢到再脸红了。有两种人，一种是头上扑了不少粉的贵族，他们分秒不差地知道国王几点起床、几点睡觉，在大臣的候见室里假扮奴仆，还自以为了不得；另一种是商人，他们让国家变得富裕，从自己的商行向苏拉特和开罗发号施令，对世人的幸福生活做出贡献。我不知道这两种人哪一种对于国家更有益处。

透过字里行间，我们可以发现某种变化。伏尔泰清楚自己在说什么。作为家境良好的巴黎资产阶级的后代和公证人阿鲁埃家族的继承人，他是有钱人，但是他的财富首先来自定期收益和投机。他还是帕里斯兄弟特别关照的人——那是一个伟大的四人组合，他们共同战胜了约翰·劳。在18世纪20年代，就连迪韦奈四兄弟中的小弟都是"独裁官，也是人和财产的绝对主人"：是他们造就了蓬巴杜夫人，为年轻的阿鲁埃出谋划策做投资的也是他们。伏尔泰报之以《司法颂》，从而激起了社会舆论对"包税人的圣巴托洛缪日"①的广泛关注。伏尔泰置身于经济体制的中心，在这个纵深的王国，税收力量和金融力量都在那个中心汇聚，然后再通过国家的支出、"不生产阶层"的活动和各种投机行为在那里进行重新分配。伏尔泰真诚地颂扬给他带来了财富的贸易，但是他的颂扬受制于他的社会根源——我们没有忘记，他刚刚遭遇了罗昂骑士家奴的棍棒，又因为相信才华可以抹平社会距离、天赋应该等同于血统而蹲了一段时间的监狱；同样，也受制于他的观察意识。最后，《书简》顺理成章地暗示了一系列与自由有关的要求，不仅要求商业自由，同样也要求个人自由。它还阐明了造成两个经济空间、社会空间、文化空间相互对立和联系的关键所在。然而，正是这两个空间引导着法国18世纪的社会属性，并由此形成了两大思想和行为阵营：其中一方认为"法国可以自给自足"，持这种观点的人包括沃邦和各地总督；另一方则更敏锐地看到了各领地之间的相互影响，认识到流通和变革具有同等的必要性。商业王国（royaume marchand）和农业王国（royaume agricole）之间的对立面逐步形成，因为它们是与特定的社会结构和心智结构相对应的。②然而，与此同时，自从领土国家形成以来，自从王国的行政机构开始为国家的税收力量而苦恼或者为如何监管沿海商业城市的财富而困惑的那一天起，两个社会之间的交锋和冲突就在日益扩大。对商品和人员的流通实施监督及其经济和政治意义构成了冲突的焦点。

　　伏尔泰和孟德斯鸠都用一种新的目光发现了英国，因为他们本身都与沿海商业城市有联系。他们还从这一发现中得出了类似的教益：透

---

①　法国宗教战争中，天主教徒从1572年8月24日开始对新教徒雨格诺派实施一系列恐怖暴行，一连持续了几个月。历史上把这一天称为圣巴托洛缪日或圣巴托洛缪大屠杀（Massacre de la Saint-Barthélemy）。——译者注

②　Fox（E. W.），*L'Autre France...*, *op. cit.*

过经济体制,人们可以看见君主制国家最深刻的本质,并且理解是什么将君主制国家与特权以及贵族联系在一起。但是,他们的结论却不同:孟德斯鸠尊重王国的隐性结构以及各种中间团体;相比之下,伏尔泰的政治自由主义和社会自由主义走得更远。从社会现实到观点的论战,焦点问题始终是商业的地位以及人和习俗在同时面对两个空间时的归属方式。

商业的飞跃:变化的结构

商业的迅速发展激活了法国的港口地区,从英吉利海峡到大西洋,从大西洋到地中海。同时也激活了内地商业城市,里尔、梅斯、南锡、斯特拉斯堡、里昂已经与欧洲发达的商业资本主义活动连成一片,从北海到荷兰,直至莱茵河流域的富裕地区和意大利北部。在法国的中心地区,巴黎作为王国的金融之都和银行之都扮演着必不可少的角色,但是最终没有得到认同。在布罗代尔看来,巴黎并没有成为"世界经济"的大都会,它没能像从前的威尼斯和热那亚,以及 18 世纪的阿姆斯特丹和伦敦那样,成为以空间移动和经济发展的活动模式为特征的首都城市。巴黎被排除在这场盛会之外,这个结论需要通过一部真正的巴黎经济史来验证,但是眼下我们有必要回顾一下,从约翰·劳的货币体系到旧制度衰微时期卡洛纳的各种决策,巴黎经常性的经济动荡对整个王国,对它的港口、商人造成了多么大的骚动。在巴黎,在法国商业委员会,在金融家的会客厅,在信奉新教和天主教的银行家公馆,在商业官吏的办公室,以及在圣丹尼大街那些著名的服饰用品商和维克多广场的大批发商那里,经常上演诸如决定法国的贸易命运、信贷问题谈判、确定借贷的外交策略等历史性的一幕。在所有这些场合,作为引领者的商业经济都与农业经济形成交锋。

虽说巴黎的介入意味着开始打破封闭,准许某些农业地区的专门化,例如普罗旺斯地区葡萄种植的多样化,畜牧业地区可以放弃谷物种植,以后转为有计划地购入粮食。然而,当代人感觉到,存在于法国传统纵深的内陆地区与沿海地区及流通干线经过地区之间的主要对立面仍然没有改变。因此,1770 年加利亚尼神甫在他的《小麦贸易对话录》中,借用了一位非常巴黎化的意大利人的眼睛来看待这个王国,因为他或许比法国人自己更了解法国:"法国的财富都集中在边境地区,所有富裕的大城市也在它的周边地区,内地则是可怕的贫瘠。"

商业流通　　商业文化

　　商业的兴起已经通过人们在公路方面的种种努力得到了印证。事实上,人们的这些努力已经为国内经济空间更加畅通的毛细现象提供了保障,或者说为个人的脱颖而出提供了可能。商业的兴起同样也受益于运河的规划与河道的维护,只是由于缺乏有效的统计数据,我们难以对国内流通量和对外进出口流通量做出估算。这两个市场是一个有机的整体,无论涉及的是产品还是人,我们都无法将两者分开。大城市的加工工业为小麦的运输提供了货源;安德列斯群岛的糖和其他食品,以及东方和印度的产品已经开始抵达法国的内地城市,并且通过集市和市场使乡下人变得文雅了。商业的法则已经进入了日常生活的结构之中。远途货运代理人同样也不会对国内贸易无动于衷,那是他们所属的行业。在马赛、波尔多、南特以及在鲁昂-勒哈弗尔地区,货运代理们已经将目光投向了海洋,同时并不忽略内陆地区的商品再分配。里昂的商人则忙于拓展国外市场,或面向陆地,或面向海洋;与此同时,他们还要腾出手来招揽附近内地市场的生意,甚至把买卖做到国内市场最远的地方。[1] 商业

① Léon (P.), *Economies et Sociétés pré-industrielles*; t. II: *1650 – 1780*, *Les origines d'une accélération de l'Histoire*, Paris, 1970.

网相互渗透,相互交错;贸易区域的扩张或收缩则随着产品、企业以及整体或局部的经济环境而变化。这一点与乡村文化有着根本性的差别。商人以及由于相互关联而依附于他们的其他人,往往置身于多种多样的地理和文化现实中。他们的空间,他们的关系,只能通过他们日益增加的活动来理解。而在这些活动中,对利润的考虑以及成本和盈利的法则始终支配着一切。

零售商(marchand)和批发商(négociant)都是重要的术语,因为自17世纪末以来,术语学开始将同一个职务分化出不同的角色。共同之处在于他们都是"实践者",都是从事实践而不是从事理论研究的人。但是他们的行动领域混合了各种各样的实在性,他们的现实世界没有稳定而持久的特性,与农民的生活以及没有多少投机成分的农村劳动的具体性不同。波尔多大批发商的仓库里集中了"全世界的产品",散发出糖和桂皮的味道,还塞满了人们常用的各种宝物——纺织品、加工产品、当地农产品。那是一个弥散着各种气息,融合了各种联系,令旁人痴迷的所在。商人的活动介入于各种各样的世界,仓库就是这些世界的一个感性缩影。与此同时,批发商和商贩又生活在一个理性、形式化、抽象的复杂世界里。通过以各种方式使用货币(自由流通则是所有方式的必要条件),他们被纳入了一个全球性的流通网。在那里真正的动力就是产生利润:实现资产盈余,而不是进行再生产;再投资求发展,而不是维持现状。此外,交易的进行常常基于商业关系和订货单,这就需要进行培训、掌握专门知识、接受特别的教育。做买卖少不了与"独立商人"建立各种现实的或抽象的往来,因此,善于折中和谈判的素质显得特别重要,善于观察、善于对周围的信息进行思考分析也同样重要。

在商业城市的社会最上层,商人究竟与领土王国和行政王国的代理者们,以及与王国的等级体系和价值准则有过何种程度的竞争,我们一直在思考这个问题。当魁奈呼喊"商人在自己的祖国是局外人"时，他实际上强调了两者之间的这种不可调和的关系。但是他同时也忘记了，长期以来沿海商业城市的利益一直与君主之城的利益混合在一起。国王以及国家的需求为商人们随着时间膨胀起来的多余利润提供了唯一的出路。通过借贷渠道，通过各地的事务所网点，商人成了国家的债主，因而越来越关注国家的金融状况和税收状况。从商之人所在的世界既有特权又有自由，他们需要自主，同时又需要保护。

　　文化的相互渗透可以通过两个例证清楚地反映出来。其一是个人的命运，确切地说是从盖亚克来波尔多做生意的商人贝诺瓦·拉孔波的命运；①另一个则是群体的发展轨迹，或者说里尔商界的发展轨迹。②

　　像许多人一样，贝诺瓦·拉孔波怀着他的发财梦从家乡山区来到沿海城市，当然，波尔多的发展现实也确实具有吸引力。他是盖亚克人，盖亚克是法国西南部众多的大市场（ville-marché）之一，他的家族在那里慢慢向支配者阶层迈进：祖父是个箍桶匠，后来改行经商；父亲先是箍桶行的老板、商贩、批发商、商事裁判官，后来做了国王的秘书，几乎已经挨着贵族的门槛了。头衔的改变表明了家族地位的上升和价值准则的相互倾轧：利润是一切的原动力。家族耐心地聚集着地产，那是价值和身份的保障，而各种公职则是象征价值的卓越体现。贝诺瓦·拉孔波特别离不开他那个不太正统的家族，因为他们混合了所有的关系网：商业和地产网（具体为小块葡萄园和麦田），用箍桶行的利润和农业利润建立的专门针对个人借贷体系的信贷网，他们还以债权和直接分担城市和国

① Cornette (J.), *Un révolutionnaire ordinaire*, *Benoît Lacombe*, *négociant*, *1759－1819*, Paris, 1986.

② Hirsch (J.-P.), *Les Deux Rêves du commerce...*, *op. cit.*

家开支的方式建立了在公共机构所辖领域的通行网。商贩的儿子于是变成了商事裁判官、批发商以及法院书记官中的一位土地转租者。所有的领域相互沟通：金钱、土地、贸易、权力、学到的知识、国家行政部门以及"最昂贵的荣誉"。① 通过一代又一代的努力，家族兼备了产业和地位。轮到贝诺瓦·拉孔波来跨越最后一步的理想了，然而他却失败了。到法国大革命前，最后一个理想一直没有能实现。

先来看看他在波尔多的主要经历。最明显的是扩大了眼界。他从一个小城市来到这个著名的港口城市，进入了具有世界规模的城市网，从大西洋到波罗的海。平常的日子和熟悉的市场带给他的确定性不复存在，取而代之的是国际交流的不确定性和商业领域捕捉机会的艰难。贝诺瓦·拉孔波的来往信件让我们看到，要通过大大小小的各种交易实现利润并不容易，这经常给他带来压力。除了基本的生意、企业的声誉和利润之外，经济上的连贯性还取决于把握关系的分寸和默契的程度。商人及其家族要算计的并不只是交易的物品本身，然而只有这些物品能够让他们心存成功的期望。对于 1780 年代的国家，贝诺瓦·拉孔波希望它少一点纠缠，少一点管制。他梦想一种自由透明的贸易，国家尽可能少介入；但是在需要时，他期待得到有效的保护。当反抗的呼声在各个岛屿响起，当独占贸易原则（principe de l'exclusif）②受到了威胁，批发商们开始抱怨；作为保护者的国家此时担当了仲裁者的角色。看来，自由贸易与贸易保护主义在个人的行动中并不矛盾，一切仅在于尺度问题和操控市场的能力问题。③ 国家的衰微只会不利于这个群体的利益。1788—1789 年的危机把贝诺瓦·拉

---

① Cornette（J.），*Un révolutionnaire ordinaire…*，*op. cit.*，p. 88.
② 适用于法国及其殖民地之间的贸易原则。根据这个原则，殖民地的产品只能出口给宗主国，殖民地的一切进口必须来自宗主国，或者由宗主国的货轮装运。——译者注
③ Cornette（J.），*Un révolutionnaire ordinaire…*，*op. cit.*，pp. 141 – 147.

孔波推到了内地王国的沙滩上①——他又回到了盖亚克，那是"才子的坟墓"。

从个人的命运到群体的历史，从阿基坦到弗兰德，"两种贸易梦想"面对同样的现实形成了对峙。在里尔也像其他地方一样，行会奠定了经济秩序的基础，但是它们在特权、垄断、管制面前常常相互倾轧。这就是资本主义的自主权体系。里尔的批发商控制着整个交易及其增长，他们的做法是在城市和乡村的所有业务中让各行业和行会管事们自由经营，业务的完成依靠手工艺人和工场主们的努力，其中工场主通常担当师傅，已经出师但仍然留在工场里的徒弟则在师傅的管理下工作，不过师傅们当中不乏多角经营者。因而在捻线工行业，我们就可以区分出两类人：一类人支配着行会的管事，确保贸易区内所有商家的销售和供应，有时候甚至把贸易区扩大到边境以外的市场；另一类人包括大多数师傅，他们的产品销售依靠前者，但是他们的主要供应却来自市场上那些从乡下来的纱厂经营者。这个"群体"保持着自己的一体性：产业在自己的内部发展，这样不会给群体带来任何的不利；从大城市机构里来的人，比如商会的顾问或市政府的行政长官，负责督促这边的市场。"贸易的总体秩序表现为各种秩序的相互渗透，并且共同作用于所有可能具有同样身份的人。"②

此外，在贸易垄断到来之前我们发现了一系列的问题，这些问题都是旧制度在临终危机时的基本问题。最突出的是贸易群体作用的衰退。即使这些群体在巴黎、瓦朗谢纳、图卢兹、卡昂等地临近收场，依靠聘用师傅的子女继续推销业务；即使王国费率制定者的贪婪造成了资金困

①　巴黎的沙滩广场历史上是行刑的地方，此处暗喻贝诺瓦·拉孔波职业生涯的终结。——译者注

②　Hirsch（J.-P.），*Les Deux Rêves du commerce…*, *op. cit.*

难,使行会管事们的处境变得不再稳定,但是这并不意味着我们可以认为这样一场全面危机的起因在于自由经营。这些特征并不能概括全部的社会关系,劳动立法绝不是一道旧时的门闩,它不会是"人们在谈起它可能给工业社会造成阻滞时所推测的"那种障碍。这是因为,一方面,各种规章在商业资本主义的进步力量面前很容易退却;另一方面,行会制度显然不像人们想象的那么严格,但却能够同化大多数类似的情况,从员工到老板,从无产者到资产者,其能力超出人们的想象。在卡昂,每当实际生产力对经济形势构成压力,行会总是后退;与资本所代表的力量相比,行会所代表的经济力量一直显得很微弱。而在里尔,贸易群体在利润世界里却完全顺风顺水。危机属于未来的事情。

　　行会还能够比较好地处理"质量问题"。作坊里没有秘密,但是行会理事和办事员常来检验产品是否与目录上的规格相符。在巴黎,警长甚至也被叫来帮忙。这类监督特别注重买主对后续质量问题的信任,也重视计量标准,因而不一定会陷于例行公事,其他监督手段的选择可能会根据顾客的要求而变化。这两种姿态可以在保证产品质量的原则下,根据向客户提供更多选购附件的原则,使生产选择权和商品流量得到保障。

　　手工工场监察局(Inspection des manufactures)是君主制国家专门对工场进行管理和监督的部门。即便在这个部门的内部也能够发现同样的冲突,应该说这是一件很有趣的事情。① 这个典型的重商主义部门笼罩着一种反规则的情绪;与此同时,产业的捍卫者们却要维护规则和特权,保护巡察处和商标处,也就是说,他们要维护对行会的工作和原始手工业作坊的生产进行监督的一整套规范和干预机制。显然,争论的焦点

---

① Minard (Ph.), *Les Inspecteurs des manufactures et les politiques industrielles de la Monarchie française*, mémoire de DEA, Paris I, 1986.

在于理解国家与经济的关系,理解使法国走出闭塞的可能性以及它的工业经济对革新的态度。自 17 世纪末以来,督察官群体建立了监督政策,一部分生产者像里尔的批发商一样,期望通过政策得到安全保障。一方面,督察官在工场里出现可以证明这里的产品符合规格;另一方面,他们向王权提供生产发展变化的情况。在"工业家"与权力机关之间,他们的角色是顾问和负责发展生产的官员。手工工场督察官置身于经济活动的中心,他们有 50 多人,无论在话语上还是在行动上都可以把他们分为两类:一类人闹哄哄地为失去了严格的管理规章而惋惜;另一类人则欢呼自由,他们梦想一种利于发展的自由,罗兰就是这样的人,他先在里昂附近索恩河畔的自由城,后来又在亚眠担任督察官。经济政策的不确定性日益严峻,这种情况一直持续到杜尔哥时期的各种改革尝试。1775 年以后,几乎所有的规章都中止了,经济部长的辞职使这个政府部门饱受冲击。

内克尔发起了一项调查,揭示了重建秩序的愿望与现实的不可能性在群体中造成的深深不满。自由的观点,作为这个经济阶层的一部分人所希望的政治,也是一部分经济学家所宣扬的政治,已经上升到了国家的最高阶层。而手工工场监察局,由于它更有利于规章制度的重建,则以倒退的姿态进入"中间系统"。督察官们的文化建立在两个原则上:只有提供好的产品才能够谈销售,必须拿出好的质量才能有销路;要想多盈利,就要通过技巧来迷惑消费者。只是这样一来就把未来的销路,尤其是出口的销路抵押了出去。政府部门应该争取"整体利益"的成功,这是任何自发性的市场法则无法保证的。作为农民王国和商业王国的调节者和仲裁者,君主制国家应该忠实于自己的角色。王权不准备听从绝对自由主义捍卫者们的呼声。克里科·德·布雷尔瓦西就是这样的绝对自由主义者,他认为消费者的评价就是唯一的规则,是"必须顺从的洪流",多样化的销售才是唯一有价值的监测标准。

　　"中间系统"努力维持两个端点之间行将扯断的连接。他们对纺织品进行检查,根据它们是否符合规格来对产品进行区分,然后让这些产品进入两个不同的流通渠道。检查的过程其实是折中互让的过程,而要做到这一点,在一定程度上取决于监察局的行为转变。在1780年代,监察局的指令更侧重于提出建议而不是进行监督,给予更多的说服而不是对经济实行统治,给予更多的激励而不是压制。监察局的态度反映了大革命前夜法国制造业经济和贸易经济的现状。显然,我们不应该将行会和各种管理规章完全混同在一起,因为出于保护市场的需要,人们可能对各种管理制度进行一些调整,正如根据各地经济情况的不同,行会可能被容忍或者被拒绝一样。

　　我们处于这场社会论战的中心,因为只要触动这个体制的一个成分,就有可能导致对整个体制进行质疑。同时,我们还置身于经济关系最原始状态的核心,正如先进的经济实例所表现的那样。行会群体和规章管理的作用并不止于进行监督,他们还构建了一种团结互助、相互信赖、充满信心的空间氛围,从而彰显了家族领域和婚姻策略的价值。此外,他们还促进了财富和技能的联合,进而形成一种繁荣的共同体和共同面对困难的保障。事实上,由此建构起来的关系远远超出了家产的范畴,亲属关系和各种关系网构成了人与人之间一个相互关联的星座,它将里尔、波尔多、马赛以及其他地方的"批发商"集合在共同的光芒下。他们可以在这个星座里获取信息、资源、支持、声誉、通道。正如希尔施所说,"全身心投入于市场还不够,成功取决于交往的资质,精于盘算也同样重要"。在这个领域内,国家的干预发挥了特别的作用,它使法国的变革不同于英国。①

　　在英吉利海峡的那一边,农业资本和商业资本的积累同时进行。这一过程促使经济朝着贸易至上的方向演变,实现了劳动分工,形成了资

---

① Lüthy (H.), *La Banque protestante en France…*, *op. cit.*

本、借贷、工资不断流通的第一大市场。在法国，社会结构演变缓慢，它深深地扎根于土地，拒绝根本性的变革，各种法令、采地转让、惯例和开垦方式相互交错并支配着一切。这种社会结构使整个经济更多地取决于土地所得的等级化分布，而不是取决于劳动分工和流通。因此，商业经济只形成了一种以富余农产品为对象的无关紧要的流通渠道。在18世纪末，四分之三的法国贸易是由本地产品的境内交易构成的，其中大多数是农产品和纺织品。自路易十四以来，通过行政手段的激励和监督，海洋工业得到了一些边缘性的发展。国家出于需要（如军队、航海、国家的威严）不断地颁布一些局部的经济法令。柯尔贝尔主义以及后来的法国政府创办和维持垄断企业，他们经营像东印度公司（Compagnie des Indes）那样的贸易公司，借以领导和保护生产，使之或多或少地避免竞争。这样的行政激励怎能不扭曲经济的发展？

观念之争，社会辩论：重商主义、重农主义、自由主义

即使我们在经济学家的队列里可以见到几个理论家，然而在批发商和工场主中间并非总有这样的机会。我们统计了1700年至1789年间处于同一阶层的大约1 800名作者，其中工场主（43）、商人（64）、自耕农（51）的人数明显低于行政官员、军人、学者和教士。也就是说，与总体上具备国家和教会所需要的才华和服务技能的人们相比，他们的人数要少得多。人物传记分析让我们看到等级分布的准则是多么脆弱，扎根于不同关系体系的复杂根基又是多么牢固。蒙多杜安·德拉图什就是这样，他是南特最大的船东之一，还是科学院的通讯院士，同时也是政府资助的雷恩农贸艺术公司①的创始人，他的事业使他的足迹遍布所有的领

---

① Société d'agriculture, de commerce et des arts de Rennes，雷恩是法国布列塔尼大区首府，伊尔-维兰省省会。——译者注

域。而像约翰·劳、坎特龙、尼古拉·巴雷姆,尤其是像约瑟夫·帕里斯·迪韦奈那样的金钱操纵者或投机商,他们进入公众视线更多的是因为他们的行动,而不是因为他们的文笔。因此,无论是在写作圈子还是在政治领域,他们只能闪现一种探索者的风范。相反,对于那些当权的金融家,或者能够畅饮各类经济源泉的包税人(fermier général),比如说安德烈·马里·杜潘、爱尔维修、拉瓦锡,我们又应该如何摆放他们的位置?在这些人中间,发财来自税收利润,同样也来自土地收益和投机,当然还要加上活跃地出入于上流社会的社交活动,因为那样可以出名。至于达西埃、休伯特、莫兰维尔等实业家、商人、工场主,他们也可以参加经济学范畴的思考,他们的话语离不开他们**严格意义上的**(stricto sensu)职业经历,同样也离不开他们在个人生活和职业生涯中积累起来的相互交织的各种关系、交往以及各种各样的学习机会。

如果说等级体系并没有占据什么重要地位,那是因为对于他们来说:一方面,行动或实业应该放在教条之前,尽管他们遵从这个教义,并因此而得以合法化。另一方面,一个社会群体的主张当然不能一直握在自己的手里,而应该通过活动媒介传输出去,比如通过法学家、文人才子、行政官员。这些人与各种不同的圈子走得很近,并且具有一定的煽动作用;更何况在这些圈子里,人们可以借助一段媒介化的经历,设计出各种各样的理论。上述看法提请在创立理论时应该保持慎重,尤其是那种可以立即使用的社会学理论,因为人们很容易拿来解释某些思想杂货铺的结构,虽然其中填充了一些基于实践的看法。政治可以影响贸易和企业,经济也同样具有支配作用。① 任何一种世界观,若要调和这些差异,并且明确地解析资产阶级的意识和贵族的不平等思想之间的对立

---

① There (C.), *Étude sociale des auteurs économistes*, *1561－1789*, thèse, Paris I, 1990, 4 vol.

面,都不应该简单地参照游戏参与者的社会地位来组建这个经济思想场域。我们需要理解的是如何进入"原则性用语"(langue des principes),而且通过什么样的程序和决裂才能够促使这些思想的转变。"在这一方面,文本只是人们根据自己感受到的现实草拟的初步总结。"①

无论在现实中还是在理论上,重商主义、重农主义和自由主义都构成对立,正如它们在现代人的思想意识里彼此交锋。人们对长期以来一直无可争议的主流社会姿态渐渐地滋生了一种反抗,这是一个缓慢的过程,其中 18 世纪中期展开的一场论战使各地的沙龙和科学院产生了分歧。透过纷繁复杂的各种圈子,我们可以分辨出各种流派的不同代表。包税事务所(Ferme générale)将狄德罗的大个子朋友霍尔巴赫男爵、埃皮奈夫人、若弗兰夫人联合在一起,他们批判以卡利亚尼和孔多塞、莫尔奈和雷纳尔、杜尔哥和夏斯特吕侯爵为代表的百科全书派。更具经济色彩的三个沙龙则分别接待各自的圈子:拉罗什富科-利昂库尔公爵夫人的沙龙迎来送往的是(重农主义)"学派"的精英魁奈、博多神甫、米拉波侯爵、贝尔丹、杜邦·德·内穆尔,以及后来的杜尔哥和孔多塞;布隆代尔夫人的沙龙更具金融色彩,她是财政区会计官的女儿,姐姐嫁给了包税人,儿子是贸易监督官,丈夫是外交官;昂吉维利埃公爵夫人是包税人的女儿,她的沙龙可以说是法国科学院经济学家们的候见厅。

各学派纷纷争抢名人笔墨的支持和记者群体的反响,新闻的迅速发展使记者的数量得以增加,每个群体都有自己的书商和在外省的据点。通过外省的这些中继站,经济学读者群建立起来,人数远远超过了巴黎的读者。以《农业日报》为例,267 名作者和通讯员犹如一面镜子,反映了这种超常规的社会传播及其对巴黎的促进作用:35% 是外省人,三分

---

① Perrot (J.-C.), *Une histoire intellectuelle...*, *op. cit.*, pp. 59‑60.

之二的人居住在法国北部和东部发达地区或者商业城市,四分之一的人
属于思想界;食利者和企业主则很少见,但是特权阶层人数众多(占总人
数的三分之一),平民阶层主要是法官、公务人员、医生、科学家和文人才
子。我们看到,这个星座里没有命令、阶级也没有职业活动,但却在各个
省会通过文学共和国(République des lettres)团体招募了大量的新
兵。① 这份证明材料有利于明确需要解决的两个方面的问题:批发商的
日常活动和思辨与社会的整体文化实践之间究竟存在多大的距离? 是
否存在一种商业文化认同(identité culturelle)?

　　关于重农主义、重商主义和自由主义,与其说他们持续的时间、组织
方式、即时反响方面的相互对比在彼此之间构成了什么实质性的分别,
还不如说划分了论战空间的边界。启蒙运动时期的重商主义背后存在
着一段历史渊源,那是与 16 世纪以来的社会大动荡所带来的经济现实
不断地进行冲突而形成的一种深厚的传统和思想,也是现代经济学诞生
之初最早的经济学家们的思想。与任何一种知识形态一样,这种思想也
发生了变化。文艺复兴早期的重金主义作者(在他们看来,金和银、贵重
金属及其不可分割的经济价值和象征价值,构成了财富的唯一形态)与
英国政治算术家的算法之间,有着太多的不同和相似。18 世纪初的法
国作家都读过英国政治算术家们的作品,如威廉·配第②或者塔克的著
作:"(要说)金钱就是财富,那是一种谬误,产业才是实在的财富,金钱
只是使产业在人们手中传递的一种简易而迅速的方式。"重商主义的思
想从来都没有达到作为一种学派的规范性,虽然这种思想大量地集结在
英国式重商主义经济学家的著述里,字里行间表达的是促进贵重金属进

---

① Id.,"Le livre d'économie politique", in Martin (H. - J.) et Chartier (R.), Histoire de
　l'édition française, op. cit., Paris, 1984, t. II, pp. 306 - 309.
② William Petty(1623—1687),英国古典政治经济学创始人,统计学家。——译者注

口的愿望，讨论的是海关边界的作用。总之，那是一种谨慎的保护主义。人员和产品在空间上的集中能够带来财富和力量，这一确定性加深了英国重商主义与自由主义之间的对立。此外，重商主义作家在社会空间和地域空间上的离散性，再加上国家的影响，致使重商主义更像是全凭经验打造出来的一个竞争性实践团队（这是 17 世纪以来人们争议的话题），而不是一个综合性的学派。在法国，这种情况一直延续到 18 世纪。关于这一点，《航海条例》以及柯尔贝尔的立法行动和经济行动可以当作这种经验性实践的参考书，[①]当然，他的行动都离不开行政行为的帮助。重商主义则尤其因为对立面的存在而存在。

重农主义很快就具备了自成一派的样子，甚至发展成了"学派"。因为在起源阶段之后，也就是说，经过了从沃邦到布瓦吉尔贝尔时期，人们对自由、增长、土地资源的要求几乎在各地盛行的那个阶段之后，重新聚集在魁奈博士身边的人们都有重整学派的想法。魁奈是《百科全书》的合作者和《经济表》的作者（1758），同时他还受到蓬巴杜夫人的保护。在这样的情况下，学派将自己的理论抱负从财产流转扩大到了税收理论，金融危机正好为这一过渡提供了契机。就这样这个学派最终发展成了一种"乡村哲学"。理论与其公众效应同步发展，不排除中间有一两个丑闻调动了公众的兴趣，比如说米拉波因为与包税事务所发生冲突而入狱。通过贝尔丹、特吕代纳，以及一部分由于受到迷惑而要向重农主义博士们进行咨询的总督们的活动，重农主义理论在政府的经济部门赢得了威信和共鸣。

十几年之后，重农主义才真正发展成为一个学派。它拥有自己的信息工具：杜邦主持的《贸易新闻》《农业日报》《贸易和金融》，还有博多神甫领导的《国民大事记》。通过他们的活动以及著作的出版，政治范

---

① Heckscher (E.F.), *Mercantilism*, Londres, 1935, 2e éd., 1955, 2 vol.

畴的新思想得以传播。这一类的著作包括魁奈的《中国的专制主义》、梅尔西埃·德拉里维埃尔[①]的《政治社会必要的自然法则》，以及杜邦的《关于政府基本构成的思考》。那时候，到处都有人寻求他们的势力，因为政府部门有他们的人在掌权，其中包括杜尔哥——关于这个人物，大家的看法不太一致。重农学派为法国的农学思想注入了生命力，但与此同时，他们对"不生产阶级"的攻击，以及一部分公众舆论转向了奢侈品问题的争论，再加上百科全书派的模棱两可和自由主义尝试的失败，这一切迫使重农学派败下阵来，转入防御。我们必须强调一点，如果说重商主义的特征在于他们观点与实践的多面性，那么重农主义的特别之处则在于他们将自然法则作为一种绝对的、通用的、不可动摇的法则，并在此基础上以科学的方式建立一种学说的意志。只有同时从社会和知识的角度来解读他们之间的争论，我们才有可能在同一些人物——比如说贝尔丹和杜尔哥——身上发现相互矛盾的价值准则之间互相协调的方式。[②] 这就意味着必须从老生常谈向"知识考古"过渡。[③]

可以说，自由主义者也在进步，只是秩序更乱了。1776 年，亚当·斯密的宏伟巨著很快在法国被翻译成为《国民财富的性质和原因的研究》。[④] 如果自由主义者当时接受了这份理论支持，就应该早有表现。相比之下，重商主义者无所在，也无所不在；而自由主义者则在确切的场

---

① Mercier de la Rivière（1719—1792），即皮埃尔-保尔·勒梅尔西埃（Pierre-Paul Lemercier de La Rivière），法国重农主义经济学家。——译者注

② Weulersse（G.），*Le Mouvement physiocratique en France de 1756 à 1770*，Paris，1910，2 vol.；*La Physiocratie à la fin du règne de Louis XV*，*1770 - 1774*，Paris，1959. *La Physiocratie sous les ministères de Turgot et de Necker*，*1774 - 1781*，Paris，1950. *La Physiocratie à l'aube de la Révolution*，*1781 - 1792*，Paris，1985.

③ Foucault（M.），*L'Archéologie du savoir*，Paris，1969.

④ *Recherches sur la nature et les causes de la richesse des nations*，又译《国富论》。——译者注

合出现,目的在于使重商主义者的理论基础及其社会政治原则和经济原则受到批判。在那个危机的年代,对手们的政治经济领域是自由主义者们旁征博引的源泉,沃邦、布瓦吉尔贝尔、费奈隆等经常成为他们批判的脚注。他们还维持着与某些几乎一上任就遭遇了税收和货币体制改革的当权者的往来:西卢埃特是财政总监;莫尔帕伯爵担任过航海部长,他还是贸易委员会这一重要机构的成员,以及古尔奈的保护者之一;阿尔让松侯爵担任外事国务秘书。自由主义者的原则通过两个人物得以体现:一个是雅克·克劳德·樊尚·德·古尔奈,另一个是弗朗索瓦·维隆·德·福尔波奈。①

古尔奈是批发商,出生于圣马洛的一个船商家族,家境富裕并被封为贵族。因此,他处于资本主义极点的核心位置,这个极点的演变正好揭示了社会经济发展所面临的紧张关系。17 世纪繁荣昌盛的商业中心之所以衰退,其主要原因在于商业精英在 18 世纪出现了内破裂(implosion),具体表现为批发商人数骤减(1710 年 150 人、1740 年 50人),从而迅速摧毁了它的活力。圣马洛人的企业精神从此表现为向王国的大市场、海岛和加迪斯迁移,并伴随着一种贸易输出——将最优秀、最富裕的商人推向了穿袍者②、军人、金融家、**有闲者**③的行列。社会地位的提高进一步分解了发展的逻辑和社会成功的逻辑。古尔奈出生于1712 年,1730 年去了加迪斯,那一年正是家乡圣马洛故态复萌的时候。回到法国以后,他"在政府部门……捞了个肥差",成为莫尔帕的主要情报员之一,但是一只脚仍然留在商圈里。1751 年,他谋得了贸易监督官的职务,成为贸易监督局富于活力的组织者之一,直至 1758 年退休。他

① Meyssonnier (S.), *La Balance et l'Horloge. La genèse de la pensée libérale en France au XVIIIᵉ siècle*, Paris, 1989.
② 指教士。——译者注
③ 指一些知识分子。——译者注

还是一位著名的外汇交易专家和大宗贸易市场的关键人物。同时,作为一位非常活跃的高官,他行为守法,但是也不得不在特权和垄断方面做一些筹谋。基于这样的经历,他开创了国内人口、就业和贸易增长之分析,对那个"任其自流,听之任之"的领域进行了研究。当然,这份研究也力图通过沙龙和科学院来说服政府部门和科学领域。因此,在亚眠科学院,我们可以见到这个活动团体的主要人物夸耶神甫、杜阿美尔·迪蒙梭、比特尔·杜蒙、孟德斯鸠之子、批发商蒙多杜安、大商人克里科·德·布雷尔瓦西、卡尔里埃神甫、莫尔奈神甫。知识精英的光芒在这里聚集、闪耀,他们都是已经融入了各地学术团体或者与巴黎或外省的行政机构有联系的人,比如庇卡底大区的总督。这个活动团体的第二位人物维隆·德·福尔波奈自然也在其中。

　　古尔奈的手稿一直没有出版,但却有助于我们了解这位既信仰自由又信奉调节的经济学家的假说。梅索尼埃做了有关的分析,[1]能够帮助我们更好地认识这一点。维隆·德·福尔波奈的著述包括1754—1767年他在《百科全书》上发表的文章(《贸易》《外汇交易》《走私》等),1754年的《贸易的基本原理》,各种随笔和评论(关于法国以东国家的商业、关于油画帆布、关于商业贵族),以及1767年的《经济原理和经济观察》。这一切构成了平均主义的经济自由主义(libéralisme égalitaire)的完整形态,同时也加快了重商主义原理的传播。

　　福尔波奈(1722—1800)也是批发商,他还是勒芒一家工场主家族的创始人,他本人出生于富裕的呢绒制造商家庭。他在勒芒一位做船东的叔叔那里工作了25年,然后被派往意大利、西班牙、法国等地的分公司。他与古尔奈所处的环境相同。然而,与著名的重农主义者相比,他们的

---

[1]　Meyssonnier (S.), *La Balance et l'Horloge. La genèse de la pensée libérale en France au XVIIIᵉ siècle*, Paris, 1989, pp. 181-209.

空间又是多么的不一样。他不像魁奈那样既是医生又与宫廷有联系，也不像米拉波那样是个"从出身到性格都带有封建气息的"①地产主，而且还想阻止平民购买采邑；甚至都不像杜邦，这位钟表匠的儿子刚接受了米拉波和魁奈的调教就投身于当时象征着才华的职业，当上了大人物的秘书。作为西班牙和英国经济学著作的翻译者以及商业领域的实践者，福尔波奈一下就深入于启蒙运动的系列问题之中：如何理解人类社会的机能并促进社会秩序的建立而又不违背事物的自然进程？鉴于和古尔奈的密切关系，福尔波奈于 1775 年进入政府财政部门，1756 年当上了铸币总监，并一直服务于国家。

零零散散的行政活动，左冲右突地面对竞争所扭曲的现实，抨击那些理性地追随任其自流原则的人们所采取的极端化立场；除此之外，这个团体的活动毫无统一性可言。古尔奈和福尔波奈都取得了社会活动家的杰出地位，完成了从一个沟通社会联系的批发商到政府部门的管理者这一身份上的转变。作为大宗贸易中的有见识者，他们在制度的框架内制定和传播自己的纲领，因此，他们成为统治者与研究者之间、思想者与劳动者之间的调解人。马肖发起的第 20 次税制改革以失败告终，因为法国议会和圣职者愚弄了公众舆论，致使政府的行政措施又一次在特权面前败北。随后，《论人类不平等的起源和基础》迫使自由主义者重新思考在经济和政治范畴提出伦理道德的问题。与此同时，重农主义者和任其自流的信奉者们努力用道义来取代科学和实利的价值准则。围绕着这样的前提，在 1755 年前后真正的转折点出现了。通过"商业贵族"或者"油画帆布"之类问题的争论，人们的立场变得更加坚定，从1760 年至 1780 年几乎不再有什么变化。后来，知识与社会热点问题的冲突又以各种形式重新表现出来，其中包括从杜尔哥向卡洛纳过渡的各

---

① Weulersse（G.），*Le Mouvement physiocratique…*，*op. cit.*，t. I，p. 53.

种改革企图和实用主义尝试。

就连续性而言,重商主义的中央集权论始终存在一个古老的信念。国家的富强和个人的富足就是社会机构存在的理由;实现"强大的经济"是他们的最终目标——那是通过君主及其财富的斡旋,由家庭经济扩大到整个王国规模的一种经济。这是一种同时包括了政治思想和经济思想的完整观点,它向商业王国推行的是那个纵深的王国的全部价值准则及其监督体系。至于平均主义的经济自由主义者,他们为商业范畴的事件而辩护,为既符合国家利益又适合贸易经济增长的事业而争讼。然而,贸易经济不能完全与经济关系混合在一起,也不能与卖家与买家的贸易相混同,因为这种经济将错综复杂的联盟和家族关系网牵扯进来,还连带了个人的勃勃雄心。而个人的雄心常常把他推向利益而不顾操守。因此,那是一个竞技空间,无论对于人还是对于财富,竞技都是无极限的。亚当·斯密的著作成功地证明了商业秩序的伟大。他的著作还促使人们将"国家财富理论"与"道德情感理论"放在一起进行对比——前者以竞争为原则,后者则以同情和公正的旁观者为基础。从这个意义上来说,他的书阐明了市场法则与个人主义道义之间的互补性。在苏格兰哲学的信徒们中间,只有建构一个有利害关系的空间,才能够使无利害情感的存在成为可能,这就是自由平等者的表达式。[①]"每个人都听从自己的感觉,因为他是自由的",梅尔西埃·德拉里维埃尔早在斯密之前就说过这番话。

如何实现自由权和个人主义之间的和解以及私人利益和公共利益之间的协调,对这些问题的理解始终是严肃的事情。重农主义者将自己的原则置于两个领域之间,他们鼓励劳动和动产的发展,并以此作为他

---

① Boltanski (L.), Thevenot (L.), *De la justification*, *les économies de la grandeur*, Paris, 1991, pp. 240−252.

们的非实利价值理论。古尔奈和福尔波奈也有这样的期望，只是他们鼓励的是土地和不动产，而不是像重商主义作家们所希望的那样实现货币从家庭账户向国家账户的流转。在这方面，即使作为一种"激励性的价值"，也必须通过土地资产来进行，因为那才是唯一能够产生价值的财产。英国的贸易主义和继承了柯尔贝尔传统的法国工业主义，以同样的手段——干预和保护——达到了同样的目标。即使他们在实践中有所区分（这一点我们已经通过手工工场监察局见识过），但是他们都拥有一整套重要的保护机制，其完善程度绝不亚于人们在国家的首脑机构总能见到、在政府基础部门也经常能见到的那种。然而，这一切却是重农主义者所拒绝的。

因此，我们听到了《柯尔贝尔颂》，那是雅克·内克尔向法兰西学术院评审委员会递交的一份成功答卷。1773 年 8 月 25 日，学术院为他庄严加冕，标志着他哲学思想的顶峰。同时，对于那些反对重农主义、积极与最后一个完全置于君主政体内部的改良主义思想流派对抗的人们来说，这份加冕也是对他们的一种肯定。早在 10 年前，学术院将同样的荣誉颁发给了学院派颂歌大师安托万·雷奥纳尔·托马——他写了《苏利公爵颂》。然而，那其实是一篇乔装改扮的魁奈颂！在 1773 年，内克尔捍卫了垄断权，捍卫了东印度公司和柯尔贝尔的中央集权主义。他还猛烈抨击了地产的原始封号，因为那是君主制和重农主义的社会基础；他颂扬动产性质的财富，讴歌作为一位伟大的财政大臣所具有的影响力。其实，这就是一份候选者宣言，同时也是其纲领和政见得以同化的证明。正如格林男爵在他的《通信》①中所说，"内克尔先生以他自己之心揣摩出财政大臣的伟大之心"，于是乎，轮到这位高尚的银行家和重商主义信

---

① 全名为《文学、哲学通信与评论》（*Correspondance littéraire*，*philosophique et critique*）。——译者注

徒自己变成唯一能够博得信任的人①，就是说，唯一能够通过贸易和产业挣取钱财的人。作为农业宗师，他的手段反差巨大：或管理和控制，或开放和流通。

由于贝尔丹和拉维尔迪的先后努力，自由的尝试始于 1760 年。1764—1776 年，一系列的危机导致物价直线上升，最终从思想上摧毁了自由化。在此之前，小麦已经进入商品流通。自 1770 年起，泰雷弃绝了自由。我们可以发现，在他那个时代，"德拉马尔主义"（delamarisme）与任其自流之间的激烈冲突，因为现实的压力和反抗，展现了两个世界之间的根本对立。然而，这并不是可以将各种学说以及学说的创立者和捍卫者平均分化为若干派系的那个对立面。因为在某种意义上，一种新的共生现象逐渐出现在人们面前。在此基础上，干预主义或自由主义、重农主义或重商主义得以在某些不同时期聚集在一起。这是经济活动的世俗化所带来的共生现象，因为向公众阐明他们将基于什么样的社会价值准则去投身于全体人民的最高利益，而不需要参照神授的权力，这是全体知识分子和立法者应尽的义务。自由和保护不再仅仅意味着保护主义，还意味着作为仲裁者的国家对于自由权的保护。同样，古尔奈的任其自流并不是批发商们的放任自流。经济自由主义，如同已经谈到的重商主义，都是一种折中主义。无论对于经济自由主义或是重商主义，我们解读这个社会问题的基点已经改变了方向。如果说在 1750 年至 1770 年间经济自由主义的呼声无法抵挡作为主导者的重农主义，那是因为魁奈，他酿造了一次重大突变，足以彻底更新用以解释经济问题的全部原理。他或许是第一个在重农主义基础上自相矛盾地推论资本主义体系的人，更何况在资本主义体系内部，分配与需求的系列问题远不及供应与生产的问题突出。从此以后，仅有的利润可以用于发展，富人

---

① Lüthy (H.), *La Banque protestante en France...*, *op. cit.*, t. II, pp. 408–410.

和穷人于是投入了战斗。关于人们与国家和经济的关系，我们还是留到未来更加稳定的社会去讨论。

商业文化　商人文化

逐利者不会对根本性的社会辩论一无所知，况且我们知道有些人还在辩论中扮演首要角色。然而，与整个知名文化阶层相比，他们似乎蜷缩在后面。关于这一点我们另有证明，[①]此处不赘述。我们必须先提出这些主要的假说，然后再考虑通过两条具体途径来重新审视这个问题，即通过对商业教育进行研究，然后再通过波尔多和马赛的比较来考察批发商与文化交锋的两个例证。

首先，我们不能忘记经济史学家们的重要论证。18 世纪是商业资本主义的黄金岁月，即使资本的结构具有浓郁的家庭和个人气息——个体化形式、小块分割，很少见到股份有限公司。无论在哪个市场，公司都没有超越家庭的范畴，几乎一切都取决于自供资金。商品开放走向以信贷为基础的大流通是一个渐进的过程，法国银行业的落后可以解释这一点。当然，皇家财政仍然具有强大的吸引力也是一个原因。关于新教徒银行的冒险经历，吕迪已经逐一进行了研究，清楚地阐明了存在于所有领域之间的那种极其错综复杂的关系：地租委托代理、保险业务、海运业务和粮食贸易、票据和承兑。莫尔奈神甫作为内克尔沙龙的一个敌对共生体，不料反而为这个沙龙扩充了人脉。关于内克尔大臣，莫尔奈是这样说的：

> 在成为国库总管之前，内克尔先生的财富获得应该归功于

---

① Roche (D.), *Les Républicains des Lettres*, *gens de culture et Lumières au XVIIIe siècle*, Paris, 1988.

银行以及东印度公司实现的几笔挣钱的交易。这样得来的利润，无论赚头是多么不值一提，总是应该和大资金联系起来考虑的。然而……只有无知或品质粗劣的人。大多数情况下，只有两者兼备的人，才会用钱作恶。[①]

我们应该记住，贸易的腾飞来自波尔多、南特、马赛和鲁昂这样的大市场，大西洋贸易区 90% 的交易集中在这些地方，同样也来自众多的小市场。从 1716—1720 年到 1787—1789 年，贸易增长了 400%，平均每年增长 2%—3%！正是这种增长将多面手大资本家推向了财富积累的第一梯队。

我们还应该记住工业领域的增长，尤其是纺织业中作为新型手工业的棉布、印花棉布和丝织品生产。这个领域的增长层次不同但却相对稳定，年增长率达 1%。当然，不同的领域是不一样的，但是追逐利润会把所有的企业家联合起来，并实现各种销售市场之间的相互依存。原始工业化以一种独特的方式将积累资本和调动劳动力的过程结合在一起，法国古老的乡村世界逐渐渗透了它的参与者们所带来的多方面的积极因素。"原始工厂"里的农村劳动者，无论分散的或是集中的，都遵循遥远的市场法则。通过与工厂主商讨工资报酬，他们能够带来某些方面的转变。买卖人的文化和视野就这样融入了法国西部的田园草地和南部的石灰质荒原。除此之外，炼铁工业是那个时代技术性文化的先驱行业之一，随着这个行业的发展，不同领域之间的交锋碰撞更激烈了。首先，它是通过农村和林区零散分布的手工工场进行的；其次，它在工艺师和博学者始终关注的革新研究中进行，我们可以回忆一下布丰，孟巴尔城马蹄铁作坊的缔造者[②]；最后，通过土地贵族的影响——他们绝对是这个

---

① Lüthy（H.），*La Banque protestante en France...*，*op. cit.*，t. II，p. 387.

② Buffon（1707—1788），18 世纪法国博物学家，生于孟巴尔城一个律师家庭。为了研究金属，他于 1768 年建了马蹄铁作坊。——译者注

领域的关键人物,56%的工厂属于特权阶级——虽然他们并不一直管理实务,但是他们可以在那里与另外一个空间的各种方式和各种事件接触。与这种交汇属于同一个范畴的是,在贸易核心领域中富裕的地产主、定期收益阶层、终身官爵阶层与贸易阶层之间的交锋,农业王国与商业王国之间的交锋;不同之处在于这种交锋涉及不同的观众,社会关系和经济关系也更加复杂。① 总而言之,无论节奏的快慢,也无论是脆弱还是坚实,法国的发展总体上揭示了参与者同时在多重画面中的表现及其积极生动的介入模式。虽然没有被完全排除在他们那个时代的文化运动之外,他们占据的却居于次要位置。

批发商是资产阶级意识形态的先行者吗? 或许是的。但是社会学研究显示,几乎在所有的文化团体里他们都蛰居于下层位置。其实,这些团体就是对社会优先秩序的默示。它们最欢迎的是贵族,其次才是资产阶级。三分之一的文化团体从未吸纳工场主加入,至于另外三分之二,它们要么吸收尚未结社但有活力的个人,比如在图卢兹,批发商就被高雅团体所接纳;要么接受具有共同见解的小群体,在亚眠、波尔多、卡昂、瑟堡、第戎、马赛、尼姆、奥尔良、拉·罗谢尔和鲁昂就是这样——这就是法国及其著名的商业文化。里尔不在此列,虽然那里有起源于共济会、后来发展成为学术团体的菲拉雷特学院(Collège des Philalèthes),而且这个团体起初也接受批发商,但是商人渐渐都为贵族所遮蔽,因为后者通常都是知识渊博的人。②

两个方面值得我们重视:首先,批发商和工场主都在最广泛的社交圈里找到了自己的位置,尤其是在共济会的活动小组里。共济会的社会

---

① Chassagne (S.), *Le Coton et ses patrons*, *France*, *1760 – 1840*, Paris, 1991; Woronoff (D.), *L'Industrie sidérurgique en France pendant la Révolution et l'Empire*, Paris, 1984.

② Hirsch (J.-P.), *Les Deux Rêves...*, *op. cit.*

性首先在于心理迁移。在他们内部人的眼里,真正的高贵存在于品行、情感、行为之中。团体的接纳仪式使批发商们变成了"重要人物",共济会的集会处又让他们感受到社会关系的一体化,这一切对他们中的某些人来说具有精神启迪的意义。其次,根据我们的假说,存在于**商业**（negotium）与**消遣**（otium）之间的对立面是否能够被明确地揭示出来？在这两个领域之间,究竟有多少模糊地带等待人们去明确！各种观点和价值准则不一定非得直接与某个社会群体相对应。必须同时进行实践和意识形态两方面的辩论和思考,我们才能够明确不同观点和价值准则之间的关系,就像我们研究里尔人的贸易梦想那样。总而言之,应该对遵从各种特殊规则、以不同的节奏运作的各种体系进行比较,才能够防止我们简单地用此地的术语去解读彼地的说法。在 18 世纪下半叶,更多的批发商开始从文化资本的积累中得到好处,于是,他们可以定义自己的文化目标了。新的一体化期望借鉴了各种方式最终表现了出来:它既可以归顺于传统的理想,同样也可以摒弃这些理想。因此,它可以改变社会的主流思想状态。归顺或摒弃,最终的选择反映在教育中。

商业教育,在特殊性与整体性之间

　　造就大批发商的关键在于使能力有别于称号,简言之,有别于名望。[①] 名望是可以积累的,通过观察各种各样的事物和行为,通过获得理性知识和学问并用之于概括事物的主要特征。作为一个通过工作获利的人,他的特征首先是具有各种各样的能力和目标。在 18 世纪,贸易范围的扩大伴随着商品数量的增加和加工产品的多样化,但是当时的生产条件还做不到产品加工的标准化。此时的资质范畴完全没有规律,因

① Jeannin（P.）, *Distinction des compétences et niveau des qualifications*, in Angiolini（I.）et Roche（D.）（éd.）, *Négoce et Culture*, à paraître.

为年轻的批发商们更应该通过实践进行学习和发现：毛织品和呢绒的差别大小、画布的品级、价格—质量关系。职业培训更多的是"在工作中"完成的，当然书本也是一条途径，因此，阅读贸易手册和词典的人数显著增加。通过**耳濡目染**，人们学会了借助各种办法来摆脱困境。在法兰西王国以及欧洲，这类办法无穷无尽地变换着花样。此外，人们还学会了辨别真伪。经商的学问是善于观察、善于鉴定的学问，也是善于在广阔的接触中，尤其是在特定的地理或行业环境中善于感受的学问。选择一个方向：海岛、东方、北方；选定要经营的产品：纺织品、酒。此后，学徒期的成功就有了保障，职业的连续性以及生意的成功也同时有了着落。某些特级葡萄酒的诞生就是这种双向鉴定的结果——卖家的鉴定和买家的鉴定。得益于这一点，学习知识和培养警觉的功课得以世代传递，从而更好地为追逐利润提供动力。

目标的差异性促使人们发挥多种多样的能力，遵守利益道德（morale de l'intérêt），以便稳定客源。最终的目的是学习挣钱，学习致富。即使发财并不仅仅取决于掌握某些特殊的技术规则甚至更广义的知识，人们还是不约而同地把受教育的需要与贸易的必要条件联系在一起。读、写、算被当作是基础投入，而要达到顶峰，其他的理性知识应该是必不可少的。在会计学领域，计算本是一门很普及的学问，但却有些落后于科学的进步，有时候善于计算的人老远就会被数学教师一眼看出来。会计培训最基本的就是传授计算知识，而运用对数表之类的新手段并不一定意味着需要多么高超的数学技能。孔多塞就是这么认为的，因为批发商的敏锐可以通过其他能力来衡量。掌握外语就是非常必要的，在国外居住和学习一段时间被证明是许多家庭的选择。

具体的实践活动虽然难以概括，但却可以表明人们能力范围的扩大：从说到写，从结结巴巴到高雅精练。各类商务信函手册可以帮助我们摸到智慧的门槛，最早开始边干边学的人就是通过这些读本完善自己的知识的。对皮埃尔·让南来说,18 世纪的特征就是这样:商人的书写水平提高了,他们举止文雅、符合礼仪,就像是出身高贵的人。无论是地理知识,即关于世界的知识,还是法学知识,同样都具有世俗的和职业的目的性。学问只有在商业活动中才能够显示其意义,而商业活动则会突出占据支配地位所必需的知识——在课本里可以学到,那是准则;在企业档案里也能学到,那是实践的见证。关于权力,有一种特殊的商业惯例,它像算术知识和会计知识一样重要。问题是必须了解社会阶层的厚度,因为有各种准则和方法在那里流传。外汇交易是套汇所需的各类外汇价目表的灵活组合,它揭示了不同地区及不同商号的等级关系,反映了或远或近的银行和信贷经营者的投入,同时也反映了他们对整个分析方法的突破性飞跃所具有的促进作用。他们的分析还是相当严谨的,这一点我们已经见证过。总而言之,在 18 世纪,知识广为传播,但是还不够精深。因此,与法国 16 世纪或者 17 世纪的实业家相比,18 世纪中等水平的批发商只是勉强多懂得了一点点。尤其是职业实践以及日益提高的商业技能和资格已经被分割成了两个空间:行业自治空间和向外寻求更全面教育的空间。

从柜台到学校

我们对最前沿的研究进行了一次梳理,其中关于港口地区的重要著作有巴尔戴的鲁昂-勒阿弗尔地区研究、比特尔的波尔多研究、卡里埃的马赛研究,以及莱斯帕尼奥尔对圣马洛、卡邦图斯对敦刻尔克,甚至加登对里昂的研究。这份研究清单揭示了家庭环境、柜台,以及或多或少比以前持续时间更长的教育旅程(voyage éducatif)的综合作用。在那个年代,居所与工作场所之间并没有很明确的界限,家居场所通常就是世界舞台的中心。对于一位青年男性来说,陪伴在父亲身边,与叔叔、堂兄弟、雇员一起工作,地下室、阁楼、仓库和囤积货物的地方就是他的使命所在。只有持续下去，他的使命才能够达成。在实践中学习，这通常导致人们过早地步入职业生涯。正如圣马洛的居民所说，"去学校读书既没有用处又不方便"。在生意中学习或为生意而学，其实也是分阶段进行的，但是整个教育平均在 15—30 岁完成。由于教育的需要，这些"家族子弟"登上了货船，或担任见习舵手，或张罗琐碎事务。达尼岗·德·雷比纳（1656—1734）就是这样经过各个阶段的学习，从船上的商务负责人一直做到船东。波尔多的青年人常常远行安德列斯群岛，他们会在已经与伦敦、阿姆斯特丹、汉堡建立了联盟的商号里小住一段时间。一旦回到自己的港湾，批发商的后代们又继续沉浸在开放与国际性的同一氛围中。因此，他们取得了双重效应。从技术方面来说，在家庭境遇与即将展开的未来前景之间不存在任何差距，不出家门已经"胜券"在握。从社会关系方面来说，行业的再生产必须得到保证，因此，孩子们预先做出自己的选择；与此同时，最优秀的孩子被选拔出来承担最好的工作，这样偏离职业的风险就被限制在行业势力可以控制的范围之内。他们来自外面的世界，然而教育的变化伴随着社会的变化，教育的变化也显示着社会的变化。教育启动了新的要求，批发商的后代只能像别人一样顺应这些要求，其中主要是升中学。

　　从 17 世纪末直至法国大革命，存在于学校和贸易之间的那条带有鄙夷色彩的边界渐渐淡去。纯文学对实业不屑一顾的那些陈词滥调虽然还没有消退，但是在商界人自己的心里，这些世俗观念逐渐演变成为对社交的渴望，那是一种只有主流文化才能够满足的渴望。从港口地图上可以看出中学数量的不足，这表明偏见势力的存在。与此同时，对商业城市中学生人数进行的分析表明，人们对外来教育的期望仍然保持稳定状态或者根本没有什么变化。批发商子女的就学问题是通过多种途径解决的。我们后来发现他们的子女在耶稣会学校和奥拉托利会学校（institution oratorienne）的注册记录，而快班课程是他们主要的学业特征。然而,在巴约纳,40 个学生升入六年级,毕业时只剩 10%,各地情况大致如此。比如在贝里或格勒诺布尔,升入中学的比例也是这样,于是商人的子女大量涌入教会学校,那里开设了寄宿制,还有各种引人入胜的附加课程,如历史、地理、娱乐艺术,里昂的圣三会(Trinité)①就是如此。

与此同时,我们发现批发商的子女还在写作老师和算术老师家里用功。他们在那里学习"写作"和算术公式,并且首次遇到一些更需要动脑筋的知识。1740 年以后,城市里开设了大量的寄宿制学校,他们就去那里上学。我们可以通过各类广告和传单对这些学校进行统计:敦刻尔克有三所,里尔有 20 多所,波尔多五六所,巴黎有几十所。学校的课程在一定程度上都脱离了人文科学,②主要是培训专业技能、学习外语和一些关于世界的知识。正因为有这样的经历,批发商子女的招生比例在朱利中学(15%—25%)这样的精英学校得到了提高,在旺多姆(50%)、蓬勒瓦(25%—30%)和索雷兹等地的"军事"学校也一样。在这些学校注册的有法国大批发商的子女,也有与英国、爱尔兰、德国、意大利、西班牙做生意的国际贸易商的子女。基督教学校修士会的修士们也开了十几所寄宿学校,其中有的设在鲁昂和马赛,接收了几百个学生。虽然办学规模不大,但是招生的地理范围同样得到了扩大,教学方面也得到了相应的发展。经济类的科目当时很醒目地出现在教室里:贸易、金融、数学、商业地理,甚至包括建筑和军事艺术。在马赛讲授的课程有会计学、实用物理、航海学、语言和制图、刀剑和代数。

教育构成了商业文化的核心。然而,那里同样也存在着一条重要的

---

① Julia(D.),"Les ressources culturelles, les réseaux scolaires", in Burguiere (A.) et Revel (J.)(éd.), *Histoire de la France*, t. I: *op. cit.*, pp. 379 – 405.

② 此处指古希腊语、拉丁语以及古典文学。——译者注

边界,它抵挡了拉丁语和人文科学的介入。随着家庭的不同选择,社会和文化的差异化也由此而展开。与传统的中学相比,学生们在这些新型的教学机构能够更容易地掌握文化知识,这使得商人的孩子获得了一种自如,而这种自如并不是太快的跳级所能给予的。在技术要求与社交要求之间存在着各种相互适应的可能性,或通过商品社会,或通过宫廷社会的某些理想。在同一些教学机构里,学习挥舞刀剑的贵族子弟与学习贸易的商家子弟相遇了,这是很有趣的现象。由于对学校里那些充满学究气的人文学科不满,这些商家子弟在精英主义的贵族教育模式中融入了公立教育和私立教育的诸多优越性。真是化圆为方! 尤其是通过教学改革,使专业技能与风度气质的培养达到完美的契合。

社交与商人的文化：马赛和波尔多

要全面了解商人文化的运作,就必须进行调查研究,掌握更好的方法去认识这个阶层的知识生产和知识储备,从而更好地把握带有他们介入特征的东西。因此,我们应该从图书和统计图表入手。通过盖尼亚尔关于法国西部城市的研究,我们得知在南特、鲁昂、昂热、雷恩、勒芒、圣马洛这些城市,商人和买卖人读书不多,开始阅读的时间相对比较晚,而且是有选择地阅读。批发商在 17 世纪末就开始远走他乡,带着浅薄的知识做生意。相对来说,他们的知识总归不如传统的精英分子。然而,在 1730—1750 年之后,无论是藏书还是课业知识,他们都名列前茅。我们都知道,这次超越表现了他们的根本特性:经手大部分的业务,科学技术在工作中占有重要的地位,地理和旅行知识也同样重要。作为更开放、更大众化的新型阅读方式(比如在阅览室看书)的信徒,西部城市的批发商们在阅读政治经济报刊方面表现出了先行者的风范。同时,他们还倾注大量的时间阅读消遣娱乐类书籍,甚至小说和剧本。比特尔对波尔多的藏书情况进行了分析,得出了同样的答案。我们希望在别处也能够予以验证。不管怎么说,在 18 世纪上半叶的里昂,只有大批发商有属于自己的藏书,其内容之丰富与贵族精英的书房没有什么分别。1750 年以后,藏书的数量有所增加,而且对"时尚"、辩论,甚至对科学问题和实用知识更加敏感。① 由此可见,以实用和消遣为特征的双向阅读在有序地进行。教会从未大量收藏这一类图书,除非按照惯例不得不收藏一点。这或许是因为宗教在起源之初曾经以不同的方式与这样的环境擦肩而过,它也许并不想用世俗化来取代什么,而是为了证明一种迫不得已的气度,尤其是在信仰自由,甚至在相对论这样敏感的问题上。因此,正是某些选择在一定程度上使精英们的选择产生了殊途同归的效应——时代风尚使然。同时,这些选择还表达了与社会根源有关的向往,即一个社会阶层的观念。波尔多和马赛的社交活动将更加清楚地为这些共同特征及其形成过程提供参照。

　　马赛和波尔多是两个大型港口城市,也是贸易发展最快的地方,但是它们都有鲜明的特征。即使没有明显摆出那种让旁人吃惊的曼彻斯特式的冷漠,就像格里莫·德·拉·瑞尼耶在里昂所遭遇的这样,马赛仍然是一个纯粹的经济城市。波尔多则有高等法院派贵族政治(aristocratie parlementaire)和总督府,而更加鲜明的特征还在于,一条边界将土地王国的臣民与交易王国的拥护者分隔开来。尽管经历了不同的变革,这两个著名的文化和社交中心却共享着同一束光明。它不仅照亮了城墙之内,同时还把光芒远远地投向了提供人员和商品供应的周边地区。因此,透过两个城市的经济和社会环境,我们能够强烈地感受到传统社会性的双重运动,具体表现为大宗买卖和墨守传统与上流社会社交以及与民主主义新型社交之间的关系,或者说,表现为共济会支部和"博物园"(misée)的不同聚会。

---

① Garden (M.), *Lyon et les Lyonnais au XVIIIe siècle*, Lyon, 1970, pp. 465 - 467.

　　波尔多的飞跃无人不知，还需要我们再叙述吗？然而，要想了解其贸易的特殊性，我们就必须回顾它的历史。经过路易十四时期的频繁战事，波尔多的贸易得以幸存，并且很早就得到快速发展。精英们在海洋的诱惑和泥土的惯性之间摇摆不定。然而，葡萄酒和当地的其他物产使土地被赋予了现实行情，从而使高等法院派贵族（noblesse parlementaire）和地产主贵族稳坐支配的宝座。从 1717 年起，由于得到国家所认可的税收优惠的支持，波尔多开始启动，并在土地空间和殖民地空间上交替发展。作为法国贸易领域的第一个港口，波尔多的发展仍然取决于它与欧洲的联系：它是国际一流大市场，在 1715—1765 年间实现年增长率 5%，此后每年增长 3%。通过吸引移民和向内地发展各种业务，波尔多起飞了，并且超越了这个地区的所有市场，比如拉·罗谢尔和巴约纳。

　　马赛是地中海地区首屈一指的港口，也经历过类似的飞跃。它还是受到重商主义特权政策保护的一块地域；此外，它允许贵族从商而不失去贵族资格，从而有力地推动了贸易的发展。马赛的贸易增长速度不及波尔多（年增长率为 1.6%—2%），但是它发展全面，尤其是像柏南（Ponant）贸易公司那样的地中海转口贸易。尽管存在一些国际性的困难，马赛依然向西部扩展自己的航运空间。通过带家具出租的居所，马赛吸引了移民，给其他领域带来了活力，只是效应不及波尔多。但马赛却是人们心中的商业城市，这是阿基坦的首府①所不及的。地产对于马赛只具有边缘意义，因此，要改变社会氛围就应该像更换体内的空气一样，必须深呼吸——深入它的腹地埃克斯、它的高等法院和总督府，以及它的三级会议。因此，在这两个中心，大宗贸易群体各自发挥着不同的社会作用和文化作用。

---

①　指波尔多。——译者注

　　在马赛，整个经济结构突出了港口和大宗贸易的重要性及其相对于手工工场和工业企业的优先地位。鼠疫过后，马赛有 50 000 居民，1789 年的人口统计数为 120 000 人，从事大宗贸易的批发商并不多，还不到 4%，但是 300 个家族中向国家捐税 700 利弗尔以上的大批发商有 750 位。我们可以从两方面来概括这个群体的特性：他们内部"换血"速度非常快，而且有强大的外援，不仅能够从朗格多克人、普罗旺斯人、多菲内人那里得到激励，还能够在国外募集资金，其中主要在欧洲北部、瑞士和意大利。马赛的国际性和国际交流都是实实在在的，并且由于宗教归属、内婚制以及知名人物的影响得以强化，而这一切都是以成功和财富为基础的。启蒙运动中批发商的创世神话当数居伊——作为批发商的后代，他于 1775 年在科学院做了如下陈述：

　　　　但愿不要让这个行业的人去评价那些高贵的人，他们与这个行业的人是有区别的。手工业者属于这个行业，他们已经习惯了追随层出不穷的各种细节，比如人们的需求；他们被迫生活在狭隘的思想氛围里，忍受着无知对他们的封锁；他们没有能力开阔视野，也没有能力去发现幸福或命定的不幸之外的其他缘由；他们卑躬屈膝、辛苦劳作、顺从听话，他们一生创造了无数生活必需品但却少有荣誉。我要说一说批发商，国家从最传统的高尚者中排除了他的名字，高尚的感情世界里也没有他的资格；然而，凭借他卓越的眼光和才华，以及他所从事的事业，他以自己之财富裕国家……他的货轮驶出港湾，满载着我们的消费物资和我们工场的产品，去寻求多种多样的商品氛围，并且把这种氛围带到最遥远的地方。每当此时，他的使者正在各地追随他，向他报告，执行他的指令，邮差会把他的命令传送到欧洲所有的市场。无论是资金的流转或是分配，票据只要写上了他的名字，就能够流通和增值。他是命令者、指挥者、保护者。

他在科学院代表批发商的整体形象向众人宣告了资本主义的光荣，这是一种无所不在的胜利，也是把执行者与杰出者分离开来的社会划分的成功。杰出者之所以杰出，在于他的"天赋"能够散发活力，能够孕育启蒙运动。正如魁奈在《种子》一文中所说的那样。

在波尔多，1715 年有 45 000 人口，1790 年已经达到 110 000。随着人口的增长，批发商几乎不再是一个举足轻重的群体。从婚姻契约来看，他们约占总人数的 10%—12%；1730 年有批发商 900 人，1780 年 1 300 多人；但是从**严格意义**（*stricto sensu*）上来说，重要人物有 400—500 人。然而，批发商群体比贵族群体的人数多。随着来自地区和国外的大量外援，他们的队伍还在扩大，而且这个群体非常欢迎欧洲的新教徒。因此，在与高等法院派贵族的交锋中（批发商群体的发展使这些贵族得到了好处），他们能够平等地与之竞争。或许越是趋于财富的最高形态，竞争也愈加激烈。与马赛一样，波尔多的批发商同样能够活跃上流社会的生活和组织城市规划，但是他们没有形成霸权，因而要分享政治权力，就不得不与最高法院、国王的最高法庭（cour des aides）及总督府竞争。在波尔多，行会管事会（jurande）已经为中央集权所驯服，它代表的也并不仅仅是贸易。国王臣子的权威时刻可以在管事会得到体现，无论是行政管理还是税收监督。这里的社会竞争非常激烈，但是流动相对温和。在与传统社会的较量中，波尔多的批发商表现出了与马赛批发商不同的风格。在普罗旺斯，尽管那里受到君主制国家的管理监督，但是城市里仍然保存了曾经的共和气息。商界控制着机构。与吉耶纳[①]相比，这

----

① 法国西南部旧省名。——译者注

里的城市行政部门和商会表现出了更大的活力。它们管理城市的各种事务,而城市的事务就是批发商的事务,这一点点燃了旧贵族们的长期以来的积怨。

在启蒙运动的重大转折时期,两大都市同样熠熠生辉,然而深入的研究将会让我们发现它们的差异。马赛的文化仍然是王国的文化,但是处于边缘地位,因为它有待实现三重意义的涵化:整合各种虔敬活动、整合语言、缓慢地完成融入由博大精深的科学文化及书商联合会构成的关系网这一同化过程。在这里,批发商位于文化的边缘,受到柜台文化的支配。波尔多的情况则正好相反,长期以来,这座城市一直与君主制国家错综复杂的关系网融为一体,处于巴黎的势力范围之内,属于知识交流、社团和大学的活动空间。由行政官员和高等法院派构成的精英主导了文化生活,并且很早就统一归顺于巴黎。

学院派的生活与新的社会性

在吉耶纳,学院派生活的制度化要比在普罗旺斯快得多。早在18世纪初,学术爱好者的圈子和正直的文人沙龙就已经开始转化。1712年,在省长拉·弗斯公爵的保护下,科学院取得了特许证。从此,它将高等法院派精英聚集在自己的周围,在长达一个世纪的时间里,人们在那里举行对孟德斯鸠的各种崇拜仪式。与此同时,它也聚集资产者精英:每个成员必须支付300利弗尔的会费,直至1732年。在马赛,科学院在1732年之前已经萌动,并且开始组织活动。但是作为核心成员的一部分科学家(他们也与买卖有联系),由于他们遵循詹森教派教义,而与马赛大鼠疫中的重要人物贝尔赞斯主教大人的教义发生了抵触。因此,马赛的科学院与波尔多的不同,它创立较晚(1726),而且受到纯文学的支配——法语化使然。无论在波尔多还是在马赛,停止非正统社交自然就将批发商排除在外,因为他们是世俗的人;传统精英的影响和社团文化同样也排除批发商，因为他们是有专门技能的人。然而，市政给予的支持却突出了两个城市之间的区别：波尔多的支持是审慎的，甚至是有争议的；而在马赛，市政府从不拒绝给予科学院的支持。由此反映出两种不同的政治传统。

在招募新成员的问题上，两地的科学院同样也存在着区别。在18世纪，波尔多通过选举吸收新成员，所有社会阶层的人混合在一起，总共181名，高等法院派贵族和官僚贵族占主导地位。这种情况一直持续到1763年。此后，科学院开始接收有才华的人。但领导者全都是贵族，成员中只有4名批发商！波尔多的启蒙运动是贵族的启蒙运动，一百多户人家团结一致，共同支撑起这场运动。高等法院派、地产主、部分商人在运动中发挥了重要作用，从而证明了这场运动的合理性。葡萄种植者孟德斯鸠在波尔多遇到了莫隆。莫隆是波尔多的包税总监（inspecteur général des Fermes），后来又当上了约翰·劳的秘书，《贸易政策论》是他自由思想中的一环。相比之下，马赛科学院新成员的招收更加公开，贵族几乎不比平民多：137∶135。但是贵族的成分并不一样，佩剑贵族（noblesse des armes）的人数与官僚贵族（noblesse de l'office）的相等。此外，尤其应该指出的是，除了律师、医生、教师、代理人（procureur）等有才干的资产阶级能人，批发商也取得了一定的地位：包括两位商业贵族（noble commerçant）在内，批发商在新成员中占25%。马赛贸易领域的著名人物都在那里出现：贝尔特朗、杜拉尔、季斯、塞芒迪、博雷利、戈洛松，以及"财政总监"的兄弟路易·内克尔，特别是多米尼克·奥迪贝尔，作为一名新教徒和加普地区的手工艺人，或者一位在所有前沿增长领域奋斗的著名船东，他堪称成功的典范。总之，在马赛科学院，批发商的风范和独立性赢得了学院派的尊重。"贸易精神动摇了一切束缚"，奥迪贝尔在写给比尼翁神甫的信中就是这么说的。批发商的坚决参与使经济和政治法庭的集会得以改观。在波尔多科学院，三方责任制促使传统精英分子参照主流社会的价值准则听取关于经济问题的忧虑：地产主的职责在于通过贸易提高收获物的价值，此外还有行政官员的职责，以及知识分子对于文化演变的职责。马赛将甄别权集中在科学院自己的手里，而波尔多则分散在各处。然而，无论在何种情况下，科学院的活动都应该重新部署，不论是与各种联盟、共同利益和更广义的社交有关的上流圈子，或是充斥着文化名利欲的下层圈子——希望被认同和被同化的意志常常左右着这个圈子中的人们，被区隔的特殊文化的价值观同样也能够操纵他们。在波尔多，科学院对共同利益的间接援助是毋庸置疑的。孟德斯鸠曾在这个问题上大大开发自己的兴趣，并且取得了成功。他教导法官要为学术性和技术性的文化事业进行辩护，因为它将成为贸易发展和经济增长不可缺少的力量。批发商的渗透可以从两个方面反映出来：实用性研究的开展使航海钟表、机械操作、宇宙志、气象学、贩卖黑奴、可商品化的产品等话题始终层出不穷；经验论的功利主义发动了理论上的大讨论，促进了市场的统一，调动了商业贵族的积极性和人们的维权意识，启动了经济体系和城市规划。在颂扬共同利益并给予直接援助方面，马赛人的努力是显而易见的，特别是在1750 年以后：具体表现为组织学术性竞赛，尤其是他们广募雄辩之才，对"温和贸易"的成就大加赞颂。1777 年，在关于贸易对社会风尚的影响这场竞赛中，收到的 20 份答卷表明这个领域已经开始分化：他们大多在卢梭主义的城市之堕落和对启蒙者的赞美之间徘徊。20 份答卷同时也显示了一种统一性，因为整个竞赛和风环绕，人们颂扬苏利公爵，也赞美柯尔贝尔。但是，相对于国际贸易而言，人们更热衷于产区贸易；对瑞士与荷兰的称赞也要多于英国。在大革命的前夜，市政当局托付科学院思考"商业教育"的问题；雷纳尔神甫还出了竞赛的考题"贸易增长的原因及确保贸易繁荣的方法之分析"。在波尔多如同在马赛，人们取得了经济利益与经济辩论一体化的胜利，但它建立在不同社会关系的基础上，而这些社会关系在吉耶纳比在普罗旺斯的更具离散性。新型社交的兴起在两个城市具有不一样的组织方式，却给批发商阶层带来了同样的成就。

共济会接受批发商的加入，从而有利于他们的开放及其流动性和国际性。批发商们在共济会的集会处找到了一个空间，他们内心对于社会认同的最模糊和最明确的向往都在那里得到领受——或者通过对经济现象在社会领域的边缘化予以补偿，或者通过对他们分裂的宗教意识的抗辩。批发商们乐此不疲，这一点可以在各类地方志中得到全面印证，比如盖约为色当和夏尔维勒修订的地方志。各类社会专题研究也能够证明。居伊·肖锡南-诺加雷对朗格多克地区金融界和工商界政客的精彩分析就很好地说明了这一点。此外，通过对科学院所在城市的共济会会员招募情况进行整体性研究也能够揭示这一点。

马赛和波尔多的共济会让我们进一步肯定了这些假说。两地的共济会都具有悠久的历史：波尔多至少在 1732 年已经建立，马赛的共济会大约建立在 1730—1740 年之间。两地的共济会都受到英国和批发商的影响，我们可以在英国和国外的共济会支部发现波尔多和马赛的批发商会员。同样，在两地新会员的招募中，商界人士处于优先地位。在波尔多，2 000 名共济会会员中大约三分之一的人是零售商和批发商；马赛的共济会会员也有上千名，其中买卖人占四分之一以上，海运从业者占20%。最后，两地的商人和贵族既相互合作，又相互竞争。他们共同控制和约束了共济会的扩张，不然它有可能会颠覆"宫廷艺术"的区分原则。从这个意义上来说，共济会参与了商人社会的整体化和新型社交准则的混同过程。

在马赛，不论是在科学院还是在共济会支部，批发商都取得了胜利。在那里，他们达到了真正的统一。相反，在波尔多，批发商们自己另外建立了一个文化机构——"博物院"，以便在科学院面前显示自己在文化和物质世界的力量。波尔多博物院是带有 1775—1789 年时代特征的聚会,它创立于 1783 年,倡导者是总督的一位部下,支持者是一群充满活力的批发商。博物院向城市的精英分子提供了一个崭新的展示文化业绩的场所。然而,通过当时的舆论,我们这一次可以发现"不生产阶层"的介入,以及企业主和包括律师、工程师、建筑师、开明教士在内的企业主的客户的胜利。简言之,这是一个开放的社会,充满诗意的庆典、(数学和语言的)教学、报纸和刊物的阅读,以及关于奢侈品、文明化、科学和艺术的讨论和辩论都是这个社会所热衷的。从科学院到博物院,除了社会学的逐步转变,我们还应该关注人们感受性的转移,这是商业文化的核心。同时,关于卢梭主义的讨论,对买卖人的颂扬,崇尚自然与激励科学和进步的普罗米修斯精神的融合,同样也表现出了这种转移。

　　我们探讨了商人在农民王国的社会和经济价值准则中的社会边缘化问题,揭示了一种双重的交锋:品行与举止的交锋,辩论与理论的交锋。在这两者的基础上,我们可以理解价值准则的根本性变化是如何形成的;"两种贸易的梦想"又是如何在不断的交涉中实现了精神上和现实中的交流;我们还能够看到两个社会错综复杂的关系,关于这一点,我们必须更换体系另作分析。现代城市及其起源应该被视作未来演变的动力。

第六章　熔炉般的城市

　　城市的与众不同和优势在乡村世界和城市王国的碰撞中显示出来。布罗代尔曾写道:"城市上层建筑是下层的乡村世界所阐释的、位于乡村肩膀之上的更高级的体系。"①毫无疑问,在 18 世纪,一旦新制度在旧制度中诞生,古老的关系即被赋予全新内涵。在 18 世纪法国城市结构中,通过交换,一个既工业化又城市化的民族特征开始显露出来,同时仍然保持着根深蒂固的旧等级制度以及古老城市的绝对优势。

　　这个时代曾留给历史学家们三个主要标准来定义城市,即建筑、权利、人口数量。在大革命之前它们的关系就呈现出了变化趋势。若古在《百科全书》②中再一次向我们提起了这三个标准,对于启蒙运动时代的人,城市首先是地理上的城市,是民用与军事建筑的城市。

　　　　街上林立的房屋由共同的围墙围成一个整体,一般来说是
　　　　城墙和护城河完成了对城市的定义。但为了更准确地定义一
　　　　座城市,城墙应该是封闭的。这道城墙可以将几个街区、街道、
　　　　公共广场和其他建筑物包围起来。

　　构成城市的要素首先是围墙、分界线、边界,这些元素都是物质的,

---

①　Braudel（F.）, *Civilisation matérielle et capitalisme*, *op. cit.*; *L'Identité de la France*, Paris, 1986, 3 vol.; t. I: Espace et Histoire.

②　Encyclopédie, 1765, t.XVII, p. 279.

可以在城墙和壕沟中具体体现,并由古老的防御体系而得到强化。但特权也可以确定一座城市。《百科全书》列举了裁判惯例所采用的定义城市不同特点的各种形式,比如通过习俗或者税收。在此,边界将辖区和身份的区别具体化了,我们也就从地形学跳跃到了司法上。

从司法上定义城市的,既是将城市居民所拥有的把他们和乡村居民区别开来的优先特权,也是实行规则的具体机构。所以公法会区分几种类型的城市,而这些城市都不约而同地享有这些特权,只是程度不同而已。"相关的城市,总是每年都有特定发展规模的城市。"这就是巨大的财政特权,因为它允许城市把税转嫁到普通的居民身上。在地形学上,这反映在入市税征收处和边界设立上。"具有扣押权的城市是资产阶级在免除任何义务和惩罚的情况下享有在流动商人身上和财产上征税特权的城市。"这就是城市的经济特权。比如在巴黎,惯例法第 173 条规定可以对城市商人的财产进行扣押,这样就扩大了城市的影响,保证了它们的经济独立。享有特权的城市名单很长,有"优质城市",它们是得到国王、行政官员、陪审员、资产阶级承认的古老城镇的继承者;"宪章城市",总是与豁免宪章息息相关;"宣誓城市",有选举出来的行政长官和结盟行会;"法律之城",比如佛兰德地区的里尔,拥有自由权和自主权。请不要忽略最主要的两个特征:首先,为了管理居民,对他们长期实行全部或部分的监督权,城市变成了王室控制权力膨胀的中心;其次,财政、军事、经济特权的保护功能和坚固的边界之间是重合的。

在社会表现形式的游戏中,城市人口增加了各个层次的保障。司法和功能的标准可以确定现实的多样性。这种多样性只能反映在传统的法国城市丰富多彩的现象上,只有在解读从村庄到市镇、从市镇到城市的等级制度中才一目了然。在这一过程中是城市的各种功能描绘了城市居民的主要活动。同时在城市和乡村居民中,对抗与利害、关系与契约既相互区别又有相似性。如果说城市完美地演绎了其"转换者"的角色,如果说它为了传播既是经济的又是文化的交换元素做出了贡献,那是因为城市从来不故步自封,因为在城里人的脑袋里,他人的叙述和想象让城里人和乡下人感觉到、意识到他们是不一样的。这是古老的维吉尔①风格的陈词滥调,它具有某种观念,是为了赋予都市风格一种失落与希望的前景。"如果农民们意识到他们的财富,他们会很幸福的。"这就是启蒙运动时代年轻城市富有活力的诱惑,它在变化的前景中引起了积极反响。

乡村和城市从来就没有真正分开过。然而,在它们之间的各种关系中,某种变革正在酝酿。社会运动动摇着城市系统,城市繁荣昌盛的局面开始出现,农村古老的荣耀已然渐渐消失。经常造成差异性并且给我们提供一种衡量这种差异性的标准指数的,就是城市人口的增长。这是在若古爵士的定义里暗含的第三位的基本标准。他的定义颇具改革意义,因为这个标准从结构形式出发,更容易描绘人群的聚集,从而展示城市功能。于是数字也被采纳来尝试着确定城市的极限,因为城市增长让以前的行政长官和新的人口统计学者忧心忡忡。根据从内克尔②到拿破仑帝国人口普查员所做的统计,城市人口密度的数值在 1 500—2 000 之中变化。就像在其他领域一样,关于极限的讨论不是偶然的,重要的是对一种分类方法的有效性进行衡量。从这种分类出发,发展中的变量和分布的差别就显示出来了。一种用来衡量城市重要性的数字参考体系的制订与这样一种方式是密不可分的。以这种方式,18 世纪后半叶就出现了城市传统表现形式的危机。不能忽略的还有一种方法,而以那种方法,城市表现形式已或多或少让位于更具功能性的新形象。从

---

① Virgillenne(公元前 70—前 19 年),古罗马最伟大的诗人。——译者注
② Necker(1732—1804),路易十六时期的财政大臣。——译者注

城市化的新影响到功能的变化,我们坚持从形象转变背后去审视城市变革。①

影响 背景 人口

18 世纪的城市地理结构鲜有变化,城市布局和地形概貌是很久以前就固定下来的。从 17 世纪和凡尔赛一起建成的城市中有很多模式,比如凡尔赛②是古典城市规划的新城市的典型,黎塞留③是一种未实现的理想社会,洛里昂则受到了东印度公司的影响,罗什福尔和赛特的海上活动比较活跃。在法国东北和东部边境,沃邦④所设计的城市,属于他所强调的 300 要塞,在各自的城墙中缓慢发展。启蒙运动时代并未建立太多的城市,但是见证了古老的均衡状态发生的变化。因为对于城市命运来说,主要的问题在于对居民的物质供给、城市的经济及社会状况。我们可以依此确定城市的容纳能力——这既要依据城市所发生的变化,也要参考城市中相对稳定的因素。城市最初的推动力是什么? 是什么抑制了城市发展? 城市终究会发生什么变化?

人口测算,城市的力量

城市人口开始膨胀,但这些数字更多地建立在估算的基础上,而不是定期的统计和详尽的人口普查上。城市拒绝人口统计是其特权之一,因为城市所享受的财政豁免或者从中受益的一些费用都让所有统计上

① Lepetit（B.）, *Les Villes dans la France moderne*（1750 - 1830）, Paris, 1988, p. 22.
② 位于巴黎西南近郊,是巴黎大区伊夫林省省会,由路易十四在 17 世纪中叶下令修建。
③ 法国城镇,位于安德尔-卢瓦尔省。——译者注
④ 沃邦一生共设计并扩建了 180 多座城堡,还创造了一种用自己名字来命名的军事建筑:沃邦防御系统。——译者注

的尝试弥漫着猜想的痕迹。城市化发展中的法兰西吃力地学习着统计的精确性和严密性。行政调查遭遇的是居民的不屑和行政官员及贵族的反对。很长时间以后,经过众多看似矛盾的尝试(军事的、行政的、政治的、经济的),对人口的计算终于从估算中摆脱出来,发展成了统计学。尽管 1791—1806 年间还有些不成熟,但这种行为不排除对历史的回顾,因为追溯过去可以对不完美的统计所提供的不完整信息,或者统计学官员通过计算得出的信息进行补充,比如经济学家蒙蒂翁、莫欧和科学院的算术家所提供的信息。

城市人口统计学的历史与一门知识的历史密不可分,这门知识希望更科学地来衡量一些具有规律性的因素。但它处于社会政治领域的中心,所以可能会产生巨大的偏差。[1] 于是在莫欧的作品《关于法国人口的研究和观察》(1778)中,我们看到计算的成果、平均数的用途、比较、分类,它们同时出现在更单纯的知识性领域以及为了寻找人类进步规律的反思中。"在一个人口还没有统计清楚的国家,不可能拥有良好的政治机器和经验丰富的行政机关。"农村和城市王国的前途在此博弈。为了平衡两方力量,我们采用清点调查的方法(这种计算以堂区所做的关于人口的主要资料的登记簿为基础,比如洗礼、结婚、死亡),而且可以借助乘法进行概算。经济类日报、科学院的论文集发表了行政部门进行参考的数据,比如要召开全国三级会议的时候。

"住在城市和乡村的居民到底有多少?"这是莫欧调查的第三个问题。我们暂且不考虑对《关于法国人口的研究和观察》的作者到底是谁的推测,是慈善家蒙蒂翁男爵,还是他的秘书莫欧? 莫欧曾多次跟随他出行。请看一下这一工作的行政起源和它所给予的信息:

---

[1]　Perrot(J. - C.), *Les économistes*, *les philosophes et la population*, in Dupâquier (J.) (éd.), *Histoire de la population française*, t. II, Paris, 1988, pp. 499－552.

　　城市居民和乡村居民组成了两种不同类型的人群。城市居民产业更加兴旺,生活也相对舒适;而乡村居民更勤劳,身体也更健壮,人口密度更高,风俗更多样。农业把人分散到乡村,商业和艺术又把他们集中到城市,就好像农业种植比其他类型的工作更需要劳动力一样。在所有外省,村庄里的人口都要比城市人口多。但是数量的优势在某种程度上是由手工制造业的质量和数量、商业机会和需求、财富的充裕和娱乐的欲望而决定的。最后,城市的本质是从乡村招募人员,吸纳人口,除非农村人口有归根的思想或者城里的孩子又回到乡村居住。①

　　这就是城市化和乡村化之间的对抗关系,这种关系是由经济的、社会的、文化的等一系列复杂因素引起的,同时受到交换关系的影响。这种交换关系在一般的转化过程中成为焦点。如何衡量一个动摇着所有平衡状态的、古老的、规则的、不易察觉的运动?

　　下面就是作为证据的例子:图尔、普瓦捷、阿朗松、弗朗什-孔泰、洛林、鲁昂、拉·罗谢尔、佛兰德、阿图瓦所体现出来的城市发展的普遍性。无论在哪个地方,在2 500名居民中,城市人口所占的比例从五分之一到四分之一不等,但利益冲突的增长却隐含在了这种不均衡状态中。所以"以对城市所吸纳的人口进行的普查为基础,立法应该鼓励或者终止城市进步,促进城市人口的增长或减少"②。

　　人口统计学的研究认可了这一状况:1725 年左右,在人口超过2 000居民的市镇中大约一共有400万城市人口,而全法国人口不到

---

① Moheau, *Recherches et Considérations sur la population de la France*, Paris, 1778, p. 58.

② Ibid., p. 99.

2 400万。1789年前后,城市人口占到了全部人口的二十九分之五。城市化的比例,根据计算程序,存在很多变量,但还是从15%增长到了20%。总体来看,五分之一的法国人是城市人口,大革命前夕比例甚至还要小。城市化的增长在1700—1750年间比较缓慢,遵循了"增长—调整"的发展模式,这是"土地社会的报复",是从17世纪就开始的萧条时代的转折。但是1740年之后增长速度又加快了,一直持续到1770—1775年。第二个转折期速度再次放慢,反映了路易十六时期大革命前城市对危机的反应。

这些运动与两种现象相关。一方面,在平原和山谷、北部和东部发达地区、沿海地区以及南部城市化很高的地区,地区差异就凸显出来了。在这些差异中,我们可以看到地理位置的决定作用和历史的影响。居住形式的影响是最根本的:南方城市因为其强烈的群居性而与其他城市不同。城市功能和社会性方面的区别也是主要的,因为它们导致了城市之间存在的明显差异和人口再聚集的现象:巴黎盆地绵延到佛兰德地区,阿尔萨斯受莱茵河对岸城市的影响,诺曼底地区受邻国英国的影响。城市发展本身也包含着一种地方化的含义,因为城市从这些多少扩大了的生产要素和人口区域中受益。

另一方面,城市发展也存在着分化现象,有些城市飞跃发展,但有些城市却停滞不前。在1720年,马赛、土伦、艾克斯、阿尔勒、阿维尼翁遭到了鼠疫的破坏,于是各自的发展方式就有所不同。鲁昂增长缓慢,类似的城市还有博韦、昂热、夏尔特尔。瓦朗谢纳在路易十四时期有19 000名居民,到路易十六时却只有18 000人;卡昂直到1775年发展一直比较迅速,可后来又慢下来了。但是在城市权力理念和理想城市观念中,没有发生任何变化,而且这种观念与王室根本的观念一致。作为城市力量源泉的并不是生产率,而是年金,是行政机关,是贸易和税收所表现出来的对农村居民的权力。无论是有规律的还是无规律的发展,都闪烁着各自的光芒,我们都可以从中窥见变化的激烈状态。比如在一些大的甚至小的港口,这些城市有波尔多、勒阿弗尔、马赛、南特、布列斯特、洛里昂、赛特。再比如在一些工业城市,例如圣艾提安,尼姆也是如此,人口由 1730 年间的 20 000 人增长到了 1789 年的 50 000 人。在一些大的区政府发展速度则比较适中,比如里昂人口超过了 15 万。在巴黎人口倍增也并非没有可能:1700 年左右人口为 40 万到 50 万,但路易十六时期就达到了七八十万。总之,最重要的是我们所见证的根据城市吸引人力和物力的能力所确定的等级和体系。

城市网,行为的统一

　　城市背景和城市等级具有强烈的稳定性:相关的重新分类不会动摇城市的一般形象,因为这种形象与古老的平衡状态相一致,并且与存在于未变化的或几乎未变化的农村环境中的城市根基相符。这是城市功能地理学所意识到的,建立在相对发达地区、伟大的欧洲平衡以及地方化之间的关系。由贝尔纳·勒博蒂所绘制的地图表明了南特—里昂一线以北的变化和南方以及西南的滞后状况,当然港口地区排除在外。从全国水平来看,三种特征彰显出来:巴黎的影响使得一切都相对化;外省省府呈现某种程度的萧条;中等城市迅速发展,其数量从 1750 年的 65 座发展到 1780 年的 88 座,1794 年时又达到了 95 座。这是一般的发展轨迹,不仅在人口增长中表现出来,同时也表现在频繁的经济和文化交流活动中。与全法国的发展相比,巴黎的优越性却削弱了许多(1750 年巴黎占了城市人口的 7.6%,到了 1790 年却仅占 6.5%,可能计算中很大程度上低估了流动人口)。与其他外省省府如波尔多、里尔、里昂、马赛、南特相比,也是如此。在这种差异中,变化的城市王国对农村王国的胜利、城市化的工业收入对地租和税收的优势、贸易经济对农业政治经济和君主政治经济的优势、开放的城市与封闭的乡村社会相比所具有的优势,都显而易见。①

这种变化把各种变量联系起来了,它们的共同性完全属于行为范畴。比如逐渐为城市带来人口的人口流动现象以及人口统计学的态度,还有从城市到乡村日益加剧的社会分裂——这种分裂规划着空间,促进了人口流动和物品流通。城市空间扩大了,但仍然保持着对城市人口良好的物质供给状况。以一些地区出生率、死亡率的自然增减和人口流动、入境人口的社会增减为基础,从城市人口逆差出发的报告却反映了更为简单的事实:现实的运动永远不会以单向形式运行,在对它们的解释中会集中关于城市、城市—墓地、城市—不幸等问题的深入讨论。报告的阴暗面并不完全是光辉的反面,因为其中一面强调的是现实,而另一面则更多地寄予了希望。城市化的胜利首先表现在这种介于"说明性"与"规范性"之间的差距中,②然后才被记录到急剧增长的人口统计学数字或城市发展数字中。事实上,我们能更容易地估计有多少人进城而不是有多少人从城市离开,更容易统计新移民的到来(可能有时候只是简单的回程),但是从城市迁出的城市居民、后来又离开的早期移民则较难统计。在关于人口流动的计算中,经常把这些运动与出生、死亡作比较(本地人与新移民或返回的移民),这种计算是我们所掌握的唯一可以理解建立在乡下人和城里人之间文化关系的方法。

城市情况统计,乡村的希望

通过 J.C.博诺的研究可以发现,卡昂人口的自然增减和社会增减表明这个城市被荒废和被"占领"的速度一样快:1775—1790 年间卡昂人口从 40 858 人跌到了 37 795 人,因为死亡率过高,人口外流大概也会增

① Lepetit (B.), *Les Villes dans la France moderne…*, *op. cit.*, pp. 91–92.
② *Ibid.*, pp. 50–51.

加五倍。

同时我们知道,17 世纪末至 18 世纪末之间人口流动的特点有所变化。首先,年轻人活动比较频繁,而已婚人士和老年人则比较稳定,正如社会运动的主要要素是雇佣劳动一样,我们从中看到了城市所履行的发展劳动力市场、学习新工作的职能。18 世纪末,在 1798 年进行人口普查对非本地人口进行统计的时候,外来人口已占到 51.8%。我们意识到这种变动触及了雇佣阶层和小农人口之外的其他阶层。它波及了所有社会阶层,社会经济的整体受到了独立意识的影响。轮到大胆之士去城里发财致富了,他们受过教育,也比较年轻,但是有 20% 是在 30 岁之后进城,往前追溯 100 年这个比例只有 6%。有一个情况比较引人注目,那就是每年都有一部分人从城市离开。出现的新现象是跟着配偶进城的女人和被遗弃的孩子们逐渐离开,但这种离开城市的现象也出现在各个阶层里,主要由生活失意造成,而生活上的成功却很少导致这种现象。从这种具有典型意义的分析中可以得出两个不具普遍性的结论:一方面,当城市懂得如何留住移居者的时候就会迅速发展,这个事实得到了普遍证实,比如在鲁昂①、波尔多②、里昂③以及其他很多城市。另一方面,离开的那些人和当初来的那些人永远也不会完全重叠,城市梦想也并非都能实现,但我们认为他们总还是保留了某些东西:生存本领、看待评价问题的方式方法。于是,通过这些变化,城市改变了剩下的其他方面。

我们可以用一个更具体的例子来理解这一点:在规模庞大的移民大军中利穆赞人向巴黎的移居。其中涉及的人口既不明确也不固定,而且具有波动性,可能这就是吸引我们的最有趣、也最难把握的一点。因

---

① 　Expression empruntée à Mona Ozouf.

② 　Bardet (J.‐P.), *Rouen au XVIIe et XVIIIe siècle, les mutations d'un espace social*, Paris, 1983.

③ 　Poussou (J.‐P.), *Bordeaux et le Sud-Ouest au XVIIIe siècle…*, *op. cit.*

为法国 1789 年之前的王朝从未成功地分类统计过。在启蒙运动中的巴黎,新涌入人口频繁接触受到威胁的典型的社会阶层。学生与收容所的穷人为邻,军人挨着官员,旅行者被迫与一些闲人、居无定所的人、流浪者、背井离乡的人挤在一起。对流浪罪的社会性惩罚随着局势的变化以及城市领地整治的需求而增强。除此以外,确实可信的增长数字也同时反映了 1770—1790 年的危机——人口增长成了探究城市危害和治安意识的一部分。

这种处于监管中的人口迁移也记录了最平静、最普通的劳动者的迁移。[1] 他们的迁移是受到了工资水平的吸引:1750 年前后在利摩日每天 25 苏是很平常的薪水。在巴黎,同样的劳动者付出相同的劳动却可以赚到 2 利弗尔。因此 1750 年左右每年有 10 000 人来到巴黎,到 1790 年的时候大概有 20 000 人。这种人口流动最初是迫于生存压力、土地荒芜而不得不背井离乡。人们成群结队地到来,只待几个月,生活方式与以前完全一样,挤在"道德低劣的房东"[2]连同家具高价出租的房屋里。移民者故乡的危机和制造业的需求促进了这些变化的发生——有时候也源于定居和家庭团聚的愿望。当从巴黎回来之后,利穆赞的泥瓦工可以支付各种税收、偿还家庭债务、结婚、置业。为了维持日常开支和家庭再生产所需的微薄的土地资产,土地所有阶层离开家乡去寻找财富。

但是在这种人口流动中风险依然存在,因为并非所有人都能回来;当然也有机遇,很多人回来时都发生了变化,还有更多的人成为定居的小手工业者、小商人。他们的经济能力发生了变化,但经过城市过滤器的过滤,他们身上也烙上了其他印迹,我们可以通过审美观甚至风俗的

---

[1] Garden(M.)*Lyon et les Lyonnais…*, *op. cit.*

[2] Moulin (A.-M.), *Les Maçons de la Haute-Marche…*, *op. cit.*

变迁体会到这些。在城市里,人口流动让四分之一也可能三分之一的外来人口重新踏上返乡之路,我们并不能因此就简单地将其归纳为一种失败。人口迁徙也显露了自由的魅力和贫困、犯罪所带来的种种限制。让历史学家烦恼的是人口迁徙的根源问题,这种根源就在于城市机制,但人们更多地谈论犯罪而不是虽然困难重重但最终获得的期待中的文化适应。所有这一切不仅在"出发地"和"目的地"之间的关系体系中表现出来,而且也表现在迁移体系本身内。

在马尔什堂区或者利穆赞以及巴黎和它的堂区,年轻水泥拌和工的习惯也发生了变化。他改喝以前没有喝过的酒,欣赏以前未看过的演出。他借助城市在日新月异的世界中站稳了脚跟。他或许没有理解"脆弱生命"(vie fragile)的无意识准则,这些准则后来在外省又重新风靡一时。在改变风俗和需要的同时,城市打开了一个消费的世界,丰富了人与人之间的关系,所以城市只能启动自由。无论如何,城市开始了与"僵化的乡村"(village immobile)完全不一样的经历。包含歧视性因素的尝试、被监禁和被排斥的经历、在收容所和感化院所度过的日子,这些都有助于改造人。我们知道18世纪对惩罚和刑罚有多么敏感。在各种危机中,在一大群来推倒城墙的穷人面前,城市行政机关必须面对日常生活的杂乱要求。他们简洁而又力所不能及的回答并非总是流露出排斥的意愿、驱逐祸害的念头,我们从中也能看出由仁义所支配的忧虑以及进行救济、接纳穷人的慈悲。城市既是救济的实验室,也是穷苦让穷人资本化的巢穴。

在这种背景下,对于那些来了、走了或者留下来的人,两种体验尤其具有决定意义:新移居人口的文化适应过程,对社会分化、人与人之间复杂关系的体验。在这片已知的领域,关于城市人口的特征,让我们回想一下核心问题。首先,男人和女人保持独身这一重要问题的原因,或者是因为城市吸引了婚龄前的年轻人——一般是仆人和非专业劳动力;

或者是因为功能阶级（catégories fonctionnelles）的到来，比如蜂拥而至的神职人员。城市人口的婚龄普遍推后，女的一般到 27 岁，男的一般到 29 岁结婚。但不管怎样，在里昂，外来人口还是要晚于本地人结婚，这是因为外来人口即使没有发财致富，至少也需要时间准备结婚前所需的聘礼。所以在南特、兰斯、鲁昂，"对未来的预见"（prévoyance）和"规划"（calcul）与这个世纪一起前进，达官贵人作出示范，有时候他们也会娶乡下来的姑娘。

对于所有人来说，与城市发展并存的还有独身、节育和婚龄推迟等现象，因而城市也比农村更早传递了"终止性交"的新技术和"令人忧虑的秘密"。于是，听忏悔的神甫也活跃起来；妓女使用的"一次性子宫托"也得到了传播——在巴黎有 4 万多妓女。为了拥有更好的前程、更好的教育而组织起来的、占主导地位的社会阶级的生活观念，即使不是典型，也成了某种标准。在城市里，出生率得到了控制，有时候也有所下降：1788 年在波尔多是 32.5%，在里昂是 39%；1700 年左右，在鲁昂每个家庭有四五个孩子，1780 年前后是三四个。出生率的下降与财富等级和社会地位相关，更多的是因为地理上的人口流动性。当然社会流动性也让文化交流更加频繁便捷，所以出生率下降也波及了社会底层并且这种情形有所扩大。婴幼儿死亡率下降很少，弃儿现象逐渐增加——这是另类的杀害幼儿的行为。我们也看到了其他迹象，比如私生子的增加。分居让城市家庭尤其普通百姓家庭破裂，至少在巴黎是这样的。我们还可以意识到人口状况的不稳定性和变化的可能性。

城市比乡村更能教授其他行为。比如给孩子找奶妈。巴黎、里昂、兰斯或者鲁昂的妇女之所以与她们的孩子分开，一般来说是临时分开，是因为她们不再受古老原则的支配，不愿意在她们丈夫身边生活和工作。由格勒兹绘画、休伯特雕刻的《奶妈回来了》展现了具有良好理性的资产阶级的思想。然而40%被放到奶妈那里的城市儿童却永远回不来了。无论如何还有一幅画来谈论社会进步和乐观主义。城市资产阶级的机遇象征着父母亲创新行为的成功。① 城市,作为死亡率较高的地方,在18世纪见证了事物所发生的微妙变化。从此以后,在支配着人口状况的机构里,通过各种"过滤器",城市提供的许多变化的机会是其中大部分人在他们背井离乡的时候根本没有料到的。②

　　照此理由,对新的社会关系的认识是显露出来的最主要现象,因为城市就像一座出色的社会观测台,同时可以让我们认清人类的全部现状。以下就是梅西耶在《巴黎图景》里所提到的:"一个会思考的人不需要走出巴黎的城墙,通过研究这座巨大首都中万头攒动的个体就可以获得对整个人类的认识。"③尽管城市发展也被解读为一种不断增长的障碍和危险,但城市依然让观察家以及那些生活在城市里的人的眼里充满了各种社会关系。就像在乡村,新来的人以不同的方式重新看待各种等级的价值观,这些价值观有助于当时的人们去理解社会。等级是不可避免的,比如贵族和教士、贵族和平民。另外,这些不断增长的矛盾逐渐在城市熔炉中显得愈发复杂。在那里,关系、名声、功绩和金钱的影响力每天都在扩大。税收标准在乡村比较粗放,在城市更为细致,强化了财富作为社会等级元素的角色。城市混合了各种生活条件,在某种特定的环境里把这种成功的外部特征公之于众。在这种环境里,这些特征只能表现对古老等级的认可。就是通过这样的过程,城市改变了已经被接受的价值观体系。这是规模不断扩大的城市里的混乱景象,"爬行式法国"

---

① Fauve-Chamoux (A.), *Comportement parental en milieu urbain (XVe - XIXe siècle)*, Annales E. S. C., 1985, pp. 1023 - 1041.

② Perrot (J.- C.), *Rapports sociaux et villes au XVIIIe siècle*, Annales E. S. C., 1968, pp. 241 - 268.

③ Mercier (S.), *Tableau de Paris*, *Paris-Amsterdam*, *1782 - 1788*, t. I, p. 1.

（France processionnaire）的古老故事在城市奢华的舞台上继续上演着。

　　城市空间的组织形式有助于改变人的理念和观点，因为在城市中两种对立现象到处凸显出来，体现在街道命名和工作休闲中的职业分化上。把好的楼层留给有钱人，让穷人蜗居阁楼或地下室，这种等级不平等的现象已经司空见惯。只是到了18世纪末，尤其是在巴黎，出现了由街区形成的横向居住隔离。这也不排除外来人口聚集现象，他们总是属于社会阶层的再次聚集。但两种事情由此成为必然，因为人们可以怀疑他们能否完整地形成一个团体并迅速融入全体居民中：首先，这种阶层混居现象把"顺从"这一古老传统置于危险的境地，一些其他阶层也出现了；其次，城市开启了一种新的文化，文化的性质取决于它的活力和野心。

城市变化：从功能到文化

　　从人与人之间的关系出发，建立在城市空间中的不同关系造成了一些变化。但在个人心理学以及集体关系方面，这些变化的重要性还有待衡量。在历史上，那些从租金中受益的人第一次受到了那些以利润、工资为生的人的冲击。接受新的社会关系的速度、新的关系转化所带来的效率、城市化的新方面，这些都与滋润着城市历史的各种方式密不可分。与城市能力相比，城市变化要进入经济增长的程序，以经济增长方式为基础，行为方式也各有千秋。

　　有两种模式可以决定一种潜在的类型论，这种类型论可以更多地引发思考，而不是简单地意识到城市化法国显而易见的多样性。那就是旧制度下的城市，它的根基建立在历史之上：特权的入市税、城墙的建造、聚集在一起靠年金生活的贵族，还有"商业城市"，未来之城、发展之城、流动之城。很明显，从一种类型到另一种类型，既没有分界线也没有完全的断裂——城市职能确保了这种连续性。但在18世纪所表现出来的是城市化发祥地的经济活动所蕴含的勃勃生机,从中我们可以觉察到现代城市的"起源"。

历史学家认为,在形象传播和城市现状组织运行两极之间发生了双重变化。首先,是从关于城市优势和特权的分析性或描写性的论证到关于城市角色和功能的论证。与经过历史证明的社会地位相比,"城市空间"不会自己形成,而是与各种有等级色彩的活动有关,因而从乡村到城市建立了一种连续性。其次,对于流动性的认可,就像对于城市历史的深入研究所阐明的那样(比如旺多姆的历史),重要的不在于开创性事件能否重复,而是变化、发展或失败,它们是城市扮演的鲜明角色的见证者。新的城市形象与用经济词汇思考的城市功能同时发生变化。从一个城市到另外一个城市,我们已然预料到,关系都是辩证性的。①

大陆模式　海洋模式　特权之城

关于主要城市的思想理论支配着城市关系的具体表现,无论是在土地方面,还是与其他城市的关系上。地产精英的聚集、权力的行使、相互的社会关系组成了传统城市的本质。"大陆模式"——政治权力的根本,在城市最古老漫长的发展过程中构建了城市框架。尽管存在着海洋商业模式,大陆模式还是继续对城市等级体系的划分、城市之间的关系起着指导作用。受坎特龙分析的影响,根据这两种模式对城市进行分类可以参考三个变量:是否有地主,即在城市中消费其收入的土地食利阶层,这些收入是城市财产的衡量标准;是否有地方行政长官,或者普通意义上的权力代理人;以及是否有企业家和雇员来从事满足消费者需求的商业和生产活动。这些收入来源是权力的来源,收入的不平等分配决定

---

① Lepetit (B.), *Les Villes dans la France moderne...*, *op. cit.*, pp. 80–81.

了每个城市的特殊命运。

因素分析法可用于比较各大城市的结构和用于生产活动的设施：就旧制度下的城市而言，城市结构包括总督管辖区、财政区、法院、行政机关、教会机构、卫戍部队。从商业贸易城市的角度看，出现了教育机构、文化机构（知识和信息传播的标志）、邮局、运输业、河运和海运、领事馆和商会、集市及各种进行商业活动的场所。

根据这些标准，贝尔纳·勒博蒂对一百多个法国城市进行分析，围绕功能的排他性或互补性进行，而不是将大陆模式和海洋模式完全对立起来。在人口和经济活动层面，这两种模式有时候是一样的：法国本土的 28 个省会绝大部分也是当地的商业重镇。变量的存在可以确认两种不同的城市化模式，但通过分析两者之间的关系，可以看到两种模式相互渗透，有时又互相分离，比如巴黎和波尔多适用于第一种模式；既没有议会也没有经济管理部门的马赛则适用于第二种模式。由此可以认定制造业不是划定城市等级的一个主要因素，而是一种特殊的因素，它是人口增长的驱动力，属于一种从属元素，尤其是提高商业活力的从属元素。

于是城市系统等级化了。金字塔顶端是 30 多个具有影响力和贸易性的大城市，除了普瓦捷、佩皮尼昂、拉·罗谢尔，其他城市的总人口都超过 20 000。根据城市规划的逻辑，这 30 多个受巴黎支配的城市分布在各地，在中部很少。这种模式还集中了蒙彼利埃、鲁昂、图鲁兹、贝桑松、里尔、里昂、斯特拉斯堡、艾克斯、南锡、奥尔良等城市，尽管有历史的、经济的、社会的变化，这仍旧是通过领土归并所进行的城市王国的渐进形成模式，以及对一种古老格局的维持。

在金字塔的底层，是 100 多个以第三产业为特点的城市，行政机构、比生产活动丰富的贸易活动、文化机构组成了这些城市的主要框架。领土管理似乎带来了一切，它们与大都市的差别主要在于城市规模。在城市分布图上,表现出一种不均衡的分布体:第一集团在巴黎周围,从沙隆到亚眠,从夏尔特尔到博韦;第二集团向南集中,通过卢瓦尔河和阿利埃河到达了中央高原,分布着内韦尔、里永、穆兰和克莱蒙等城市;第三集团在西南地区,旧制度下的城市在靠近东部的地区很少见,在南方也是如此:这是因为那里是"特权之城"和"皇家领域"的模式,是关于选举而非三级会议的模式。这些都是权力影响下的城市,它们的城市设施和机构在王室的控制下完善和发展。18世纪的独特之处在于,在这个"凝固时间"的空间里,不仅认可了古老的制度,而且强调了变化的模式。透过比例不断上升的各种城市和城市分布图,我们所预感到的正是这一点。18世纪见证了巴黎相对衰弱的过程,目睹了多功能的商业城市的崛起,同时也证实了各种小乡镇所扮演的角色,它们的发展和繁荣与国家有关,"消费者之城"与"生产者之城"互相对立。[①]

　　因此,城市行政功能的影响力度是城市发展的原动力之一。但行政功能并未与商业功能形成竞争,它甚至在最初孕育了商业功能。于是,在社会分化中描绘一种完全令人满意的类型论显得尤其困难,无论是从人口统计学的整体出发,还是从人们鲜少尝试的可就业人口的角度出发。几十年的税收和公证档案可以更清晰地评估财富水平和财政能力,更准确地界定社会阶级。对于城市框架中100多个特色鲜明的城市,我们并不支配理解社会职业结构和动力论之间关系所需要的同质元素,而动力论的作用更多地体现在增加新的社会关系,增长看似不稳定的城市组织,推动社会人员流动等方面,而不是破坏城市之间旧的关系网。

　　在整个法兰西王国,两种社会组织类型规划着城市体系。第一种是等级隔离不明显的城市,我们可以合理地认为这种类型在城市金字塔底

---

① Weber (M.), *Économie et Société*, t. I, Paris, trad, 1971, La Ville, Paris, trad, 1982.

层以及行政城市范围里占优势。在一座类似盖朗德或者沙托丹的城市，在布列塔尼的甘岗或者蒂勒，城市内部确实存在分隔，但差距还不至于太大——既没有太多的穷人，也没有太多的富人——差距没有在地理分布上明确地表现出来。这种等级由显贵人物之间的相似性以及贵族和教士的关系决定。随着人口的不断增长，逐渐增多的社会职业阶层所表现出来的巨大的经济、社会分化，地理上的关系也像社会关系一样复杂化了，差距也随之加深了。在行政机关占支配地位且经济活动微弱的地方，特权阶层和靠年金生活的资产阶级就占据上风。所以马恩河畔沙隆或者瓦朗斯成为两个学院式的例子，那里"商人和工场主的倦怠"是众所周知的，而那里却出现了最活跃、最有雄心的资产阶级及致力于扩展城市影响的商人。居民收入增长了，城市吸引力提升了，贵族的社会等级与一切新旧活动相对抗，占支配地位的阶级进入了一种流动性更强但也更具有约束力的相互关联的流通体制里，后者则受到薪金铁则[1]和利润铁则的支配。金字塔顶端是大都市，支配着所有的阶级和关系网。所有带有等级关系烙印的活动出现了，比如宗教的、司法的、经济的、行政的。巴黎像现在一样，俯瞰全局。之后我们会以四个例子为研究点来阐明这种连续性：尤赛尔、昂热、卡昂和里昂。然而在外省城市丰富多彩的历史创造过程中，从"特权之城"到发展中的省会中心城市，依然可以找到其他的例子。[2]

尤赛尔、昂热、卡昂和里昂：从封闭到开放

对于那些居住在这个利穆赞的角落的人来说，尤赛尔就是世界的中

---

[1]　由拉萨尔（Lassalle）提出。——译者注

[2]　Meyer（J.），*Études sur les villes en Europe occidentale*；t. II：*Milieu du XVIIe siècle à la veille de la Révolution française*，*France*，Paris，1987，2 vol.

心。尤赛尔地区处于被河流隔开的山区里,从而表明了其作为城市周边与城市的一体性,这种一体性体现在与一系列市镇和村庄的关系上。摇晃的城墙、漂亮的教堂、两座圣于尔絮勒会修道院和奥斯定会、方济各会的改革派教士修道院、两层或三层的房子、狭窄的街道、商店、货摊、酒窖、客栈,这一切堪称牧师们和农民们的耶路撒冷。它把他们从方圆30 千米的堂区吸引过来,他们要在颠簸的小路上疾步行走一天。其中男人数量要多一些(夫妻中的33%),女人则要少一点(18%),他们平衡、抵消了死亡率和离乡率过高的情况。城市通过小店主的、手艺人的各种活动留住了他们:在这些小企业里有46 家资产难得地超过了1 000 利弗尔。既不是贸易也不是手工业维持了经济流通的活力,即使物质流通以商业活动为基础。商人是农业产品的中转站,他们收集谷物、牲口、酒、蜡、羊毛,进口所有的东西然后卖给那些需要的人,尤其是酒和奢侈品。可以说,在尤赛尔占支配地位的是并不太发达的交换活动,构成吸引力的是手工业者和法律界人士的角色,以及由贵族和资产阶级名流的消费所带来的商品流通。

在尤赛尔,社会等级在两方面表现出来:首先是在土地财富上,城市支配着司法总管辖区30%的土地。社会阶层对土地的占有份额体现了某种平衡——贵族和资产阶级在收入上占有同样优势。这一点在牧场方面尤为明显。在第二层面,即掺杂着土地财富、动产收入和身份地位的社会礼仪层面上,可以发现等级的底层是没有房屋没有土地的房客、没有发展前途的短工、有办法有时候也更幸运的仆人。在等级的中间部分,是商人和手工业者,在9—300 利弗尔的产业中,他们占了二十分之一,其中三分之二高于20 利弗尔。在等级顶端是贵族、享有特权的教士的代表、依靠司法总管辖区法院生活的法官、一小部分精英,还有医生、外科医生、公证人、著名的11 个资产阶级家族和5 个法官家族。这就是中等发展状态和经济萧条的城市面貌,这种无生气的状态不会造就任何变化。凭借 1715 年的 491 户、1775 年的 409 户人家，尤赛尔成了"旧制度城市"的典型，不完全封闭，也不绝对开放，发展也是转瞬即逝。①

　　昂热的情况有所不同。这座城市同样停滞不前，处于一种寄生状态，这是一座处于"冬眠期"的城市。1770 年，昂热有 25 000 名居民（其中 16 897 住在城里），与一片富裕繁荣的农业区保持着一种积极但掠夺性的关系。因为有了卢瓦尔河和曼恩河，昂热的港口可以停泊船只和驳船，这些船只为从西到东、从南至北一大片富裕的盆地地区服务。在这座城市的 16 个堂区里，外部流动（25% 的夫妻，10% 的女性）和内部流动是有限的，社会进步也非常有限，倒退情况还不确定（或者无法核实）。因此城市人口略有增长：尽管大革命时期大约有 27 000 名或 30 000 名居民，但比 1650 年减少了 5 000 人。安茹的省会几乎没有受到工业的影响。纱布、丝袜、针织品取代了古典时期的布料，尽管如此，昂热并未成为纺织重镇。由于省外市场的存在，炼糖厂得以生存并扩大了规模，1789 年就有四家，但是昂热的发展受到南特和奥尔良的压制。石板工业是没有企业家的行业，因此萎靡不振。皮埃尔·莫欧和曾涉足所有商业的当东·莫欧家族尝试发展这一产业，但都陷入了困境。尽管他们不缺钱，但是与手工制造业和商业的风险相比，惶恐不安的财富拥有者还是更青睐收益有保障的不动产、土地和租金。图尔财政区会计官的判断或许是正确的：

　　　　昂热的居民更倾向那种懒散的状态，在这种状态下，他们衣食无忧地在勤勉的工作中长大，而就就业业的工作都是创业活动和冒险投机活动所需要的。失去了活力（这是个新词）的

① Lemaitre（N.），*Un horizon bloqué…*，*op. cit.*

这一代人过着呆板枯燥的生活,就像前一代人后一代人也是如
此一样。

社会还原了这幅图景,对于 1769 年的 21 567 名昂热居民,普查就业
人口的普查员们认可了仆人的巨大重要性(占到了 9 371 名就业人口的
25%),还承认了在纺织业和服装业占支配地位的小作坊里经济活动的
分散性,即使纺纱工人的状况是不稳定的。他们的普查还体现了贵族的
影响,以及靠年金收入的有才能的资产阶级、小贵族和教士的影响。税
收的沉重负担压在中小纳税人身上:78%的纳税人支付少于 20 利弗尔
的税;尽管如此,他们还是承受了几乎一半的税收重负。城市首先为自
己谋福利,其次才是为地区。占优势的模式是舒适、简朴、有规律、稳定
的资产阶级和贵族的生活方式,他们在城市和乡村具有稳固地位,拥有
一定的影响力。他们每年有一部分时间生活在乡村,从那里,他们以金
钱或实物的形式领取相对可观的一部分收入。在这一切之上,依然笼罩
着教士、教堂、主教、修道院、隐修院、议事司铎、教会学校、神学院和教会
机构的影响。昂热是一座教会城市,①它的生活准则具有一定的稳定
性,遵循传统,教士享有优先权。昂热的日历也基本是教会的日历,完全
按照教堂里的钟声和宗教仪式活动的时间安排活动。如果说昂热在
18 世纪有段历史,但如果与力求贴上开放标签的风云变幻的世界相比,
那也是一段不重要的历史。

总之,这是一座处于休眠期的中等规模的城市,我们可以找到其他
几十个例子。军官、有产者、贵族、资产阶级、教士在那里过着舒适的生

---

① Mac Manners (J.), *French Ecclesiastical Society under the Ancient Regime*, *a Study of Angers in the Eighteenth Century*, Manchester, 1960, p. 7.

活,但广大普通百姓的生活却是颠沛流离。① 尽管如此,还是要阅读一下弗朗索瓦·伊夫·贝纳尔②的《回忆录》,在书中作者追溯了一个普通人的文化适应过程。他出生于 1752 年,当世界在与封闭的社会风俗作抵抗时,他正值 30 岁;当社会风俗固定下来鲜有变化之时,这个大农场主的儿子已成长为教士。在逐渐更新的事物中,昂热渐渐地把人带到了沐浴着发展气息的空间里。

尽管走了弯路,卡昂也经历了发展。土地肥沃的乡间养活了大量的手工业者。因为沿海贸易,海上生活生机勃勃,它的人口从 1700 年的 26 500 人增长到了 1775 年的 40 858 人,之后又有所减少。这又是另外一种模式:处于冬眠期和开放之间的城市。从维持其统治地位来看,它迫使周边地区保障城市的粮食供应。从蔬菜到小麦,从肉到鱼,卡昂都是诺曼底地区的乐土:面包的供应总是很及时,而且经常有剩余。卡昂的贸易吸引了不同的供货区,然后从市场中赢利,入市税的变化就证明了这一点。在人口和食品流入圈中心区域,药品、香料、服饰用品、糖、咖啡、各地的布料、奢侈品,从勒阿弗尔和鲁昂运到了卡昂,同时大量物美价廉的产品从卢瓦尔河岸卖到了布列塔尼周边地区。"这在更大程度上是工业产品贸易区而非食品贸易区,在纺织品贸易网中,只有微弱的城市贸易需求获得了满足,这一点并不奇怪,另外这也得到了吉布莱集市和卡昂的定期集市的验证。难道这不是最终可以预见到的吗? 凭借着这些边缘以及复合产品、具有弹性需求的物品,一种依靠周边地区的贸易模式即将从工业经济中成形并明朗化。根据勒斯的传统定义,在工业经济中,城市已不再是具有连续供应区域的购买中心了,它的存在是为

---

① Braudel (F.), *L'Identité...*, *op. cit.*, t. I, p. 214.

② Besnard (F.-Y.), *Souvenirs d'un nonagénaire*, Paris, 1880.

了进入一个具有交叉点和轴线的细腻的贸易网。"[1]

所以,一座以食品流入圈为中心的城市可以容纳工业。在卡昂,四股浪潮——奢侈呢料、针织品、粗布(麻布)和花饰——相继而来,在岸边留下了各种创业者,但几乎又马上被另一种潮流所代替,毕竟吸引劳动力的总体状况就摆在那——或多或少的资金及经济形式。困难已然在经济形势上打上了烙印,甚至波及农业产品。农产品并不能充足地供应纺织品原材料,因此还有更多关于物资储备的事情要做。不过它成功地垄断了资本,还有部分劳动力。总之,尽管地租和土地收益比较好,卡昂人仍然未觉醒。[2] 在当地经济学家关于革新的呼吁下,卡昂在创新的节奏中渐渐苏醒。他们首先从土地着手——这些人都是重农主义者。但是这种调整促使贵族管理者去行动就像推动他们去反思一样——这些人都是行政官员、商人、律师和工程师——将他们更多地引向对经济道义、贫困、高利贷、经济学理论的分析,而不是简单地从农业经济引向工业经济。行会并未阻止变化的进程,是城市文化本身将地产至上和戒备心变为投机冒险、谨慎行事和无所事事。

社会等级使得这种现象更具真实性。占支配地位的是贵族精英和租金收入者,以及一小批活跃的商人、一大批通过本地消费致富的手工业者和工场主。1750 年至 1760 年间劳动力人口只有 8 932 人,而非就业人口却有 20 000 人,租金收入者也包括在内。在整个法国,就业人口率平均可达到 37%。这种差距不仅显示了卡昂城市化的不同之处(1792 年就业人口占 32%,1760 年占 28%),也体现了财富和财富持有者的集中化。经济资本持有者和知识资本持有者之间的鸿沟因计件工人的增多和无产阶级进程而日益加深。城市,刚刚接触到商品流通和贸

① Perrot (J.‐C.), *Genèse d'une ville moderne...*, *op. cit.*, t. II, p. 236.
② Braudel (F.), *L'Identité...*, *op. cit.*, t. I, p. 222.

易,便开始招募乡村成长起来的劳动力,但"感觉只有财富的简单再生产才是可能的"。①

流通与交换是经济发展的因素,因为其决定着经济结构方面的开放程度。以此为基础,居民进入了另一个领域,城市变成了交流的工具,让其用户信息灵通,也让他们堕落。甚至在工业时代的结构形成之前,利益冲突、职业和文化阶层的对抗以及实利主义思想的上升就已经凸显出来。在卡昂和在别处一样,新的人口关系、空间关系、婚龄的推迟、日常卫生和就医的情况都一一呈现出来。从经济发展到人口变迁,历史学家所观察到的是城市作为必不可少的文化媒介的角色。

里昂,处于城市金字塔的顶端,在 1700 年人口达到了 97 000 人,到 1785 年则达到了 146 000 人,1750 年之后的增长尤其迅速。里昂与外界的关系成就了这种增长。这来自财政区堂区教民的人口数,很少有超出这个范围的增长,但必须处于权力机关的允许和控制下。需求决定一切,因为里昂和当地工场的丝绸工作和其他活动需要两种完全不同的劳动力:学徒,他们有一天可以代替师傅;女孩和妇女,是丝绸工作中必不可少的一部分,但没有设置门槛来限制她们。第一种情况决定着里昂手工业主后代的前途,与生产和风险相关联,此时里昂成了欧洲的丝绸之都。里昂的成功是奢华、创新、设计者才华和时尚的成功。从这个角度看,没有知识的农民的学徒期开始得早而结束得晚。这就是为什么除了耕地者和葡萄种植者,村庄里富裕的人、手工业者资产阶级都急于把他们的儿子安排在大都市的工场里。

新里昂人通过婚姻安身立命,但不同的职业和社会身份间总是存在着或大或小的差距:40%的丝绸工人一出生就是城里人,而80%的手工业主和四分之三的商人天生就是城里人。在未婚女性中,城市吸引了没

---

① Perrot (J.-C.), *Genèse d'une ville moderne...*, *op. cit.*, t. I, p. 529.

有经过技能培训、生活不稳定的女佣，因为这个职业有一定的风险性，而且她们不断地被别人所代替。虽然里昂的居民生活在流动性中，而这种流动性也是对经济活动的一种回应，它主要受到安家意愿的影响，比如为了摆脱乡下的穷苦生活、到城里来换取稍好一些的物质生活的愿望，或者他们认为城市可以带来更多的进步。18 世纪最后一个巴黎市长的父亲是多菲内人（法国东部旧省名），在儿子路易·都洛赞出生后被封为贵族。如果说这一特殊情况是两代人社会地位上升的象征，那么所有因素中最重要的是社会变化的规模。在 18 世纪，几乎在所有社会阶层，外来人口的数量总是多于土生土长的里昂人，移民的总体数量超过了120 000 人，占了里昂、比热耶和多菲内人口的五分之四。因为总是有人不断离开，所以实际上人数可能会更多。这引起了人口规模文化层面上的变化：在城里、街道上、房屋里，各种出身的人混住在一起。

以巴尔街为例，在 18 世纪末的人口普查中我们捕捉到了各种人群汇集的"大熔炉"现象。位于这条街入口处的小酒馆由米勒雷的两个葡萄种植者经营。第二家店铺属于多菲内的一位旧货商，房主 60 年前从比热耶来到这里，住在夹层里。在这幢楼房里，可以遇到娶了瑞士人的弗朗什-孔泰地区的资产阶级、比热耶的金属车工、圣·艾蒂安的车夫、来自里昂各个村庄的短工、来自内韦尔的理发师、来自维祖耳的高级细木工、奥弗涅的泥瓦工、盖雷的流动商贩。六楼上住的是里昂的帽商、福雷的粮食商和来自多菲内的另外一名帽商。

36 户人家中只有六家是里昂本地人。应时之需的人群混居让这座大都市成了变化之城，在那里一切皆有可能。但是，城市并不本着公平的原则发放许可证。关于税收的研究表明了穷人区和富人区之间逐渐加深的矛盾，比如皮埃尔-斯兹或者普拉特区。公证人材料中关于人头税的分析揭露了社会差距的增大：短工、仆人、女性从事的职业是最基础的，占 15%—20%；丝绸工人占四分之一；手工业者又占到三分之一；

在金字塔顶层是 20%—25%有身份、有财富、有地位的名人、大商人、法官以及各种有才华的人和教士。前三种社会阶级平均税金为 2—3 利弗尔,手工业者是 9 利弗尔,而显要人物则是 50 利弗尔。

在城市等级中,各种经济活动总是与工场、作坊、店铺和柜台相关。从社会性的角度看,这是各种阶级里必不可少的群体,他们证明了大都市对其贸易的依赖达到了何种程度:超过三分之二的人口直接依赖于此,在整个就业人口中比例则更大。同时,社会等级再次证明了传统特权的存在。无论是从收入还是消费角度,排在首位的总是贵族。一切就这样进行着,好像贵族依然是占支配地位的典型,而不去计较他近几代的血统以及他是否继续通过婚约还是直接与之贸易保持关系。在一座保持着商业性和资产阶级特征的城市,其繁荣昌盛加深了少部分富人和大多数穷人以及劳动者之间的鸿沟。在每种职业里,财富的聚集总是有利于手工业主以及那些控制着行会学徒发展前途的人。在工场作坊里,商人的利润取决于工人工资的稳定性。这座资产阶级大都市的成果就是,人口流动性极大的里昂几乎是封闭的。与在发展中觉醒的旧制度下的城市如卡昂相比,里昂见证了一种新的经济社会和等级社会的形成。但里昂和其他地方一样,农村人口涌向城市是最基本的成果。①

让我们再回归到城市—乡村的关系上来总结一下:这种关系既表现了相互关联的利害关系,也表现了冲突对抗。乡村世界的开发既是发动机——没有它,我们什么事也做不成,也是发展的制动器。城市和乡村之间的古老关系依然持续着,甚至一些文学形象在传统上也是丑化农村人、颂扬城市人。尽管存在着城墙,城市生活仍旧保持着与农作物和葡萄收获时间同样的节奏。即使推倒城墙,城市每天也都影响着农村,而农村生活也渗透着城市生活。关上城门,让年轻的卢梭们在城外过

---

① Garden (M.), *Lyon et les Lyonnais...*, *op. cit.*

夜,则表露了某种担忧及控制的意愿。农村的保守主义正在逐渐被小型工业①的蔓延和贸易运动所改变。城市存在本身其实就是顺从的居民的生产能力的功能——首先是农业的,其次才是工业的。城市从农村吸收了大量人口,然后驱逐流浪人员,只是在危机时期人们才抱怨这一点。然而相对地,赈济措施与城市财富吸引了流浪人员。城市同时造就了自己的失败与成功。当婚姻没有让新来人口安顿下来的时候,城市在吸引的同时也排斥了一些人。在此涉及的是经济学家用"吸引力"或者"排斥力"等字眼所表达的中心问题,以及"工作""行为的适应"等焦点问题。

与农村王国相比,从经济学角度看,城市王国既是买方市场也是卖方市场。它控制着一部分产业,靠征收农民的收入生存,只有部分人以工资或者投资的形式返回农村。城市所实行的税收提取制度削弱了财富再分配的影响:就是它为城市设施和道路建设提供资金,但农村在支付的钱的比例上要比城市多。农村以及农村劳动为发展中的城市埋单。一方面,城市与农村的关系存在不稳定增长和不平等开发的双重迹象;另一方面又处于不平等逐渐减少及经济、文化迅速发展的双重影响之下。我们不能忽视能够打破不景气周期的具有刺激性影响的城市消费。巴黎和外省大都市的需求促成了农村经济的转变、风格的多样化,带来了越来越精细的需求的扩散。所有这一切首先在城市网络中发生,然后才波及市镇和村庄。我们应该重新考虑在城市运行着的文化适应机制。

城市变化的前提条件

在人的变化方面,如果说城市具有某种效能,那是因为它拥有另外

---

① 也叫 proto-industralisation,是经济学词汇,由 Franklin Mendels 于 1969 年提出,指代 17、18 世纪乡村的小工场。——译者注

一片生机勃勃的文化空间,并且城市生活以别样的方式铺陈开来。城市有自己的规模、节奏、有规律的和异常的动向。其主要的特征是人与人之间紧密的关系,以及他们相互影响的生活。这就是为什么在人与人的关系中可以发现城市。人与人之间的相互适应使得每个人都可以加入、体会所有人的谈话。在逐渐远离农村、逐渐城市化的过程中,两个特征尤其让人印象深刻:城市既不是以同样的节奏发展,与自然、植物、动物也并非保持同样的关系,因为人口在增长,建筑规模在扩大,农村生活的特点逐渐消失;更遥远的农村前景笼罩上了空想的色彩,城乡关系也颠倒了,不过是在一场变化结束的时候。这种变化掘开了一条更大的鸿沟。比起农村人对受奴役的工作不计后果地顺从,这种状态就没有那么顺从了。城市是发展之地,是中枢神经中心,在那里聚集了物质世界、精神世界、知识界变化的一切能量。"城市的空气让人身心自由",这个古老的事实通过三重资本化被带到了 18 世纪:阅读实践可以证明都市文化优势的增长;从一座古老的、开化的城市到更具功能性同时也更具争议性的城市转变中,文化论述所凸显出的思想转向;暴露出新冲突的残存的城市政治。①

印刷品在都市

乡村阅读者的数量有所增长。在城市,无论是在外省还是在首都,书的数量和阅读实践都以更迅猛的速度增长和发展着。首先是因为在城市,学校的优势扩大了已经获得阅读能力的人群,他们在城市里比在农村更容易获得知识,在学校也比在别处更容易接触知识。城市有利于

---

① Gusdorf(G.), *Les Sciences humaines et la pensée occidentale*; *t. VII: Naissance de la conscience romantique au Siècle des lumières*, Paris, 1976, pp. 369-371.

培养潜在的读者,他们既不是单纯的书籍购买者,也不是才能过人、勤勉的读者,而是更容易接受城市提供的唾手可得的各种印刷品的人群。另外,很长时间以来,人们把阅读限制在了对书本的阅读,却忘记了其他印刷品——它们是文化社会实践系统所带来的,而又赋予了社会实践更多的意义。个人行为和空间定义以及集体习惯之间的核心冲突,促成了在18世纪逐渐加快的出版物的传播和购买。在这两个领域所表现出来的,是贯穿于实践、指引具体实践的基础变化和平衡状态的变化。在城市居民中,两种阅读风格平分秋色:一种风格具有个性化,另一种则在家庭的、勤奋的、文化的社会性上形成。与农村居民相比,城市居民不仅对印刷品的支配性更强,而且这种支配性把他们带到了开启变化之门的更广阔、更多样的道路上。

私人拥有图书

主要建立在居民死后财产清单基础上的众多研究可以对不断增长的私人藏书进行评估,尽管采用的指标并不总是清晰的。私人藏书的百分比中,至少包括一本书:在西部城市(昂热、布列斯特、卡昂、勒芒、南特、坎佩尔,雷恩、鲁昂、圣-马罗),这一比例在18世纪占到了33.7%;在巴黎,1750年左右这一比例仅占22%。如何解释只有不到四分之一的巴黎人拥有至少一本书,然而外省人却超过了他们?我们可以得出的结论是因为习惯而造成的更加粗枝大叶的公证行为。尤其可以得出这样一个事实,巴黎已经进入了一种出版文化中,在这种文化里,与其他出版物如小报、诽谤性短文、公告、通告相比,书是一种基本要素。居民对书籍的拥有确实在增长,但增速无规律可循。在西部,1788年与1728年比例相同,都是35%。增长率随着城市人口和扫盲的方式的改变而发生变化。在18世纪,第一层界限被超越了。除此以外,出版文化也出现了倒退现象,就像它曾经历过发展一样。

我们在不同时代根据不同城市观察到的不平衡现象,构成了社会背景的主要特征。1700 年左右在巴黎,13%的雇佣劳动者拥有图书,在法官和贵族中分别是 32%和 26%。18 世纪后半叶,同样还是这几个社会阶层,对书的拥有分别达到了 35%、58%和 53%。我们已经计算了所有人包括老百姓的财产。统计方式是通过两种鲜有例外的规则:一个社会阶层的平均经济实力越强,他们中拥有书籍的比例就越大;在同一个社会阶层内部,对书籍的占有比例随着财富的增加而增长。在巴黎、里昂以及西部城市,这些规律得到了确认,这表明图书已经大规模进入了社会生活,进入了普通百姓、手工业者家中,同时私人藏书也在大规模增长。读者增加了,特殊的书籍更多了,大规模的图书馆也涌现出来,文献更加丰富了,这些无不受阅读方式的影响。

在 18 世纪城市的另一个实际情况是阅读传统发生的微小变化,这些传统是社会文化群体身份的标志,比如来自城市的教士阶层。存在于巴黎和外省之间的差别是显而易见的,无论是在收藏的规模上,还是在收藏的方法上,都一目了然。教士阅读的一致性是因为受到宗教教育的影响:这种统一性与改革的意愿一致,而改革又在巴黎与其他传统相妥协。巴黎的议事司铎和神甫没那么保守。在这一领域,贵族的特权依然存在,但是对于那些不是很富有的人、青少年、寡妇,阅读传统也接受各种不合常规的情况。在此具有决定性影响的是法官家庭传统和军人家庭传统之间的鲜明对比。在 18 世纪,对于这两类家庭而言进步是显而易见的,但第一类家庭更明显,即使第二类也受益于此,并后来居上。差距并没有消失,它突出了与宗教阅读和历史性阅读之间的不同相比更本质更内在的差异。喜欢阅读的资产阶级、有才华的资产阶级以及商人资产阶级,他们之间的差别也很大。在第一类人群中专业书籍占优势,他们对书籍的收藏也越来越倾向于历史、戏剧、小说。在第二类中,出于实用性的考虑他们收集了贸易和经济方面的书;逃避社会的愿望又促使他们阅读新生的浪漫派书籍、诗歌以及一些游记。在普通百姓中宗教书籍的绝对地位毋庸置疑,尤其是当他们只拥有一本书的时候。但在巴黎、里昂和西部城市,居民的阅读面不断扩大。总之,最重要的是积累,是不同风格和选择的碰撞,是赋予阅读某种地位和亲切感的内在习惯。

公共阅览与习惯的改变

在乡下,接触阅读的途径并不仅限于私人藏书,公众所读过的书并不总是所拥有的书,18 世纪见证了大量涌现出来的图书机构和实践活动,它们为公众阅读提供了方便。朋友或亲戚之间经常互相借阅图书,他们经常是通过有强烈求知欲的借阅者组成的圈子去阅读这样或那样的图书。公共图书馆比以前更具开放性了。1784 年的《法国文学》制定了一个排行榜,其中首都凭借着既有宗教的也有世俗的 18 座图书馆名列榜首。在法国有 20 多座城市至少拥有一座公立图书馆,比如里昂的学院图书馆,鲁昂的科学院图书馆、修道院图书馆。对宗教书籍的大规模收藏对此起了推波助澜的作用,比如巴黎的圣日内维耶图书馆。这种收藏主要通过以国王为榜样的伟大收藏家的活动,以及具有公民责任感的文人们以遗赠或捐助的形式把私人收藏品转给市政机构实现。这种情况在里昂也存在,比如奥贝尔、布罗赛特、阿达莫利的收藏品。

在尤其针对文人的第一种渠道里派生出了第二种:阅览室和开办"文学陈列馆"的书店。在那里人们可以尽情阅读而无须购买,而阅读又创造了购买者。之后在私人的倡导下很多地方出现了"阅读会所",尤其是在商业城市里。"阅读会所"聚集了以阅读、讨论、沟通为目的的捐助者,但没有固定的捐助形式。在旧制度即将结束时,这种形式在文化社会的边缘随处可见。阅读的渴望、学习的激情激发了创新行为,按天出租图书这一创新行为让一些畅销书比如《新爱洛伊丝》到了各种读者手中。在出资者的努力下各种报纸、杂志问世了,高声朗读这种革命性转变也出现了。于是两种相互交织的需求也应运而生：其一，对不断涌现的水平参差不齐的图书监督的需求，这在梅西耶描绘的乌托邦里已经得到了体现；其二，图书馆扩大图书收集规模的需求，图书馆被看作收集图书的圣地，这种需求在建筑师比如布雷的计划中得到了陈述。在城市中心，图书馆这座圣殿应该让所有人都接触到所有的知识。

随着图书拥有量的增加，城市阅读也发生了变化。阅读本来是隐秘的私人行为，但被弗拉戈纳尔、博杜安、罗贝尔搬上了画布，作为大规模投资的象征。书和画像一起附带着象征意义，同时提炼出包含在世俗舒适生活中的地点和行为的转变，从中表现出来的是标志着城市风俗的浮躁。然而阅读本质上是件严肃的事情，它要求阅读者积极主动地参与，并改变着阅读者的思想。这是卢梭对他的读者和通信者所倡导的。这就是为什么作家和艺术家比如雷蒂夫和画家格勒兹指出相反情况的原因。在阅读中，一个中间人的话语本质上是农村家庭的一家之长向文盲或识字不多的人传达一些信息，在无声的、个人的、引人注目的城市阅读里有一种颠覆性的、集体的、透明的形象。

城市里，众多的中间人如卖货郎、让大家对张贴的文章进行第一次阅读的布告张贴者、政治危机和宗教危机时代煽动性文章的作者，传播着评论作品的言论。甚至富人以及学者阶层也让位于一般性阅读或高声朗读：他们在家庭内部和友人见面或者学院聚会时进行阅读。城市居民以集体参与的形式在工场、家里、街道上进行着对文字的解读。随着时间的推移，偶然获得的知识、虔诚而实用的印象、新闻、微不足道昙花一现的素材、年鉴或者新事物都在增加。在 18 世纪参与阅读的公众逐渐增多，不过很多人的阅读量并不大，各种机构如雨后春笋般涌现。但印刷品是从城市流向乡村的，城乡之间的差距有所缩小。印刷品传播的增长或许会带来矛盾：一方面书籍的传播可以灌输新的准则，比如关于信仰、礼仪、经济职责的；另一方面可以打破思想的闭塞状态，通过所获得的信息或者杜撰的故事,思想就可以逃离闭塞的日常生活的老调重弹。这样,印刷品失去了其象征意义,但却获得了实用价值。获取方式上的分化逐渐加深,于是对分化的研究随着书籍的普及展开了。

城市形象,变化之蕴含

鉴于城市阅读量的增长,人们逐渐感到无论是在宗教文化方面,还是在经济方面城市都发生了很大变化。在作为城市—乡村结合体中象征形象的城市机制里,马克思捕捉到了西方社会的命运:"一个国家内部的劳动分工首先引起工业劳动者和商业的分离,另一方面也会引起农业劳动的分离。因此引起了城市与乡村的分化,以及它们利益的对抗。"[1]城市机制既分离了文化活动,也同样对工作空间和工作形式进行了分离。18世纪所表现出来的是从一种文化言论到功能言论的过渡。城市表现形式和修辞主题的转换表明公众舆论是如何通过新的关系网和阅读网占领城市、把握其功能的。[2]

古典时代的城市首先是文化圣地,是吹拂着思想气息的地方。在把城市比作镜子和宇宙缩影的文学语言(官员们只说这种语言)里,真正重要的是建筑物的美丽、社会的魅力、学者的博学。从文艺复兴开始,所有层次的修辞学都通过集体的、个体的都市风格承载着这种变化。见多识广的人居住在城市里,他们描绘着城市的日新月异。"不信教"(païen)和"农民"(paysan)经常用来限定同样的落后现象。然而从17世纪末开始,观点的多样化开始取代古老文化观点的单一性:城市是一部多彩的历史,是各种人生汇集的地方,是经济中心,是正在觉醒的地

---

① Gusdorf (G.), *Les Sciences humaines et la pensée occidentale*; *t*. Ⅶ: *Naissance de la conscience romantique au Siècle des lumières*, Paris, 1976, pp. 369 - 371.

② Perrot (J.C.), *Genèse d'une ville moderne...*, *op. cit.*, t. Ⅰ, pp. 15 - 27.

方。一连串的定义让城市更丰满、更立体。

关于文人、学者方面，统计出来的主题促使大家反思城市的功能。查理·加布里埃尔是伏尔泰老师的兄弟，1744 年在卡昂为《文学小说》写了一篇名为《论科学的起源和进步》的文章。在这篇文章里，他指出了城市机制和人体各部分比例之间美丽而匀称的相似性。城市应该具备"实用性的美丽"，而且有必要思考一下形式即城市规划，这样城市才能保持自己的魅力而不至于招致负面的影响。同时代的卢梭则已经把自己在《新爱洛伊丝》里所描绘的景象凝结成了一种思想，这种思想既有对吹拂着自然之风的朴实城市的赞扬，也有对具有腐蚀性的大都市的批判。在卢梭所说的这种大都市中，巴黎首当其冲，被看作道德和空间建设的废墟。在卡昂大学组织的诗歌比赛中可以窥见对城市功能的反思，我们还可以在一些学术机构发现其他的例子。从 1666 年到1792 年，1 000 首诗、25 000 句诗句、卡昂人占绝大部分的 278 名作者（71%）代表了富裕阶级的态度，因为城市变迁有利于富人的集中。一直到 1740 年，卡昂都自视为雅典——缪斯之城。之后，各种主题出现在学校诗歌、城市政府职能、重大工程计划、居民财富、城市救济义务中。同时，对自然的歌颂和对人口稠密城市的批判也愈演愈烈。城市于是变成了"双重弥撒"的机会之地：一种社会有机论的、生物学上的观点呈上升趋势，这种"弥撒"对应用于描绘形而下世界的传统语言进行了系统的重新构建，在那里我们看到了医学的发展；另一种状态就是在杰出人物的信仰里失而复得的自然的弥撒，这是为了逃避新的问题，这些问题是由城市发展和对社会贫困进行的道德和经济上的讨论引发的。在巴黎地区，道德观察家雷蒂夫和梅西耶作为卢梭的忠实弟子，见证了城市的多元化。在城市运行机制里，一切都吸引着他们，他们对穷人与富人之间不断加深的鸿沟持同样的怀疑态度，对社会底层的思考始终没有停止。在城市里，处于社会底层的人失去了自己身份、地位，但仍对未来坚持一种新的真理,即农民的幸福国是人类的未来。

　　甚至连散布消息的小道文学也以自己的方式参与了讨论。17 世纪以来,有差不多 100 多本小册子不断地被同一家出版社出版,这些印刷品构成了从城市传播到乡村的出版物中的典型。在这些类型固定的作品里,社会等级、困惑、烦恼、抗议、贫穷是关于"城市景象"的主题。通过一部发展史或者以各种印象画卷为基础,它们再现了万花筒般的城市,比如巴黎或鲁昂。

　　这些文章涉及的是文化适应过程中的城市教育:通过城市变化去美化城市文明;通过商业和贸易刺激实利主义。它们赋予了那些从不会越过村庄与城市之间鸿沟的人们以梦想,同时给予那些准备冒险的人以希望、信念和创新的理由。因为大众化的小册子俯拾皆是,它们在百姓中具有很强的可读性,它们通过阅读、"信以为真"的游戏,通过"让人相信"的游戏、"想象"与"现实"的游戏,把城市价值镌刻在了所有人的文化中。每个人的社会经历都可以从中获得一种意义。

　　但同时,关于"穷人"所谈论的困境、不稳定、社会停滞和冲突,《巴黎的呐喊》①这一经典系列所提到的逐渐混乱的道德标准或着装标准,都成为让人发笑或者从城市负面影响中反思的方式。"蓝色文库"②中关于城市的论断拷问了城市的未来,推动了对于推测、离经叛道的研究。这不是一种静止的文学;与读者的状况相比,这是一种变化相对缓慢的空间,读者可以通过各种知识、材料捕捉到并且更好地掌握城市变化。对于一种更加美好的世界,社会恐慌同大众梦想的道路一样可以从中分辨出来。在 18 世纪末,城市民众的阅读就像城市结构的解码一样,只能

---

① Milliot (V.), *Les Représentations de la ville dans la littérature de colportage*, *mémoire de maîtrise*, Paris-I, 1983; *Les Cris de Paris*, *le peuple apprivoisé*, *thèse*, Paris I, 1991.
② 中世纪骑士小说丛书。——译者注

是多元化、多样化的。

　　同样在城市经济空间内部,在城市设计师和规划者的作品中也发生了一些变化,这些规划者中有官员、医生、工程师、建筑师。渗透着所有学科和行为方式的功用主义起源于一种让城市个性化的运动,因为城市表现了存在于财富流通、人口聚集、消费集中和城市发展之间的种种关系。总之,城市以这种方式变成了一个加速器。①

　　由坎特龙最初提出的观点(《论普通贸易的本质》,1720—1730,1755 年出版)被孔狄亚克进行了集大成的发展(《贸易与政府眼中的对方》,1776),后来在亚当·斯密那里更是被发挥到了极致。亚当·斯密的作品被很快翻译出版,并迅速传播。这要感谢 1788 年由邦库克(Panckoucke)出版的《方法论百科全书》政治经济一部分中的"城市"词条的作者:城市起源于劳动分工和交换中的人的自然倾向。在城市从属于生产的空间性理论里,劳动和资本寻求最合理的用途,城市空间根据财富积累的比例而形成等级,城市并非都以同样的方式生产,商业城市与靠定期利息生存的城市相互对抗。当收益占据上风的时候,懒散就出现了;当资本和投资作为生产要素的时候,工业与发展的优势就显现出来了。② 这位英国经济学家的分析在孔狄亚克的作品里找到了被推翻的证据。这一次分类的原则不再是生产,而是消费和流通、贸易交换、货币和贸易流通地点。随之而来的是对于一种更加机构性、功能性的理论的兴趣,在这种理论中可以看到城市设施让流通更加便利。照这样说,魁奈所用的词汇,比如"医疗化"(médicalisés)描写了"城市闭塞",这种现象由自然生产和不顾及农业的财富再分配的积累造成。③

―――――――――――

① Lepetit (B.), *Les Villes dans la France moderne...*, *op. cit.*, pp. 83 – 85.

② Smith (A.), *Recherches sur la nature et les causes de la richesse des nations*, *collection des principaux économistes*, Paris, 1843, éd.1966, 2 vol., t. V.

③ *Hommes*, Encyclopédie, p. 525.

尤其是在知识和经济领域,城市应该确保一种交流上的乐观主义来维护它的功能。现代知识不再仅限于一种隔绝状态,城市思想的一个侧面会引发从文化领域到经济领域的社会交流的转变。印刷品文化在此拥有另外一种全新的意义,因为从那时起,它不能再仅仅依赖于从书本中汲取知识这一唯一的积蓄方式,而是要调动和运用各种关系:城市应该让知识融会贯通,让它们互相对比、互相博弈。贸易处于两种推理的结合处,因此角色转换与被认识从属于社会性和文化的范畴;艰苦劳动和财富的交换则属于政治经济学,城市也扮演着经济加速器的角色。与重农主义者不同,城市让整个社会焕然一新,创造了价值,确保了财富的再分配,这就是坎特龙和孔狄亚克所为之辩护的。城市还酝酿了"一种生活方式的变革"。孔狄亚克认为两种运动在这里汇合:一种由消费的吸引力引起,消费提升了城市魅力,而后重新刺激了消费的增长和多样化;另一种运动在城市范围内吸引了农村生产力,然后需求的增长又加速了农业生产,提高了农产主获得的收入和租金。于是第二次发展之势会接踵而来。

这就是为什么城市经济思想在表达对各种学科和领域的担忧的同时,要在并列而又相互独立的区域打破空间界限,并且用另一种空间的观念取代它。在经济流通网络,价格的变化会引起生产的变化,继而又启动连续开发利用的循环模式。就像在重商主义传统和基督及道德经济学里那样,经济是按照社会需求而不是供应运行的。城市之间的关系根据它们的功能自上而下构建起来了。[①]

都市政权:凝聚与对立

在具体的城市管理中,冲突与自由之间的碰撞就显现出来了。城市

① Lepetit（B.）, *Les Villes dans la France moderne...* , *op. cit.* , pp. 85 – 101.

组织作为城市象征的体现通过其权力机构和影响为社会凝聚力和发展做出了贡献。但这是有关竞争的赌注,因为贵族和资产阶级争夺城市政权,还因为在冲突中才能确定对发展有利或不利的选择。此外,城市政府地位的绝对多样性构成了城市格局。一般来说,存在三种普遍的方式分担着城市职责:第一种机制是居民的全体大会,越来越多地聚集了贵族,堂区的代表,各种职业、阶级的代表;第二种和第三种分别为议会和市政府。从17世纪开始的王室影响不应该让人忘记城市依然享有的部分自由。1764—1765年,当政府减少这些机构的种类时,只是承认由城市精英控制的类似共和主义传统的存在。城市权力机构的规模确保了它们的威望和权力——征收税收。如果需要对恭顺的堂区征税的话,可以保护城市的税收特权,发展主要经济,对各种职业进行管理,监督城市规划,接受或拒绝对穷人或病人进行救济,监督政府,控制卫生,监督道德风尚。总之,18世纪的警察满足了城市这种多方面的需求,这些需求在《警察契约》的传统里可以找到相应的条例规定。德拉梅尔对于法国甚至欧洲而言都是一个典型的例子。无论从空间管理还是从群体管理的角度看,这都是一种道德经济。

　　这就是一些严肃的斗争让持不同政见的人互相抗衡的原因——经常是享有特权的人反对被统治的人。但是贵族也会反对资产阶级。在卡昂,冲突并不总是清晰明朗的,因为社会阶级并不依照赋予他们的权益行事。在对城市规划所做的选择中我们见证了冲突的焦点,并且从中找到了我们的意图。在市政府里,一般由一个贵族出身的市长统治着,由六名行政长官辅佐,其中有两名贵族、两名商人,还有两名过着贵族式生活的人。一般来说,市政府最容易反对由活跃的资产阶级和以前支持他们的王室官员提出的建议。市政府可以捍卫土地资产,在从使用土地的市民支持中获利的同时,也可以控制流通规模。城市在推动敛财行为的同时也为自己稳固了一批支持者,保持了保守派力量。与经济管理部门和市政桥梁公路工程不同,城市为争取次要的东西而战,就像争取必需品一样。于是出现了监督与独立自由的冲突,变化与等级的冲突,居民利益与创业者热情的冲突。最能体现冲突和矛盾本质的是对计划的讨论,或者更多是与城市税务相关的内容。当贵族由反对转而赞成开放政策和重大工程时,这种矛盾就更加明显了。

但是卡昂的缓慢发展并非以同样的程度在所有方面表现出来。每当不触及特殊利益时,在南特、波尔多、鲁昂,"改变城市"这一口号就集中了城市精英,推动了维护和管理层面的公共事务的发展。比如在诺曼底大的港口,合作远远大于分歧,于是具体的城市发展政策就被制定出来了:修建新的沿河街道、码头,对市场和货栈进行规划以表现城市作为变化加速器的巨大发展,还有纪念性建筑物等著名设施的创立、散步场所、广场、喷泉、剧院、音乐会。这些可以汇集古老的社交活动,促进新事物的传播。

吉涅[1]对佛兰德地区的城市进行了研究,从他的研究里我们掌握了大量例子——它们证实了城市文明在发展关口所处的地位以及城市寡头所扮演的政治角色。直到 18 世纪中叶,佛兰德的城市一直处于一种深深植根于寡头政治的社会政治性城市文明之中。这种寡头政治符合由不对立但顺应"合理一方"(sanior pars)提出的表现人民的基本原则,同时也建立在反改革运动的[2]宗教和经济控制原则基础上。通过行会和救济行为,社会经济机构的作用得到了充分发挥。竞争得到了限制。由中央集权式的监管和经济转型造成的这种传统危机的发展也有些放缓、变慢及不确定了。随着市政府在没有失去其凝聚力情况下进行的改

---

[1] Guignet (P.), *Le Pouvoir dans la ville au XVIIIe siècle*, *pratiques politiques*, *notabilité et éthique sociale de part et d'autre de la frontière francobelge*, Paris, 1990.

[2] 16—17 世纪在天主教内部进行。——译者注

革的出现,传统、保守、参与的精神保持了下来,以土地收入和租金为生的阶级力量增强了,而这个阶级既没有为贸易也没有为工业的发展贡献力量。因为在里尔、瓦朗谢纳、杜亚、坎布瑞市政管理政策基本上拒绝追随加工制造业的变化,所以大宗贸易摆脱了束缚。城市环境有限而且有诸多不便,即使商人也可以根据自己的利益见机行事。

　　在这种矛盾对立中,我们又重新回到了本章开始时的思考。贸易与租金的优势并不总是相容的。新的逻辑把城市凝聚力中的古老原则从它们的实质中清空了。小的插曲层出不穷,在 1760 年又再次出现。因为通过新的关系网的发展,通过印刷品在其中以各种形式找到一席之地的交流和信息新逻辑的传播,停滞不前的法兰西、三个等级的秩序受到了变革之势的冲击。城市并非都沿着同一个方向发展,并非都赞同在 18 世纪中期所表现出来的凝聚力和新的对抗关系的逻辑。我们可以预料到集体精神状态和实践之间的紧张程度。对于现代派,城市是功能价值的载体,他们选择了可预见的利润。对于古代派,思想的真谛是怀旧的、嗜古的、田园诗般的、乡村的。"对自然的辩护词存在于城市化的所有时期。"①当城市成为发展的发动机时,人们会以公正的名义证实这一点。

---

① Perrot(J.-C.), *Genèse d'une ville moderne...*, *op. cit.*

第七章　有序的王国：巴黎和外省

在空间的构造中,贸易与地产以及城市与乡村的对立面并不足以概括法国 18 世纪的特征及其演变。另一种关系也在起作用,它是知识论战和各种文学作品的核心内容,并且在政府的日常事务中发挥功效,这就是外省与巴黎之间的对比。孟德斯鸠院长在他的《思想录》中对这个问题进行了准确而形象的阐述:"在外省,巴黎是吸引你的北极,总督则是催人离开的南极……"①关于外省人,孟德斯鸠能够合情合理地给予全面的介绍;至于巴黎人,他们是总督,是王权在地方上的代表。在外省人与巴黎人的这种力量关系中,关键在于首都的影响力。或许我们应该说各国的首都,因为这个问题并不仅限于法国,类似的情况在欧洲到处都存在,它与现代国家的起源有关,同样也与现代国家机构的发展有关。在《强盛的首都》中,这位《论法的精神》的作者进一步阐述了他的观点:

> 在一个共和制国家,城市太大是极其有害的,因为在那里始终会有道德沦丧的事情发生。如果把 100 万人口投放在同一个地方,那就得让公民有面包吃,防止他们被屠杀。除此下策,你还能怎样? 哪里有工作,就让他们去哪里,而不应该放任他们耽于感官的欢愉。在专制国家,首都必然越来越大……君主是那里唯一的太阳:他温暖近处的人,灼伤远处的人……在君主制国家,首都的扩大遵循两种模式,要么首都居民把外省

①　Montesquieu, *Pensées*, 2099.

的资源吸引过来(某海滨王国就属于这种情况)，要么外省因
为贫困而将人口派送过去……一个有法规的君主制国家不会
因为首都的问题而灭亡。它甚至还可以吸取首都的光芒。君
主有无数方法可以重新建立平衡，最终把人口送回外省去。我
们立刻就能想到的方法就有不少：他可以减少外省的食品税，
而在首都提高这些税；他也可以让官司在外省的法庭了结，而
不总是让自己的顾问或特别法庭去传唤当事人；无论他们拥有
外省的哪一种职务或称号，都可以让他们回到自己的岗位上
去；他还可以这样想，越是有人离开，就越是有人想离开，因为
留下来的人已经没有那么多乐趣(agréments)了……

孟德斯鸠在历史真实性的基础上观察了政治结构、人口密度和人口
迁移、经济资源之间的联系，从而使这个问题被赋予了它应有的重要意
义。无论政府具有什么样的性质，也无论政治社会(共和政体、专制政体
或君主政体)的基本原理是怎样的，在首都与外省之间都能够建立起一
种关联，但是社会交往和各种效应的应对方法都与行政干预有直接关
系。在同样的条件下，从一种政体到另一种政体，这些效应的影响具有
极其相似的特性：它们都对生产、居民和道德、外省的文化(我们要特别
强调"消遣"这个词)产生了有害的影响。国王和总督、首都和外省，这
就是构造制度的法则和政治社会的实践逻辑的全部权力、力量和场所。
对于孟德斯鸠来说，或许这就是一切政治体制的社会内涵所包括的一个
主要方面，也是法国的君主政体在对专制主义进行了长达一个世纪的实
证之后所面临的一个主要问题。

我们要强调的是，必须在何种程度上思考一种政体的独创性——由
于缺乏宪法的制定，人们无从根据行政干预的等级体系所具有的逻辑性
归纳出各种制度及其之间的关系，因此，政治制度完全建立在一种并列

的关系中：承袭了中世纪传统的古老机构与 16 至 17 世纪建立起来的更为现代的其他机构共存。这样的结构是没有统一性可言的，但不会没有基本原则，因为在制度化的框架里，一种代表了现代法国的特征并在 18 世纪中期受到"启蒙精神"质疑的"制度精神"（esprit des institutions）在起作用。然而，从这种结构中我们可以看到一种必要性，那就是必须把社会的不连贯和各种冲突作为组成一个时代的政治文化的全部意义来理解。除此之外，我们还可以看到，要想掌握现代人的心理运作模式，我们将会面临什么样的困难——关于现代人，我们一直在问自己一个问题，就像 1789 年米拉波所说的那样，在经历了由彼此不和的民众组成的无宪政集合体之后，他们怎么还能够重新走到一起。[①] 对国家政体进行解剖，从这个角度去看问题能够帮助我们理解一个有机整体的所有组成部分。用肌体论者的暗喻（头、躯干、身体）来构想这样一个整体比用机械词汇（马达、皮带、齿轮）或者电力词汇（发射台、接收器、网络）要轻松得多。杜朗曾经对此做过一个经典的分析，虽很少被人提到，但是却为我们理解国家机器所履行的各种不同职能开辟了一个通道。

　　回顾这些重要原理能够有效地帮助我们追寻孟德斯鸠指引的道路，从具有吸引力的北极（因为那里是决策与思考的中心）走向通过民众和"群体"间接表达的日常活动所在的南极——在这里，很大的问题和很小的问题构成一个不可分割的整体（正如我们大家都知道，而且通常都体验过的那样）。政府的权利决策、常设机构的一般构架以及公众的反应和压力，都是同一条锁链的各个环节。透过这些环节显露的是社会价值准则和同质的信仰，这就是建构法国人的统一性和对立面的官僚政治文化的征象。不幸的外省人和傲慢的巴黎人就是这样产生的。

――――――――――

① Durand（G.），*Etats et Institutions…*，*op. cit.*；Rohet（D.），*La France moderne…*，*op. cit.*

巴黎—马赛：中央集权君主制

在 18 世纪,法国在全欧洲人的眼里已经实现了君主制国家的理想,完成了等级体系和制度化的构造,为实现从中心到外围的单向流通准备了最好的条件。"国王和大臣只是公仆,议会只是办事机构,高等法院也只不过是政治上的诉讼档案室,法院和财政机构的等级制度负责实施政府的法令、执行人头税敕令的各种规定,只要经济能够承受得起。"①

这种国家模型使君主制在由于贵族政治而混乱不堪的法国成了一种非此不可的选择,同样也使这个国家战胜了经济的不稳定,并且在路易十四统治时期的军事危机中幸存了下来。它突出了两个原则：首先是精忠团结,但是怎样才能使人们接受？ 其次,协商解决由等级制度和自主的愿望引起的不断冲突。这些冲突愈是根深蒂固地存在于社会上层的普遍原则中,即建立一个由群体和等级构成的有机社会整体,人们自主的愿望也就愈是强烈。共同的梦想是国王担当冲突各方命运的仲裁者,使传统和习俗处于一种受到尊重的平衡状态。对于贵族来说,他们需要保持社会和政治的优先地位;对于资产阶级,则要善意地倾听和尊重他们的各种利益,确保社会最基本的流动性;对待民众,必须像自然范畴中的慈父对待自己的子女那样给予保护并确保他们的共同利益。

根据这个古老的观念,路易十四在他的统治时期坚决制止权力分割。因此,他有了更多的三级会议、更多的团体会议(除了君主制伟大事业的主要同盟者——教士)、更多的贵族会议。统治阶级非政治化了,从此以后贵族和教士、法官和资产阶级贵族被引入了以民族特性为中心统一起来的一个共同的模型。人们大概会想到,核心问题基本上是政治,

---

① Durand（G.）, *Etats et Institutions...*, *op. cit.*, p. 85.

但又不全是政治,因为它还有包括语言的统一性在内的文化方面,以及巴黎和外省的学院派关于**绝对**(absolue)但却**开明**(éclairée)的名副其实的君主制政治思想的定义。①

纲领一旦确立,两个问题便随之暴露出来。首要问题在于这些原理在人们意识中的真实效能和实践效能,尤其是当实践活动与平常的实在性,以及与各种障碍产生交锋时。障碍是多种多样的,如距离、土地、习俗、权力的多样性,官僚体制的司法权和税收权的束缚对行动构成的影响,以及最著名的总督手下的代理人所具备的知识能力。其次,18世纪的政治历史学还激发了第二种更深刻的思考:透过当权者的迟疑及其无力在保守与改革之间找到一个确定的方向,我们可以看出,权力的合法性本身才是危机的关键。旧制度留给人们一种"幻想破灭后的呆滞形象,精英们再也无法忍受这个政体,但同样也被赋予了这样的形象"②。旧制度与生俱来的各种争论显示着批判声调的提高,以及个人利益对全体利益的侵蚀。费奈隆和圣·西门所代表的对贵族政治的第一轮攻击,对基督教的参照,系统地运用历史学的研究方法,不断地对等级秩序以及群体的习俗和惯例提出警告,这一切可以概括1715年以前在专制主义核心阶层内部富于影响力的一种批判。它深刻地影响了历史学家们后来发动的论战,例如布兰维里耶与杜波斯神甫之间以及贵族自由主义与精英自由主义之间的辩论,同时也深刻地影响了由于高等法院派的对抗而发起的争论——在他们无休止的争吵中,一切都可以构成对抗中央政权、宗教、税收,甚至司法权本身的托词。这些对立面的一方是开明专制政府或开明专制政体(这样说更恰当一些),另一方是保守力量和进步力量——在保守与进步之间从来就没有第三种选择。仔细地分析这

---

① Roche (D.), *Le Siècle des lumières en province...*, *op. cit.*

② Richet (D.), *La France moderne*, *op. cit.*, p. 128.

些对立面可以揭示国家体制的部分机能障碍，以及实践与精神之间的差距。

议事院：权力的体现

王权的承继使王国和王权合二为一，或者说使这片被错综复杂的行政区划（大法官辖区、司法总管辖区、地方总督辖区、财政区、法院辖区和政府部门辖区）所分割，没有逻辑、没有规则，也没有和谐的领土得到了统一。国家本身是一个有别于国王的实在，是权力的本原和权力的场所。这一切早在古老的仪式中已经通过国王的"两个身体"（deux corps）分离得到了证实，并将在国王身后继续存在下去。"我要走了，但是国家将永远存在"，路易十四在去世前不久曾这么说过。这是对权力的本原，也是对国家政体表面上的非逻辑性的一种抽象概括。然而，它更是一种行动意志。这种意志可以同时在权力场所和某些倾向于形成政治阶级的人群中间体现出来。这类人是一切公务的决策工具和推动工具，也是一个富裕的、共同利害的、四通八达的群体。正如托克维尔所说，他们只想"用自己的眼睛看透政务的细节，然后在巴黎处理所有的问题"[1]这个阶层生来就是所有不满现状者的靶子，因为国王几乎总是置身于事态之外："他不知情。"[2]

专制主义继承了古代封建统治的原则：不要裁决、不准干预、无须咨询。除了王宫之外，枢密院（Conseil du roi）是主要的政治机构，它的前身是由诸侯、法学家、书记官组成的古代的**国王法庭**（Curia Regis）。理论上把枢密院看作是君主政治人格的知识补充："我的枢密院不是一

---

[1]　Tocqueville, *L'Ancien Régime et la Révolution*, Paris, 1964.

[2]　Goubert(P.), *L'Ancien Régime*; t. I: *La Société*, t. II: *Les Pouvoirs*, 1973, Paris, 1969–1973.

个团体,也不是一个与我分开的法庭:我在为它做事……"对于路易十五来说,王室的法律顾问就是这样。① 君主的意志在这里不言自明。"他是唯一的,因为他是国王",他作为一个无形的实质而运作,没有狭义的权限,他除了君权之外没有其他的存在。然而,就是这个人,在每一次会议上他都可以根据政务的原始状态,想任命谁就任命谁。

权力的运行符合两个逻辑:一方面,它倾向于将一群没有权力的忠实臣仆作为商议和决策的基础,君主和大贵族则根据自己的需要和选择决定将施予什么样的恩惠。另一方面,无论是制定法令还是展开行动,权力的运行都离不开"天生的代理人",其中包括王国的一些大官吏如财政大臣或财政总监,以及君主身边诸如王族和大贵族之类有权势的人。在摄政时期,"天生代理人"的权力日益上升,路易十五以及后来的路易十六曾经依靠法学家和技术专家的力量,但是始终无法节制王族和大贵族的势力。这是因为,无论在理论上还是在实践中,**议事院**(consilium)的传统职能都大大地超越了权限,无论是在上游还是在下游。当然,这也是君主制统治与专制主义的区别。

在权力运行的上游,议事院的广义概念包括定期举行的协商会议和国王的三级会议。当历史的页码从 1615 年翻到了 1788 年,这时才有团体集会和贵族集会。包括各地高等法院(parlements)、审计和税务法院(chambres des comptes et des aides)在内的最高法院(cours souveraines)想要表达自己的观点,不断地要求尊重他们谏诤的权力和裁判的独立性。这已经是越来越平常的现象。登记国王的法令是宣传法令的通行办法,它使职责和权力的实践具有合法性:法律文本的商议涉及它与公法传统的差异,以及对法律进行修正和调整的可能性与适时

---

① Guery (A.), *Descimon* (R.), *Un Etat des temps modernes*, in Burguière (A.), Revel (J.) (éd), *Histoire de la France*, t. II: *L'État et les Pouvoirs*, Paris, 1989, p. 243.

性问题。这种"政治手腕"的失败进一步证明，国王和高等法院派（或者说这些担任了公职的地产主官吏）在对谏诤权（droit de remontrance）的理解上出现了分歧。对于君主来说，谏诤只是议事的扩大，它仍然属于一种常规作业，不能成为对立的手段。然而，对于法学家来说，这是一种监督权，它意味着参与立法。渐渐地，他们有望取得一种代理资格，古老的政治文化中模棱两可的全部特性都在那里得到了演绎——捍卫共同利益和民众利益的职责落到了**合理的一方**的手里，或者说由特权的代表者、地方大权和经济大权的掌管者、特殊利益的维护者去履行。

在议事院的下游部门（但仍然在议事的范围之内），随着奥尔良公爵菲利普摄政时期各部会议制（polysynodie）的失败，决策机构实际上掌握在君主选来组成内阁的几个参议员手里。这种决策机构的存在反映了传统的"司法行政会议与内阁会议"之间的区别。司法行政会议负责解决国家的主要政务，而内阁会议，君主被他信任的并且被赋予了政治和军事职务的大臣们簇拥着，亲自决定政府的行动，行使至高无上的权力。从这个方面来看，路易十四的君权是至关重要的环节，即使不同的议事机构之间仍然存在着相互流通和交换，尤其是在涉及人员的聘用和兼职问题时。

我们先抓主要的事实。自 1660 年以来，在统治者的等级体系中，最重要的人物已经不再是体现王权司法概念的掌玺大臣，他的职责有所缩减，因为在必要时，官印的保管者承担了他的部分职能。当然，有一些大贵族还在担任这个职务，例如阿格索、拉穆瓦尼翁、莫普。掌玺大臣是享有财政特权并具有非凡象征意义的官吏，官印给他带来了丰厚的俸禄。他是倡导者、监察官和国王的卫士。但是在 18 世纪，他的第一项职能退化了，严厉的审查从掌玺大臣的公署开始，尤其是意识形态方面的监督；他还是司法总监和枢密院决策的布置执行者，具有重要的斡旋作用。

从此以后，财政总监作为行政王国和"金融国家"的第一臣仆进入了社会的前台。柯尔贝尔几乎赋予了这个职务全部的职能。作为柯尔贝尔继任者的财政总监是一个可以被废除的官职,或者说一个极不稳定的群体:路易十四时期的正式任职者有 16 位,路易十六时期还有 15 位,他们的平均任职期为两年。国王在国务顾问(Conseiller d'État) 和财务监察官中选择财政总监,其他阶层的代表人物也会进入国王的选择范围:教会人物泰雷神甫、图卢兹大主教布里耶纳、卡隆总督、实业界人物约翰·劳、银行界新教徒内克尔(他没有取得正式头衔)。即使财政总监无权对国家的支出发布命令,也不做什么重大决定(因为需要国王的批准),然而他却是行动的标杆,具有影响力。毕竟他是金融政策的定向仪:关于税收和经济的所有文件都是由他制定的;他还持有国王签署的委托书,可以签发拨款命令。因此,他拥有指挥权。

财政总监的权力基础在于财务监督官所领导的各个监督局:包税领域和间接税、领地、路桥、收容院、人头税和直接税、国库、贸易。对各种冲突行使管辖权给他们造成了不利影响:1777 年内克尔撤销了监督局,只保留了它们的行政职能。我们虽然不能肯定这项改革是否真的取得了预想的效果。[①] 然而,这个插曲却反映了温良与追求效能之间、集权的后果与改革的构想之间的冲突。所有的冲突都围绕着财政总监的主要职能而展开,由于无法解决资金问题,内克尔总监渐渐惹了一身的麻烦。[②] 由此导致了 18 世纪法国几大家族——如奥尔梅松、布隆涅、特吕代纳等家族的一整套变革思考。通过对财政预算进行审查,国务秘书(secrétaire d'État) 和所有大臣也必须接受监督。由于税收和相关规定所赋予的权力,监督影响到了经济政策,奥里让我们看到这种影响,泰雷和杜尔哥则让我们看得更清楚。在一定程度上,开放和变革实际上就是在

---

① Mosser (F.), *Les Intendants de finance*, Paris, 1978.

② Tocqueville, *L'Ancien Régime...*, *op. cit.*

这些充满活力、信息丰富的机构里发生的。

世界围着大臣和国务秘书运转。在他们的世界里，国王封官授爵、施与恩惠，没有封号的干将或最重要的大臣可能得到这样的恩典，比如杜布瓦神甫、波旁公爵、弗勒里红衣主教，以及后来的舒瓦瑟尔红衣主教。作为国家重臣，这些人带兵打仗，指挥海军，处理对外事务。为了激励他们，国王提拔他们参加议事会，随时委以大大小小的官职。置身于国家政务的核心，他们离国王很近，但是不能与议事院的体系相分离——根据聚会的类型或商议的模式，议事院可以聚集或者离散他们中的这些人或那些人。作为内阁，他们出席国王亲临的最高国务会议（Conseil d'en haut），参加最高国务会议成员（ministre d'État）的任命，享有很高的年金和国王的器重。

根据惯例，国务秘书可以升级为大臣。因此，他们可以出席公文会议（Conseil des dépêches），也就是掌玺大臣经常参加的内务工作会议。他们还可以参加由财政总监主持、财务监督官们出席的财政会议。但是他们很少去参加信仰会议（Conseil de conscience），因为在路易十四之后，这个委员会逐渐收缩，参加者只有国王本人、他的听罪司祭（confesseur），以及一两位指定的高级教士。其余的政务更多地属于司法和行政的职权范围，而不属于内阁。"枢密国务、财政和指导议事院"（Conseil d'État privé, finances et direction）代表诉讼案件的最高裁判法庭，作为被授权的最高法庭，它行使有保留的裁判权①（justice retenue）以及对所有移审案件实施审查的权力。该议事院擅长税务纠纷和各类常见的行政案件。

司法和财政的国家原理相互协调，体现了典型的君主制特征，集权化的事业就是在这个过程中完成的。每年 4 000 到 5 000 个判决案

---

① 即国王对裁判保留最终决定权。——译者注

例能够帮助我们了解和追寻这个由能力和出身聚集起来的群体的具体行动。大大小小的会议将最高国务会议成员、国务秘书,有时甚至将君主、公爵和类似的重臣、高级官吏、委任了正式头衔或荣誉头衔的国务顾问,还有各省总督以及担任圣职或俗职的其他官吏、审查官(maîtres de requêtes)、执达员、书记官、代理人,总共约2000人聚集起来。大约其中的一两百人全面负责各类公务的连续性,包括各个办事处和常设委员会(财政委员会)或特别委员会(如过桥税委员会或者规章改革委员会)筹办的公务。通过向外省派送审查官,这个指导委员会将触角伸向了全国各处,从而在王国的范围内建立起了一个集权化的与现实情况相对应的政治地理秩序。这就是这片领土上的文明:在行政事务由中央走向外围的过程中,在伦理的多样性以及地理与历史的异质性中,滋生了中央集权与地方分权的长期论战。① 18 世纪正好处于这个体制的顶点,一个政治阶层围绕内阁的轴心运动着,并且支配着整个王国。

从政治阶层到官僚阶层

广大的政治群体以议事院法官(robe du Conseil)为核心达到了统一,王国的未来,尤其是王国的现状取决于这个群体。米歇尔·安托万②对这个行业的核心阶层即审查官群体进行了研究,但这只是议事院复杂的招募结构中最重要的部分。除此之外,还存在其他一些能够委任正式头衔的机构、职务、差事、职位,以及所有作为行政事业的主要力量或助手的人。要么由于受到个人的优待、得到国王的恩惠而得到了任命,要么由于担任政府公职而进入了这个群体,在这两者之间存在着一

---

①   Legendre (P.), *L'Administration du XVIIIe siècle à nos jours*, Paris, 1969.

②   Antoine (M.), *Le Conseil du roi sous le règne de Louis XV*, Paris, 1970; *Le Conseil royal des Finances au XVIIIe siècle*, Paris, 1973; *Le Gouvernement et l'Administration sous Louis XV*, Paris, 1978.

种永恒的运动，并且通常构成了人生的基本轮廓。

议事院法官包括过去、现在和将来的所有审查官：他们是总督、国务顾问、一部分大使、法院首席院长（premiers présidents des cours）、国务秘书、大臣、财政总监、掌玺大臣。审查官无处不在，那个时代的人对此印象深刻。由于制度上的渊源，他们与司法保持着联系，并且成了从前**国王法庭**"庭内法官"的继承人，于是，他们的特殊案件审理法庭（tribunal des requêtes）会对议事院移交的大量案件做出裁判。因为这一点，他们与巴黎高等法院（Parlement de Paris）有很多联系，但是巴黎高等法院不怎么喜欢他们，因为他们很少参加庭审，而且即使他们离开了，也不放弃职位。他们能够出席大议事会（Grand Conseil），在诉讼裁判权方面，大议事会享有与枢密院和高等法院同等的权限。他们还与掌玺大臣公署有着密切的联系，因为在开庭审理时他们通过需要封印的文件取得了联系，进而代表巴黎的掌玺公署进入外省掌玺大臣的殿堂。总之，国王法令的拟订和执行使他们具有多种职能和无处不在的特性。掌玺大臣阿格索在谈到这些人时说："他们与人类内心的各种渴望是一样的，他们希望自己无所不在。那是一种一旦拥有就想放弃的职业，一个一旦进入就想出逃的群体。若是在这一行干久了，无论谁都会感到自己在一天天地衰退，最终被人们遗忘。"他的话掩盖了一个事实：他们中的许多人一直待在那个位置上，从 1715—1774 年，309 人中有 128 人不曾离开过。但是这段话也突出了这项职务的专业化上升模式：在具有法官身份（非圣职和军职）的国务顾问中，90% 的人曾经担任过审查官。他们的社会特征表现在三个方面：他们是巴黎人，他们是贵族，并且出身于一个极其统一的阶层。

他们是巴黎人。米歇尔·安托万认证了 348 个案例，其中 240 人出生于首都巴黎，而且大多数人青年时曾在巴黎高等法院初展拳脚。他们出生地的地图与法国高等法院的分布以及拥有 2—5 名审查官的法庭的分布完全吻合,里昂有审查官 10 人,波尔多有 8 人。因此,这是一个开放的群体,但是必须经过省级高等法院的过滤和选拔。其中两个因素相辅相成:首先是公共行政的需要,因为行政部门急于配置一支了解地方情况的法官队伍,他们需要有地方法院的经历,了解各种各样的地方惯例以及各地对于法律的不同解释。大家族的抱负也是重要因素,他们要促成他们的某个人先去巴黎,然后再进入议事院。雷恩的拉·布尔铎奈耶家族、波尔多的古尔格家族、第戎的佩里尼家族都曾致力于此。

审查官百分之百是贵族,但是议事院的贵族身份使 18 世纪或 14 世纪的古老家族,比如说阿格索家族或阿尔让松家族,与通过捐官的惯用途径直接被封为贵族的资产阶级家族形成了交汇。从某种意义上来说,议事院强化了对高等法院派的考验,因为古老的家族和以奥尔梅松、拉穆瓦尼翁、乔利·德·弗勒里、阿莫罗为代表的巴黎穿袍大贵族,与刚刚洗净了铜臭和商品污垢的继任审查官在那里共存。通过对材料进行分类整理,得出的结论进一步证实了这条顺达的贵族通道的存在,而作为御前秘书(secrétaire du roi)的后代(374 人中的 52 人)显然也不是一件坏事。议事院是一个跳板,能够成就收益丰厚的辉煌人生,因此,肖蒙·德·拉·加莱齐埃尔家族连着两代人被提升为审查官。对于大多数人来说,他们是带着双重贵族身份进入议事院的。与最高法院阶层相比,这个阶层更开放一些,或许也更容易为财富所带来的声望所接近。他们都是有钱人,因为需要 100 000 至 200 000 利弗尔才能够买到第一个官职。他们巩固和扩充了自己的财富,享受着贵族身份和财产(地产和富庶的领地、丰富的藏书和生活的艺术)共同造就的特权。

最后,所有的国务顾问实际上都是亲戚:堂表兄弟、家族联姻。除了与破落大贵族联姻的几个案例,比如菲利波家族,其他很少有例外。相对来说,两个比较明显的传统特征占主导地位,但是它们并没有形成规律:议事院法官的婚姻通常排斥没有价值的法官家族和财源不稳定的家族,吉尔贝尔·德·瓦赞家族就是这样通过直系亲属与巴黎高等法院的 71 个家族建立了联姻关系;一部分国务顾问则出身于与金融界及实业界联姻的家族。通过联姻建立的紧密关系网,以及贵族与商界及金融界的融合所建立的重要联系,构成了统一与交融的要素,因为在这里建立起来的一切联系都与首都巴黎的赎官开支有联系。

精神上的相互关联强化了三方的同一性,由此形成了中央政府高度的文化同质性。所有的国务顾问在行使权力的同时都进行了必要的研究,正是这一点超越了出身、职业、学业的差异性,成就了这些伟大公仆的实力。身为法官,他们是巴黎人,带有巴黎人的特征,而且是有知识的人。这样的身份决定了他们依赖于国家,国家是他们存在的理由,正如国家的意义就在于证明他们存在的合理性。作为民众与团体之间以及巴黎与外省之间的媒介,他们构成了集权化的一种主要因素或社会运动的一种模型,它将经济和行政组织、人才的集中,以及国王的庇护或与国王的亲属关系所赋予的那些怀有勃勃野心和宏伟抱负的家族联盟融合在了一起。①

然而,我们必须考虑两种变化。第一种变化与议事会本身运作方式的改变有关,处理政务不再召开全体会议(就像阿尔让松侯爵所说的那样,会上"谈的都是琐碎的事情"),而是通过枢密委员会(comité privé)解决问题。在重大问题的决策上,路易十五的议事会形同虚设。最终,行政的逻辑战胜了"国王裁决"的逻辑,国王身边的官吏也随之几乎怀着虔敬的心当上了国家公务员。国王仍然可以审批各个非正式委员会制订的文件;1737 年以后,这些委员会都得到了认可,成为"部长委员会"(comités de ministres)。总之,由于执法机构对政治话语权的垄断,公开举行和全体与会的议事会传统精神被它自己遗失了。这一点具

---

① *Le Conseil du roi sous le règne du Louis XV*, *op. cit.*, pp. 177 – 210.

有极其重要的意义,应该归因于国王所提拔的那些相互争斗的人。研究显示,司法国家(État de justice)的行政结构迫切需要更多的金融贸易人才,于是包税人变成了国家建设的规划者。1775 年,当马尔塞布在他的"谏书"中揭露"金融家升格为立法者"时,他已经触及了问题的本质:面对财力和发展的诸多问题,财政国家(État de finance)选择了金融和经济的行政组织结构作为自己的国家模型。内克尔的升迁可以作这样的解读:一个绝对的局外人攀上了纵深的君主制社会的顶点,他甚至不需要改变主张,也无须像约翰·劳那样被迫适应异域的环境。然而,如果没有君主制国家财政所必需的院外集团关于舆论和利益的成功游说,如果没有议事院和国家最高行政内部的演变,内克尔的升迁或许难以实现。

第二种变化,即"官僚主义"(杜尔哥的老师古尔奈用语)阶层的兴起,也触及了这个阶层,并且加重了整个体制的危机。国王以及与王国联系在一起的国王的人格使国家行政获得了统一性和合理性,官僚阶层的兴起在某种程度上正好充当了行政上的跳板。18 世纪的中央集权产生了大量的办公室和档案以及许多调查和行政手续,从而激起了对机构臃肿和文件堆积的一阵又一阵的抗议。与此同时,中央集权也带来了其他的实在性:按照规则分配权力和仲裁冲突,而这些规则与不平等社会的规则不再完全是一回事,因为它们是根据功能和实力等级化了的阶级的规则。行政管理的思想断绝了君主政体的生命力[1],但是只有基于这些才能够期望变革和改良。在这个问题上引出了一场论战:关于自由,关于档案、调查、文献所提供的记忆。核查、集中决策是人们心中挥之不去的烦恼,这些早已是现代性论战中的老生常谈。在这样的现代性中,

---

[1] *Le Conseil du roi sous le règne du Louis XV*, *op. cit.*, p. 631; Legendre (P.), *L'Administration...*, *op. cit.*, p. 154.

谁都对符号定位及其任意性保持一份警觉。然而，我们也不应该忘记，整套的行政文件对于巩固一个社会是很有效的：社会的存在离不开法规，而法规是在信息的确定性中生成的；社会的存在也离不开发展，而发展是需要调查和规则，也需要标签和定义的。手段和目标不能混同：这是理解与平衡的问题。启蒙时代不乏需要我们理解与平衡的问题。

从中心到外围：群体的职能

官吏、特派专员、公务员的冲突

议事院的演变突出了主要矛盾的上升，它加重了君主制国家的行动负担：相对于国家的概念来说，政府的执行职能分化了。直到 18 世纪，三类管理者履行了如今由官僚机构或政府承担的全部职责。第一类管理者的作用可以从两个方面得到证实：议事院权限的扩大，以及各种群体和由有公职的地产主官吏（officier）组成的小集团所扮演的角色。最高法院的官员在 1715 年以后重新取得了谏诤权，因此，他们不仅是法官，还是行政管理者。通过捐纳官职而在君主制国家取得的部分权力强化了这个群体的集体利益意识和他们的地方势力，同时也使他们和君主联系在一起。"官职是生活的尊严，它能让人得到一份公务；而公务是给贵族的，普通人则能因此而变得高贵"，罗兰·穆斯尼埃的这段话很精彩，[①]突出了在行使权力的过程中孕育出来的社会力量。这种力量促使大多数官吏以群体利益的名义去捍卫习俗和传统，简言之，促使他们常常承担保守的职责。作为管理者和法院的专家，他们越来越觉得自己被授予了一项代理职务。"他们以国王的名义和国民对话，再以国民的名

---

① Mousnier (R.), *La Vénalité des offices sous Henri IV et Louis XIII*, Paris, 1971.

义告谏国王",1757 年雷恩的高等法院派就是这么说的。① 自摄政时期以来,在国家行政处于局部混乱的背景下出现的第一次政府机能障碍在不断扩大。

然而,这种障碍从 17 世纪开始就已经有了广泛的表现。由于受到直接行政(administration directe)的影响,专制主义的势力开始抬头,并且伴随着各种形式的税制的推广。国王选定的特派专员(commissaire)是直接行政的基础,他们的权力通过委任状得到限定。即使国王的大部分特派专员都有官职,两个不可分割的事实仍然构成了二律背反:官吏属于行政的常规模式或一般模式,而特派专员则属于临时的特别模式。总督的升迁需要委派专员去接替职务,这是遍布整个王国的"普遍存在"。正是在特派职务的正式化过程中,君主制国家与它本身,或者说与群体社会(société des corps)发生了冲突。新的特派专员集所有权力于一身,独揽"司法、治安、财政"大权:他不仅"在那个省是国王",而且是"各个省的枢密院";他向国王提供信息,并且执行国王的命令。

两个问题随之出现。首先,行政官吏在行使权力的过程中遭遇了竞争,这一点是毋庸置疑的。于是,与特派专员对抗成了行政生活和政治生活一个不变的主题。然而,特派专员的行政实践不会仅仅遭遇这一个方面的冲突:面对外省的现实情况,总督不可能不作适当的妥协。18 世纪总督辖区的历史完全是一部由协商的能力和对抗的能力构成的具有强烈反差的历史。1771 年,在谈到最高法院与作为其信徒的官员和书记官在改革过程中的对立时,掌玺大臣莫普所说的"三百年的官司"其实只不过是一块纪念章的背面,它的正面是不断为爆发的冲突所粉碎的**临时协议**(modus vivendi)。

---

① Guery(A.), Descimon(R.), *Un État des temps modernes*, *op. cit.*, p. 202.

所有的管理者，无论是官吏还是特派专员，也无论是在中央还是在外省，都招募和供养了一支由代理人（commis）、秘书、抄写员（emplyés aux écritures）组成的队伍。他们充斥着凡尔赛宫各处的办公室，因此，财政总监的工作可以得到 30 多位第一代理人（premier commis）①的协助。他们都是些了不起的人，因为都有不间断从事工商业的经验。部门负责人（chef de division）、主要代理人（commis principaux）、誊写员（simples scribes），构成了这支队伍的等级体系。大批的代理人、国务秘书、财务监督官纷纷向巴黎的豪华旅馆投资，这些旅馆中的一部分被改造成了行政办公厅。在外省，围绕着总督也同样建立起了一支代理人和转代理人（subdélégué）队伍，只是规模小一些。

在这个领域，三个重要的方面值得关注。首先，这个群体的职位日趋稳定，职权也得到了认同，接下来必须使之得以专业化。因为正如阿尔让松侯爵所说，"代理人都是店铺的老板"。司法程序难以对他们进行约束，他们掌管着通常已经签了字的空白文书（至少穆斯尼埃是这么认为的），因而等于是掌握了真正有效的行动工具。行政不再是受到惯例支配的各种会议，而是众多个体的行动——他们彼此分开，但同时又混同在一个由信息和命令构成的等级化的系统里。从这个意义上来说，行政已经跨越了一个决定性的阶段。

其次，要想了解行政工作的理性程序和实际程序的演变，这是一个值得研究的重要历史时期。办公室数量的增多伴随着各种不知名的任务和纷繁的理性干预措施：调查、统计、信函等。限定工作时间、资格、责任和惩戒措施的各种规章制度也随之建立，更加功能化的行政组织在巴黎和外省的办公室开始设立起来。因此，在 1774 年，外事部长将50 多位政府雇员召集起来，把工作分派给 7 个办公室，分别由第一代理

---

① 也译作"高级官吏"。——译者注

人领导,包括秘书、普通代理人、译员、文书在内的其他人则根据他的指示开展工作。第一代理人通常有与大使馆接触的经验,因而他们在职的年限比较长:拉·维尔神甫30年、贝盖25年。[1] 到了退休的年纪,他们都可以领到国王发放的养老金。官僚阶层变成了一种上流社会的身份,它为太多的人打开了取得权力和稳定职位的通道,于是这个阶层引起了妒忌,招来了批判。《方法论百科全书》(1789,法学)中的"Burocratie"(原文如此)词条把官僚主义定义为"通过办公室下命令"的政府或行政,接着还批判了官僚主义体系,因为官僚主义的荒谬性在法国造成了遭人抱怨的种种恶果,以及"国家和行政相分离的不利"影响。这都是因为,新的程序及其已经得到认同和保护的组织者体现的是政府行为中的专制主义,这在危机时期尤其受到了揭露和批判。然而,服务于国家的意识有效地调动了公务人员(agents),这种模式的形成能够使国家对管理中出现的各种不可避免的情况(无论是地方的或是中央的)及时作出反应。

最后,这场由于大臣和总督更积极地参与而引发的运动不仅导致了行政编制的增加(因为没有调查,无法估算总人数),而且还引起了态度的变化:从此以后,代理人被当作公务员(fonctionnaires)对待。于是,在君主政体的作用得到充分发挥的一些领地,杂乱无章的行政局面有所缓解。两个例证足以清楚地说明这一切:包税制和路桥工程局。

包税制是替国王征税的一种传统的征税方法,目的在于使复杂的财政部门免去征税(主要是间接税)的烦恼。通过与私人经营的公司签订租约,国家可以得到两方面的好处:加快资本在行省总督(prêteurs)和包税者(traitants)之间的流通,从而加快资本的回收;还可以通过包税人的责任,也就是说通过中标人(adjudicataire général)的担保,实现征收与管

---

[1]   Samoyault (J.-P.), *Les Bureaux du secrétaire d'Etat des Affaires étrangères sous Louis XV*, Paris, 1971.

理费用的转移。1726 年以后，随着租约续订的规范化，40 个包税人全部取得了标准的公务员身份，虽说服务于私营部门，但几乎都是终身制的。

从最初的委任（需要公司的同意，财政总监的认可，领主的保护，甚至必须在做买卖），到配有副职的正式团体，再到最年长者的荣誉称号，真正的职业道路基本形成。包税人群体的特征是从事特定的工作。建构名副其实的家族倾向增强了这个群体的凝聚力。大多数人的入门教育通常是在最初的"巡游"中完成的，他们跑遍了各个省份——这一过程通常持续好几年——到了一定的年纪才可以参加各委员会的工作（盐税局、烟草局、间接税管理局），包税所的大小事情都是在这些委员会决定的。巡游的过程就是学徒的过程，"熟悉这个国家"，熟悉不同的场合和不同的人，就像雅克·波尔兹教育他儿子那样——他曾让自己的儿子跟随特龙相去南方和里昂①做调查。了解城市、风俗、加工和贸易、人口和土壤，这一过程突出了一个理念，那就是必须对百姓及其能力进行理性管理，因为"产品交易税（droits des fermes）是在消费中征收的，而消费永远是与消费者的人数及其富裕程度成比例的，包税人不应该对最终可能与上述两个结果有关的任何事件表现出无知"②。

这种经验论教育贯穿于他们的职业生涯。有时，运气好而且有才华的代理人可以借助这种教育抵达包税制的最高层。这一切构成了对地方行政进行监督的基础，也构成了一种真正的人才策略，就像萨瓦所阐述的那样。"巡游者"的报告有助于对地方领导者、监督者、税务员的素质和缺陷做出判断：他们根据非常精确和严格的标准，从管理水平和效能方面对这些人的活动和能力进行评估。他们测评每个部门的职员、盐税局工作人员、业务负责人的工作情况，以便优化人员聘用和培训的关

---

① 法国旧省名。——译者注

② Durand（Y.），*Les Fermiers généraux au XVIIIe siècle*，Paris，1971，p. 121.

系。在包税制的关系中建立起了一种社会薪金策略,他们期望通过这种
策略改善制度的功能和形象。为了国家的未来和国家现代化的可能性,
退休制和奖金激励制具有典型的意义。

随着路桥工程局的设立,人们已经在它与一个群体的联系中找到了
变革的首创者——那是一个经过扎实训练的群体,一个严格等级化并且
拥有自主权的群体。通过会考集中招聘,财政总监管辖下的财务监督官
负责履行监护职责,完全欧洲模式的学校教育,这一切赋予这个群体极
大的活力。在具体运作的过程中,无论是中心地区或是城市外围,在进
行土地规划时,建筑物的布局完全由这个清一色的工程师决策机构去构
想,他们善于考虑建筑布局对于开放和设施配置策略的推动意义。无论
区域性的规划还是集权化的建设,都是同一种思想的两个方面,①都是
专业化的部署和相互协调的布局。

在 1789 年的前夕,在特吕代纳和肖蒙·德·拉·米利耶尔的先后
领导下,这个群体设有一位首席工程师、28 位工程师、60 位副工程师,以
及 120 位督察员(inspecteur)。他们领导着代理人、施工监理(conducteur
de travaux)、巡察和监工们进行工作。在地方三级会议省,工程师和技
术员群体参照财政区的格局进行配置。与包税制的实施情况一样,他们
的职业生涯也是根据个人的能力来完善的。关键在于设计和施工的理
性化,必须持续地运用施工图、施工评估和理性的预测等手段使工程与
当地的实际情况相适应。

把君主制国家的行政管理机构简单地定性为机能陈旧的废物,这种
做法多少有一点牵强。一方面,对于那个时代的人们来说,这些机构毫
无疑问是彼时实践地图中所固有的,即使它们之间不一定存在着紧密的
关联,但是习惯会引导人们根据错综复杂的行政需要以各种方式去解决

① Mousnier(R.), *La Vénalité des offices...*, *op. cit.*

问题。另一方面，这些机构就像是一个熔炉，有时候能够锻造出大胆的尝试，说到底，它们仍然是一种高效能的工具。① 或许正是它们的效能与变革之间的冲撞使民众的精神受到了很大的伤害，因为祖先遗留的构架仍然是民众的文化底蕴。

辖区里的总督：两个社会之间的群体

　　可以肯定的是，不同的时代性相互交错的原则始终贯穿于这个尚未系统化的行政体系中。新的行政制度的诞生并不意味着非得废除旧的，即使它们的权限和适用范围发生了部分重叠。因此，即使已经专门化了，任何一个行政部门仍然享有司法权：铸币局(hôtels des monnaies)负责审理与铸币有关的案件，海军法庭负责海上贸易，骑警队队长负责骑警队，行政官吏负责由他们管辖的臣民。这一事实可以证明，议事院作为国王意志的体现，确保了国家行政的连贯性；虽然横生的意外通常多于原则，但是仍然具有重要意义。行政体系的复杂性奠定了由国王、国王的代表和他委派的调查员对行政机构实施监督的机制，因而行政的游戏规则就在于不断地抓住一种权力，无论是让与的、捐纳的或者代理的。

　　总督是这种游戏的中心人物。他必须根据任务分别向议事会阐述辖区的运作情况。他既要说明外省高级行政职务(如省长、最高法院第一审判长)以及外交官的任职情况，同样，必须汇报下级行政部门的情况：大量为捐纳者设立的官职只能委以特派专员的职务，如"战事专员、海事专员、堡垒修筑专员、巴黎要塞专员"。无论在哪种情况下，总督职务的稳定性都取决于国王的利益，也越来越取决于行政的需要——在履行调查或司法方面的一些临时职能时，政府需要这个辖区的协助。总督的境遇是稳定的，因为他有固定的任职期，而且不太会有变动，但也是不

---

① Durand (G.), *Etats et Institutions…*, *op. cit.*, p. 111.

稳定的,因为他承袭了那些担任突击行动的调查者和变革者的工作职能。在 18 世纪末,他们担任了对王国综合实力进行调查的工作,这足以证明中央权力机构对其情报重要性的认可。任命总是附带着命令,因此,他们对中央权力机构有很强的依附性。从这个意义上来说,总督首先是执行者,他们是中央集权在税收领域和司法领域提审时的代理人。然而,由于远离中央,工作条件和行政手段本身赋予了他们一定的独创性。除了个体的多样性,他们都是统一的组织者。但是在现实中,只要他们没有站出来驳斥专制主义的必然性,就有义务阐述政府的决策,甚至可以说不得不尊重部分特权。因此,正如托克维尔所说,随着时间的推移,他们不断地为中央政府开拓新的行动领域。

根据政治背景和力量关系的不同,总督在现实工作中可能不同程度地介入与地方政权的冲突。即使在现实中他独揽政务,即使他长期以来使省长沦为豪华的摆设,然而在王族的高官面前,比如说勃艮第的某孔代亲王或波尔多的某黎塞留,他仍然只是个小人物。面对金融机构和司法机构,他会干预,但是几乎每次都是协商多过真正的冲突。在地方三级会议省,除了"布列塔尼事件"之外,很少发生直接对抗。最后,面对城市,特派专员的托管变得极其沉重,不得不考虑势力集团的存在及其利益。总之,无论在哪里,如果说他们的总督令人信服,那是因为他具有司法、治安、金融等多方面的才能;还因为他根据自行遴选的原则,在地方法官中广泛招募代理人和转代理人,优化各个办事处的人员配置,充实情报网,从而扩大了自己的干预能力。在 18 世纪,他们在总督辖区和民众之间发挥了重要的中继站作用。

18 世纪的总督受益于一种公认的传统,它将社会和文化招聘中的同质性与经过一个世纪磨砺的实践干预手段的一致性结合在一起。1968 年,格吕德尔研究了 100 多个案例,新总督的任命与他们出生地枢密院的情况如出一辙,只是巴黎人占绝对优势的形势到了路易十五执政时期有所改变。总督群体由传统穿袍贵族的后裔和受封的贵族（他们在18世纪占五分之四）构成，强化群体力量的人主要来自最高法院，而不是像杜布雷或卡洛纳那样来自金融界。这是一群真正的行政贵族，他们将集权化的各种特征和有利于个人才华发展的各种条件融为一体。

他们的事业早在年轻时就已经起步：大多数人在22岁前已经是法学士、高等法院推事（conseiller）。所有人都晋升很快，要么在巴黎的那些最高法院转过一圈，要么像多数人那样在外省的法院逗留过。总之，他们的见识更广，对于王国的问题也了解得更全面。这在一定程度上得益于他们的学业，但更多的还是得益于他们担任审查官的经历。1715年前后，在第一次总督职位任命之前，审查官的平均任职期为五年；1780年前后，平均任职期为八年。他们都是成熟的人，在30—35岁的年纪已经有能力迎战各种障碍。他们的力量当然依赖于通过王国的蓝图得以同化的精神上的高度一致性，但是更大程度上依赖于他们的财政独立性，以及广阔而具体的政治见解。他们的弱点首先来自他们在社会交往和知识结构方面的巴黎姿态，以及相对比较稳定的职业道路，即根据所学的专业由小的辖区向大的辖区运动。然而，随着时代的发展，他们稳定的任职期延长了：到1780年，平均任职十年，而不是从前的四五年。他们的作用影响到各个领域，这使他们同时成为国王的人和人民的人。我们可以理解，为什么在大革命的前夜，他们会被指责在凡尔赛奢侈逸乐，以及在外省实行独裁主义：在对抗地方势力和小集团的专横和暴力时，他们是被求助的对象，同时又是干预手段的具体体现。

埃格雷和埃马纽里研究并阐明了这种权力趋势为什么能够一直延续，①而不触犯土生土长的外省人的利益，也不妨碍各个团体和高等法

---

① Gruder（V.），*The Royal Provincial Intendants*, *a Governing Elite in Eighteenth Century France*, Ithaca, New York, 1968.

院所寄托的新人。君主政治的踌躇、内克尔的敌意,以及作为内克尔继任者的新财政总监乔利·德弗勒里和奥尔梅松的支持,各种各样的不确定性摆在总督们面前,他们必须经受这一切,最终找到自己的道路。他们正是这样做的,因此他们高呼"公共利益"的口号,更普遍地借用哲学家和经济学家的话语。他们跟跟跄跄地前进,打着温和干涉主义的旗帜,站在规划和发展的一边。他们是减税政策的鼓动者,杜尔哥在利穆赞地区、勒·贝勒提埃在沙隆、贝尔提埃·德·索维尼在法兰西岛,先后发起了人头税和劳役的改革。他们聚集在高等法院和三级会议的周围,就像摩尔维尔 1780 年和 1788 年在布列塔尼、塞纳克 1787 年在埃诺,以及卡兹·德·拉·波福 1788 年在格勒诺布尔所做的那样。在整个经济领域,他们寄希望于各种改良效应的产生,因此,他们推动调查、普及调查方法、扶持农学团体、鼓励手工工场的发展、减轻赋税、发放补贴、保护贸易,尤其是通过交流策略促进经济的发展。

毫无疑问的是,旧制度的最后 20 年推行了一种改变闭塞状态、促进开放和交流的政策,并且与之相伴的是社会和文化政策。各种慈善方面的创举都得到了总督们的支持,例如他们试图对慈善制度和监狱制度进行改革,他们还现身于新型城市规划创建者的行列中,他们几乎在各地鼓励文化团体的发展。当然,他们在从事这些活动时并非毫无用意。他们必须了解地方的力量,同时让人传出国王需要的信息。在必要时他们懂得保护自己,比如说在布列塔尼,贝尔特朗·摩尔维尔作为卡洛纳派去执行和谈策略的使者,在必须将种马场(haras)、入市税(octrois)、森林垦地(routes)等原先属于巴黎的特权交给外省的问题上违抗了上级的命令。

在开明的总督辖区,那里的文化通常兼有传统和变革的元素。总督们则致力于自己财政区的利益,对辖区精英分子的辩论十分敏感,即使在 18 世纪议事院已经逐渐丧失了威望,他们也不像国王议事院的人那么专横。或许他们体现的正是 18 世纪盛行的国家功利主义和行动的经验主义,然而这使他们处于最矛盾的对立面之间,成了理想的活靶子。支持内阁的专制主义者指责他们,反外省主义者责备他们,反专制主义者更要谴责他们,因为他们难以在中央集权与地方分权之间做出选择。即使在这样的情况下,总督仍然有义务继续演好自己的角色。"省议会"(assemblées provinciales)上常有这样的经历:1778 年在贝里、1779 年在上吉耶纳、1780 年在多菲内,1787 年这样的事情就更普遍了。每当此时,他必须与检察官以及各种"调解委员会"(commissions intermédiaires)合作,因为这些人缺乏金融方面的监督才能。总督是中央与外省之间的中继站,在履行这个职能的过程中,他面临着传统社会的主要冲突,即团体的特权社会与开放交流的社会之间的冲突。总督群体顺应了社会变革的迫切需要,但是他们并没有放弃共同利益仲裁者的角色。他们的现代性或许并不存在于某一不可能实现的选择中,而在于他们处理日常事务的与时俱进能力。

里昂的帕律　利摩日的杜尔哥

1740 年,贝尔特朗·罗纳·帕律在里昂担任总督。他实际上占据了这个财政区的中枢,因为里昂正在以强大的影响力向包括里奥内、福雷和博若莱在内的周边省区扩张,左右着整个财政区的方向。任何一个地方群体都无法与总督的权力抗衡,因为在工业领域(圣-艾蒂安是这个地区最重要的工业区)和贸易领域,总督的职位历来是很重要的。帕律从不离开里昂,除非去参加议事会或者去面见财政总监。他在这个职位上很舒坦,因为省长路易·德·诺维尔是个不在乡地主。但是总督必须协调与铸币法庭(cour des monnaies),尤其是与商事裁判官(consulat)的关系。这个人物周旋于外省的外地人和显贵之间,总督的行动取决于他。

帕律出生于巴黎的穿袍贵族家庭,属于大议事会和高等法院成员。他在 1718 年担任推事,那年他 22 岁;然后在 33 岁担任审查官,1734 年担任穆兰总督,1739 年调任里昂总督。总之,他在大学上过的传统课程使他得到了议事会的一个重要宗派,即鲁耶家族的支持。在平时的生活中他是个随意的人,他喜欢戏剧、游戏、美食和各种生活乐趣,他炫耀自己的文学才华和科学知识。他与伏尔泰通信,接待过卢梭,还热衷于科学院的活动。

在政务方面,他可以依赖替他包揽所有事务的转代理人克劳德·吉耶,他是里昂人、律师和助理法官。后来,帕律用自己人艾蒂那·勒·加缪取代了他。总督不在时,勒·加缪就是他的替身。从他们的来往信件中可以看出,他们彼此极其信赖,这是他事业成功的关键。勒·加缪从属于总督。除了他之外,就该指靠路桥工程长官德维尔了,他像帕律一样也热衷于科学院的活动。代理人、秘书、无名听差,总共十几个人。合理的人员配置,再加上工程师人员的配合,确保了行政工作的顺利进行。他们都来自里昂显赫的资产阶级群体,转代理人的职务是他们在职业道路上有可能达到的目标。总督的工作人员分属两个领域:一部分人属于私人依附关系,他们因服务于总督个人而服务于国家;另外一部分人则属于新型公共职能范畴,他们可以调动,可以不担任职务,但是享有物质上的保障。

帕律通过城里固定的总督代理人系统委派给自己一部分工作。这个系统广泛分布在自由城、罗阿纳、圣-艾蒂安、蒙布里松、布尔-阿让塔尔、圣-夏蒙、孔德里厄。我们从中可以发现与地方政权的中央控制系统(选举席或法官席)、交流途径的控制系统,以及工业和农业领域不同空间的控制系统相对应的格局。这个地区的一切都处于变动中,总督辖区善于适应这种演变。辖区的运作依靠由显贵、法官、大法官裁判所的官吏组成的群体，因此这个群体也从他们的第二个职务中得到了威望和权力。里昂和分布在各地的代理人系统之间公务不断，这给总督的工作增添了活力。总督在这些问题上的介入完全是出于工作习惯，只有在需要经济刺激的领域属于例外。这时，总督府会监督所有的创新元素。总督府所有成员之间的关系，以及总督与地方圈子之间关系的全部特征，都可以用经验主义来概括。①

通常，总督府位于市中心的路易大帝广场。这座建筑物既是工作的场所，也是上流社会的社交中心。这在与显贵的关系中是最基本的，同时也体现了国王的威仪。办公室的工作以信函为基础，有时快有时慢，办事员会分拣出来交给勒·加缪或者德维尔。他们回复信件，监督工作。值得强调的是总代理人（subdélégué général），他还必须安排帕律的工作日程。帕律总是以堪称典范的仪表出现，他从不离开里昂，除了一年去一次巴黎，再有就是秋季进行的全面巡视：这是参观各处工地的时候，也是分派人头税的时候。任职结束以后他便居住在巴黎（1749—1750），于是一切全靠勒·加缪了。总督的缺位并未对新总督的任职期限造成多少延误，我们可以从时隔十年的两件同样的事情中推算出这一点——1740年，新总督49天后到任；1750年，总督缺位77天。其中有两周左右的时间差，应该考虑复活节的因素。

总督可以说是交流系统的核心，他使巴黎和外省之间的联系得以改善。为了向财政总监和国务秘书提供信息，总督同样也是各种调查程序的核心。有些调查是非常专业的，甚至是私密的，比如对布吕芒斯坦的遗产调查；其他一些都是例行公事，需要地方专家的协助。因此，总督府发挥了代理人系统的活力，他们一年中要填写大量的工程进度清单，提

① Legras（P.Y.），*L'Intendance de Lyon au milieu du XVIIIᵉ siècle*，1739‑1750，métoire de maîtrise，Paris Ⅰ，1983.

供大量的市场价目表复本、司法报告、视察矿场或工厂的笔录。总督的代理人就是总督的眼睛,经常也是他的某个信息链或执行命令的某个环节的替身。因为总督不可能关注并核实每一个细节。

　　总督的政治职能简化为充当财政总监和掌玺大臣的中继站,仲裁某些特殊的冲突,解决与官吏群体的对抗——他们总是将总督辖区与地方特权对立起来,亲临现场指挥谈判或实施镇压,就像对待1744年缫丝工人的叛乱那样。帕律的工作主要是仲裁,但他是一位以国家和外省的共同利益为己任的仲裁者。他主张中央集权,然而那是一种充分考虑地方分权现实并且想要改变闭塞状态的中央集权,也是统筹考虑重大公路工程以及工业和矿场的现实情况的中央集权。帕律影响力的扩大只有在牺牲弱势权力(省长),以及与强势权力(商事裁判官)协商中才能够得到发挥。

　　我们还可以对知识阶层另一位人物的影响力做一番评价,就知识和抱负而言,这个人物绝对胜过帕律。雅克·杜尔哥有着与他的里昂同僚一样的全部特征,走的是一样的议事会路线:穿袍贵族家庭、文化因素、启蒙运动中的巴黎中心主义。然而,杜尔哥带有一种与出身的差异性有关的更加敏感的因素——他是国务顾问的儿子。论文化,他毕业于索邦大学,带有“神甫”的气息,渗透了那所大学的精明;论门第,他的家族早在一个世纪之前就是贵族;至于财富,那就更不用说了。1750年代,他就积极投身于思想启蒙运动。他“秘密”与《百科全书》合作(写了《存在》及后来的其他文章如《集市》等),经常出入各种沙龙,与魁奈及其他重农主义者以及古尔奈等自由主义者甚熟;他阅读面很广,藏书可以证明他广泛的兴趣,其中占主导地位的是经济学和语言与历史的研究。他与伏尔泰书信不断,是哲学家们的朋友,也是国家核心领域的启蒙运动者,权力不会让他有犯罪感,只要它能给自由带来更多的表现机会,哪怕是必须顾忌环境因素。总而言之,他代表的是家族的传统、群体的精神和个人的才智。1761 年,财政总监派往利摩日的就是这样一个人。他自己本来想去多菲内或者勃艮第,结果去了利穆赞。①

总督先生来到了位于世界另一头的乡村行政中心,那里每周与巴黎通邮两次,勉强维持着与首都的联系。这座小城市里充满了传统农业社会的农耕生活和劳动节奏所带来的影响,内地的显贵们似乎在那里沉睡。然而,这是一个复杂的社会,因为受到两大高等法院的牵扯,财政区被一分为二,以利于总督在必要时统一行动。杜尔哥只有依靠当地资产阶级、官吏和商人等都市精英分子的力量,以及享有职权并兼有中小特权的当地显贵骨干的支持。在利摩日,杜尔哥注意到了一个由 56 个主要批发商组成的团体。他聘用了其中的弗朗索瓦·阿尔当,这个人后来成了他最得力的助手之一,也是他信任的人,不久就被封为贵族。他通过规划和调查来调动他们,通过大量的信函来促动他们——或者亲自动手,或者授权给他的班子去完成,例如以波利厄为首的秘书班子,先后由巴尔比耶和特雷萨盖领导的工程师班子,以及像德马雷那样的督察员和像德斯诺那样的代理人。在行政活动中,他使用的同样是显贵系统和转代理人系统,帕律也曾以不同的方式支配过这些系统。

杜尔哥在三个方向开展了行动：管理空间,争取特权显贵的支持,在拉动经济发展的同时促进百姓的文明化。他从一开始就亲临三大现场,并能够持之以恒。只有马儿知道他的辖区究竟有多大。为了加强管理,他让科尔尼奥工程师绘制了地图;为了支持他的利摩日规划方案,他让工程师测定必要的道路边线。他的公路政策力求建立大型枢纽,以便统一辖区,打破乡村的闭塞状态。他的交流策略也出于同样的目标：创立徒步送信的方式,借助本堂神甫的帮助组织信息收集。他管辖的是一

---

① Kiener（M.-C.）, Peyronnet（J.-C.）, *Quand Turgot régnait en Limousin*, *un tremplin pour le pouvoir*, Paris, 1979.

个仍然留有一半乡下气息的城市,随处可见的是苦难、肮脏、没有石板的街道、盲信和偏见,他要竭尽所能地促进它的现代化。他的继任者亲切地说:"利穆赞的独特面貌在于它一整套高雅的城市理念完全出乎想象。"贸易几乎还没有触及这片地区,进步的社交活动还很少见。那里没有学术团体,也没有科学院!杜尔哥对法国南方还是不够熟悉,他不了解巴洛克风格,也不懂奥克语;他瞧不起那些过于乐观的预判,那些毫无用处的习俗和土话;他也不认同重农主义者关于农业的各种吉兆:绿篱和草地比不上法兰西岛的"乡村"(bleds)平原,栗树和胡桃树也无法替代花园里的山毛榉和橡树。对于杜尔哥来说,利穆赞是他的放逐之地,13 年来他只想逃离这个地方,要想适应需要时间。

　　在此基础上,我们略加分析就能够发现两个极其重要的现象:第一,经济学家真正看到了他们所研究的宏观领域和微观场所、落后的状况和具体的现实、利益的对抗和小集团的争斗;同时,自由的原则与垄断和特权的传统习惯之间形成了冲突,而且随着农业社会的农学家们对造纸、高岭土(kaolin)、农业和畜牧业领域的研究,人们开始衡量这个领域变革的可能性。第二,这场相对的失败已经超出了利穆赞地区的范围,它促使杜尔哥进行了大量而更全面的思考:关于改革的手段和目的,关于国家的变革愿望和能力。然而,对于 1769 年宣告了他的理论失败的那场危机,他还没有考虑该用什么样的方法来解决。但是 1770 年,他在秋季巡视途中写的关于谷物贸易的书信捍卫了这个理论,并且启发他的思路,扩大了他的视野。1773—1774 年那个冬天,狄德罗在他的《写给叶卡捷琳娜二世的回忆录》一书中写道:

　　　　我们组织了一次讨论会,研究那些仍然健在的著名公众人物,即我们的总督。一旦进了总督府,有头脑的人很快就会变得狡诈。平庸者的变化则需要多花一些时间。他们绝非具有如此的天性，一切都是后天学习的结果。不幸就在于正直的人处于这个职位会逐渐变坏，而且几乎永远都不可能进入内阁。杜尔哥先生就是王国最正直的人之一，当然他或许在各个方面都是最精明的人。因此，他将永远也走不出利摩日。如果他能走出来，我将快乐地大笑，因为那意味着我们内阁的思想已经完全转变，事态的好转已经近乎神奇。①

他的体验是众所周知的，引出了众多评述。我们从中能够看到，希望的载体如何登上舞台，进而占领了人们的视线。实际上，他的经历是对古老的农业王国进行的一次探索，改良主义和父权主义思想一直梦想着要改变这个王国。那也是一代人的转折点，他们在路易十五统治下长大，他们认定的前提是能够实现旧制度的改良。他们把自己的领域留给了另一代人，这代人不会再以旧制度的各种规范作为自己的参照标准，因为那无益于解决传统社会的各种紧张关系。然而，在他们逐步接触首都与外省的各种关系之后，当他们亲眼见到了总督的辖区，见到了辖区的领土和权力，尤其在那个正在摸索变革可能性的核心机构，见到了使辖区受到强烈制约的传统表现的二重性和现实选择的不可能性时，他们是不会无动于衷的。

外省人与外省

在巴黎与外省既相互对立又相互联合的关系中，文化诉求是建构空

---

① Diderot（D.），*Mémoire pour Catherine II*，Paris，1966，pp. 159－160.本书收录了狄德罗与叶卡捷琳娜二世的主要谈话内容，在书中狄德罗为当时的法国和俄罗斯帝国提出了改革的建议。——译者注

间等级体系和行为表现的一个不可忽略的方面。

　　从这个角度来看,首都的胜利是毋庸置疑的。因为最重要的文化权力机关都集中在巴黎。那里聚集了著名机构,有私人或国家的大量投资,还有教会与国家的联合介入。教会控制了教育系统,国家则促进各种富有影响的发明的产生,因为皇家学院(Collège royal)或皇家植物园(Jardin du roi),桥梁学院或矿业学院,都设在巴黎。同样,国家还通过选择或拒绝来推动决策机构对文化生活的监督和审查。巴黎的机遇是无与伦比的,因为它调动了整个王国的机遇,全国都是它的资源宝库和传播范围。

　　然而,首都的优越性并没有使外省文化变成沙漠,这是自拉维斯以来人们反复谈论的话题之一。但是 18 世纪的意义在于: 在这片有着独特习性的古老土地上,外省人在巴黎人的眼里变得不再神秘,新的态度开始出现,同时伴随着轻蔑与控制的加强和外省主义的上升,在外省人心中,他们既想归顺又心存戒备,同时也渴望被认可、被平等对待。如果不能深入地研究两个极点(pôles)的文化渊源(这涉及另一种研究方法),目前我们至少应该仔细探究被中央集权压垮了的外省形象和外省主义,研究将这两者扭结在一起的关键。外省主义致力于传播新思想,传递制度与行政的关系中所反映的新因果关联,这使他们振作起来,看到了通过改革实现地方分权的希望。一方面是旧制度的危机,另一方面是延续至今的法国社会变革,两者之间存在着许多关键性的问题,其中之一已经进入了沙龙和学术团体,成了小人物的谈资和知识分子关注的问题。

外省的惨遇与知识的集中

　　从宫廷社会和都市社会所推行的规范来看,外省人行为反应迟钝,语言也存在缺陷,因此他们受到了传统文化的批判。两个主要现象被分置于社会天平的两侧：第一个现象在于文学与科学传播中与生俱来的特殊目标；第二个现象则在于大量的质疑涉及社会和政治的组织结构本身，涉及民众与显贵之间的差距，以及文化空间的同质化问题（因为自16世纪以来，外省语言或土话一直对风俗和变化的行为的集中起着抑制作用）。

　　18世纪继承了由人们的印象和成见所构成的遗产。这些印象和成见都是鲜活的，被深深地刻印在关于偏见的社会地理学之中。因此，伏尔泰在祝贺杜尔哥赴利穆赞上任时，自然而然就这么写道："你既要去利穆赞挣钱并赢得利穆赞人的爱戴，又要设法让布尔索尼亚克先生①全家人第三次支付二十分之一税。"这说明莫里哀的作品是多么深入人心。但是对于利穆赞，或者用杜尔哥的话来说，对于外省其他的"西伯利亚"地区，就连正直的人都会心存恐怖和疑虑。专制主义传统文化的力量具有双重效应，因为它已经成功地让外省人在面对巴黎时袒露自己的劣势，也只有这样他们才能够在精神上得到首都价值体系的认同。

　　传统的形象和成见以不同的强度传递着诸如此类的各种表现，这些表现必然又以不同的方式反射出具有外省群体特征的物质的和精神的习惯，从而形成共鸣。各种社会化模型中的关键部分都会在民众的想象中显现出来。这并不是纯粹的幻觉：他们与具体现实保持着联系，并且还向人们传递如何感知这些现实的方式。关于民族性格的学问是与现代国家的建构同步发展的，并且在它运筹的外延部分得以完善，因此我们提出这个问题不会没有意义。就在这场运动中，民众的惯习（habitus）顺应了统治阶级的习性（ethos）；同时，民族性格学（ethnotype）则根据自身的运作方式不仅揭示出与他人的关系如何得以规范化，而且还显示出如何在一定程度上使真正的冲突得以消解——无论是阶级关系，还是更广

----

①　M.de Pourceaugnac，原为莫里哀剧本中的人物。——译者注

泛意义上的身份认同。事实上,这些批判的关键就在于建构一种真正具有相异性(altérité)的历史学的可能性。

外省人的代码可以在许许多多的文本里得到释译:剧本、小说、游记、行政官员的报告、医生和科学家的观测记录、地理学论著。所有这些文本都用通俗的语言提供了四个层次的重要细节,其中在政治方面,以叛乱—统一这一反命题,以及灵敏的激动感和对君主事业的归顺(布列塔尼人很好战,图尔人则很安静)作为原则来衡量对君主的忠诚;在宗教方面,对信仰统一性的必然需要的表达(诺曼底人富有恻隐之心,而热沃当人则是被围困的种葡萄的粗野人);在经济方面,有灵巧的人,善于持家的人,朴实的外省人。最后一个方面表明,社会代码可以识别礼仪和道德、文化水平和业绩。一份优胜者的名单由此建立起来,那是历史(归并)的结晶,也是地理因素形成的成果(与巴黎,以及与太阳王宫廷的远近)。

在大革命的前夕,作为外省的顽强捍卫者,勃艮第人雷蒂夫要在城市的堕落面前为土气的外省自然状态和外省文化正名。表面上,他是一位充满幻想的痴迷的作者,但是他却在《巴黎家庭的历史》中为世人留下了一个极好的例证。巴黎女孩德利耶是让·约瑟夫·戈古和索菲·德·加兰维尔的女儿,即将嫁与布拉西德·索当朵为妻,后者是个呢绒商,也是让·约瑟夫生意上的合伙人。挑选奶妈的过程变成了周游法国的机会。通过各地的医生寻找最杰出的人选:德特肖迪诺(Têtechaudinot[1])医生负责庇卡底,布吕当杜(Brutentout[2])医生负责普罗旺斯,伯德迪纳(Baudetinat[3])医生负责贝里,格拉桑波什负责洛林,古

---

① 大意为头脑发热。——译者注
② 大意为野蛮人。——译者注
③ 大意为种驴。——译者注

毕佩特负责利穆赞。

大家都坚信(勃艮第人)特洛涅鲁吉(Trognerouge①)医生的看法。他的声音最响，因为他在指责诺曼底人对苹果酒的嗜好，庇卡底人无缘无故的撒欢，布列塔尼人易怒的性格，香槟人、贝里人、图尔人的愚蠢，洛林人的卑鄙，普瓦图人的腹痛②，而且全省人似乎都有这个毛病……

通过这样一段文字，我们可以轻松地解读三个神话：行为与风俗等级体系的神话通过人物名称得以象征和体现，例如诺曼底人 Niouininon(不置可否)、加斯科尼人 Toutenvent(都在风中)；饮食习惯的神话印证了形形色色的人及其能力；社会行为的神话演绎的是粗野、愚蠢、笨拙，因为相对于巴黎的统一性而言，这一类的社会行为标志着外省人资格上的欠缺。其他人的作品也表达了同样的意义。例如几乎总在法兰西皇家剧院上演的莫里哀的戏剧(《乔治·唐丹》《布尔索尼亚克先生》《德斯卡尔巴尼亚克伯爵夫人》)、从费勒蒂埃到马里沃的资产阶级现实主义传统小说、蒙特福特的美文集《瓦斯科尼亚》，或许还应该包括年鉴。这些作品总的意图就是要让人们在说笑中进行识别，以便同时达到多重目的：根据共同的准则让人物各就各位，从而突出人物的社会角色；释放紧张关系，因为嘲弄可以传递一种自由，允许人们暂时而有限地尝试一种几乎发现不了的相异角色的倒错；通过讽刺达到批判的目的。巴黎与外省之间的行为界限就这样建立起来。

面对政治机构和文化机构的作用，以及书籍的传播所带来的语言的

---

① 大意为又红又大的脸盘。——译者注
② 因为摄入过量的铅所致，普瓦图人曾用铅器处理葡萄酒以改变其酸味。——译者注

影响力,任何异议都是无济于事的。国王的语言是法语,国王的习惯促成了两条边界的划分:粗俗与彬彬有礼之间的对立,巴黎与外省之间的对比。距离这种语言的远近可以说明集体或个人落后的程度。要知道,在离巴黎50千米远的地方,那里的人说的是庇卡底语;三分之二的法国人每天说的并不是法语,而是其他的语言。在大革命的前夕,与法语形成对峙的力量有:法国北部1 600万人说奥依语(langue d'oïl),但是他们中有些人习惯性地说一种不规则的庇卡底语或者诺曼底方言和勃艮第方言;此外,还有七八百万人说奥克语(langue d'oc),其中包括奥弗涅人、普罗旺斯人、加斯科涅人、利穆赞人、说里昂法语的人;其余人则使用佛拉芒语、布列塔尼语、巴斯克语、加泰罗尼亚语或阿尔萨斯语,甚至日耳曼语族的其他方言。这些方言在地理学上可以无尽地细分下去。然而,重要的是在整个18世纪,博学者开始思索他们自己关于巴黎语言优越性的言论,以及他们断定巴黎语言具有优越性的观点:方言土语都是农民和百姓的语言,其不纯洁性正在威胁巴黎的纯洁性。

　　两个世纪以前发动的那场征服战将拉丁语赶下了行政和司法的舞台,并且使外省的方言失去了地位。对于这场战斗的结果,我们理应进行盘点:使用法语的人数有很多,占五分之四;从17世纪中期开始,法语就是印刷业使用的语言;此外,法语还是显贵和执政者的语言。处理公务的能力,尤其是处理那些没有经过共同商议但却对国家行之有效的公务,其能力就在于接受并认可外省的惯例和习俗,进而广泛招募作为巴黎吸引力首批受益者的各地精英,使他们归顺于法语并因此而获得一种胜利感——因为堪称王国乃至欧洲典范的灿烂的法语文学以及在行政和公共事务中人们对法语的日益认同已经使他们失去了地位。随着信息传播的加快,以及公路闭塞状态的终结,各地方言进一步失去了地盘。村民们定期或长期在外居住,当兵、当仆人或打工,他们只说法语。长期在外居住者有比较多的机会接触这种官方语言,但是一般都说得不太好。

即使还没有像大革命以后那样的语言政策，各种制约依然存在，它们就存在于主流文化与地方经济和社会环境的最活跃力量的接触中，而且这些制约都是**对立**(a contrario)的。在即时交流中，语言关系随着交流的领域而变化：教会发行布列塔尼语和普罗旺斯语的讲道手册和课本，以便适应方言的需求；公证人使用一种法语化的奥克语，即奥克语的词汇和法语的句法；法官则让大家用方言询问，书记官用法语记录；骂人的话都用方言，以便达到更好的攻击效果，在莫尔莱或图卢兹就是这样。一旦涉及社会和经济方面的交往，从爱情到贸易，便会显现出法语的优势地位。即使在南方也是如此，当然其中不乏将就和错误的成分。通俗语言就是比较随便的语言，适用于日常的、家庭的、乡村的语言环境；人们在说法语之前说的就是这种语言，它同时也是显贵们必不可少的工具。少数学习过两三门外语(包括拉丁语)的人实现了他们的社会和文化利益的增值，其中包括所有的中介者和归顺者。1755 年，布瓦西埃·德·索瓦吉分析了这种自发的双语现象，以及其中形成的巴黎和外省之间的差距：

> 奥克语是大众的语言，甚至也是在这个省里成长起来的有教养者的语言。一旦不必像在长者面前那样毕恭毕敬，或者摆脱了面对陌生人的那种局促，他们的第一反应就是这种语言。无论是和朋友一起讨论问题，或是和家人亲切交谈，他们都更愿意使用这种语言。除了正式场合，法语对他们来说几乎没有实用性。因此，法语成了他们的一门外语，或者说一种礼节性的语言。即便使用这种语言，也并非出于他们的天性。

这场传播始于上层，书和印刷品是传播的主要媒介。除了巴黎本身的影响力，外省在某一普通日用品生产方面的专业化(伪造或地下加工)构成了巴黎信息(首先以巴黎为目标)之外的另一个传播媒介,从而彻底确立了首都及其价值体系和语言的胜利。启蒙运动恢复了自然和田野原有的意义,但是改变不了这场运动的方向。将自然法则与"两个法国"的综合干预机制协调起来,启蒙运动就是带着这样的社会物理学来质疑国土的布局。人们还把这个问题转移到物质与道德的关系中,这正是都市风格与乡土气息之间关系的主要内容。以经济学的观点批判堕落的消费城市,或者以自由主义的主张来颂扬变革的先驱城市,这两者通过卢梭的伦理主义追随者结合在了一起。然而,这两种观点正好掩盖了关于外省的辩论所揭示的文化的不平等。

外省人的抑郁、归顺、抗争

外省的劣势(由于只能提供这样的条件,最优秀的人都离开了)和骄傲(外省成了安详的幸福之地,他们发掘自己的过去,并且自豪地接受眼前的荣誉)共同反映了外省人的意识。在外省的劣势与其"作为参事的冲动"所表现的优势(因为可以参与对人进行分类)之间存在着一种不平等的要素。在大多数情况下,这种不平等要素公开认可人们对于权力的屈服和从属地位;而对于另外一些人,则进一步肯定他们的支配地位及其继承特权的合理性。这一要素经过了两个渐进的演变阶段:首先是从17世纪末到18世纪五六十年代的不受批判的归顺时期;然后,经历了大革命前的危机,接着在改革流产和充满煽动性辩论的背景下傲慢不容置疑地复苏,甚至外省人也要求追回他们应有的地位。

着手研究外省的某个新的行动范畴之前,谨防将学院派对这场演变的记录和揭示看作是当时人们构想的并且已经在巴黎实现了的政治表现。总之,在绝对专制主义阶段与地方分权阶段之间,并不存在一个明显的对立面。从17世纪末到18世纪,既不存在连续性,也不存在断裂,只有皈依新的价值体系之后出现的渐进的变化和改良。大规模外省学术团体的创建,首先表明了始于 17 世纪初的大飞跃终于有了最后的结果。① 巴黎和外省的科学院都得到了显著的发展。只是在巴黎,大的学术机构受到了国王的保护,因而取得了更加出色的成就(法兰西学术院、科学院、文学院、美术学院……)。在外省,40 个学术团体多少也得到了相应的发展机会。

从路易十四统治末期到摄政时期一直处于支配地位的制度模式之所以能够成功,首先在于它不仅将文人,还将不同领域的科学家聚集在唯一的圈子里。首都可以将其中的智慧力量引向五个学术团体;外省的大都市则应该根据人口、社会和知识之间的力量关系,满足于仅有的一个公认的圈子。其次,人们根据心照不宣的约定归顺于巴黎的规范、准则和价值体系,并且不容商议地与巴黎的惯例保持一致,这同样也是成功的原因。巴黎与外省之间通过管理策略建立起来的行政联系又在这里通过另一个层面重新取得了联系。创建学术团体的历史证明了国王庇护的重要性,以及在物质上对专制主义政府的依赖。它同时也证明了科学院系统只有在得到支持、保护和干预的情况下才能够成立。在这些方面,总督、省长、主教等领地管理者的行动在任何一个时刻都显得至关重要,而在巴黎对外省那些身居要职的真正的"压力群体"进行培训同样具有决定性的意义。最后,通过身份模式的选择,以及与巴黎上流社会的先生们联盟,地方科学院的创立可以得到他们的担保和保护,这样一来,物质的和象征的支持就都有了保障。

为了取得详细的资料和例证,我们必须回顾以前的研究。② 透过各种各样的论证,我们注意到,科学院对于职能场所的选择并非没有用意。它确实在全国各地蓬勃发展,但是在南方和城市周边地区显得特别活

---

① Viala (A.), *Naissance de l'écrivain*, Paris, 1985.

② Roche (D.), *Le Siècle des lumières en province…*, *op. cit.*

跃。图卢兹、马赛、蒙彼利埃、阿尔勒、尼姆、波尔多、里昂、自由城、卡昂、苏瓦松代表了第一阶段的文化追随，它使外省的精英分子有机会弥补自己的落后，从而更好地掌握宫廷和巴黎的语言、习惯和风俗。随着全国科学院发展的潮起潮落，我们发现两种处于鼎盛时期的社交形式汇聚了各地的精英，为科学院的创立提供了活力：上流社会崇尚礼仪的社交特性是高雅生活和社会风尚的传播媒介；而趣味社交则是同龄人的友情聚会，充满友谊和乐趣。人们以一种难以察觉的方式完成了从不确定性到确定性、从无组织到有组织、从不连贯性到持续性的过渡。总之，最终达到了实现文化构想所需要的能力。

外省的科学院是封闭性的，其成员的选拔参照的是一般的社会标准。在社会关系上存在差异性，在智力上充当变革思想的传播者，这样的特性便于从一个极点向行政、教会、政治系统所在的另一个极点调动人力资源，也就是说，从外省到宫廷，从城市到议事会的候见厅。创建科学院的第一个浪潮发生在 1715 年之前，从此科学院便在两条道路上寻求发展。由于效忠巴黎的科学团体，外省科学院在绝对君主制的发展中找到了一个适合自己的角色，因而它们成了知识与权力结盟的证明。出于同样的意愿，北方和南方的学术团体通过一场运动聚集在了一起——那是被托管和独立、巴黎的召唤和外省的活力、已经归顺的地方精英的压力和国王及省里派来的"巡视者"（如巴斯维尔，福柯、帕律等总督）的影响力撕扯得四分五裂的一场运动。

从 18 世纪 20 年代到 80 年代，随着运动规模的扩大，其烈度对整个文学共和国提出了质疑：在何种程度上适合发展学术团体？这是 1750 年法兰西学院的考试题。传统的创建机制得以保留，甚至还在扩大：主教们四处活动，忧虑地用他们的语言传播公认的信条，告诫人们期待新的永生。省长找准了机会给自己的徽章再镀一层金，因为在总督府的攻击下，它们已经有点灰头土脸了。因此，维勒鲁瓦在里昂、维拉尔在普罗旺斯、卢森堡公爵（他是西德维尔和伏尔泰的朋友）在鲁昂、贝尔-艾斯勒在梅斯展开了行动。总督则以不同的方式从中找到了高贵的元素和他们的行政问题。好在他们不讨厌出席各种活动，所以帕律、贝尔丹、拉·米肖迪埃尔经常和里昂的科学院院士套近乎。巴黎的院士们则继续履行他们的保护和监管职责，其中的代表人物有比尼翁神甫、孟德斯鸠、雷奥米尔、锡古瓦诺、佩罗尼、迈朗。无论在巴黎还是在外省，没有人怀疑以总督为首的这些重要人物在加快或抑制新老学术团体的创办和发展方面的能力。

　　地方政权介入学术团体的要求大多数都得到了满足，他们的行动正好与外省人意识中出现的一种特别图式相重叠。学术的强大吸引力启发人们写出了许多文章，这与最初的不信任甚至纯粹的漠不关心已经有了一些细微的差别。外省人梦想得到自由，甚至要求一种没有可能达到的平等。确实，整个世纪外省都在参照巴黎，它们的学者和机构都维持了原状，它们重视人人都有的这种裁判能力，但是心中不无疑问。类似的迟疑在马赛表现得最明显，那里的人们虽然并不宣称人与人之间有同样的才华，但是至少都希望平等地得到更多的知识。这种愿望对于夏拉蒙·德·拉·维斯克雷德具有重要意义，因为他是科学院的常务秘书，有一大堆人依附于他，其中包括伏尔泰。文学才华的退却、科学的兴起、地方功利主义、科学爱好者发出的反对专家的呼声，这一切结合在一起，使"平等"的精神始终主宰着整个文学共和国。"如果说首都一直保持着对于外省的绝对优势，我们总体上可以认为是外省给首都带来了荣誉，并且造就了它至高无上的光荣。"早在 1747 年，格里奥就试图在克莱尔蒙-费朗阐明这一点。我们也可以说，从此以后，外省人对首都的抱怨与他们对巴黎的迷恋并存于同一个画面，只是其中的人物颠倒了过来。外省人表达了一种新的愿望，他们不再接受文化上的不平等。与此同时，各地的科学院院士几乎都站在了变革的拥护者一边，他们被动员起来,共同促进外省的进步。

　　创立学术团体的运动刚一显出颓势便受到了抑制,新一轮的创建很快填补了它的空缺,补充了它的内容。这既是范畴的变化,也是争取地方自主权的有益竞争深入发展的结果——这种自主权可以无限深入下去,直至自成一体的小圈子,就像共济会那样。行政监督已经变得温和了,能够允许这种发展方式的存在,因为它将群体社交的古老需求与信息下放的新需求结合在了一起。由于来往信函和巴黎及外省的压力效应,大量的信息在不同层次的科学院系统流通。协会的规划可以表明外省人的这场运动面对首都时是如何被解读的。鲁昂的亚尔神甫和科学院常务秘书孔多塞写给国家行政要员的请求信激起了明显的不满。尤其是孔多塞的集权主义方案,他主张协调科学院的活动,促进科学发明的推广,以便使科学院的工作成为"全国行政的一个分支"。外省人反对他的观点,认为这种联合将会产生奴性,屈从于政府的原则也有悖于理性自由。带有各自介入态度的对话没有取得成果,因为在这场对话中,两种相互矛盾的思考方法和政治见解相持不下:一方面,巴黎的启蒙运动将改革的命运和哲学的命运统一在一种合乎道德的自由主义君主制构想之中,他们试图将文化的同质性作为社会发展的赌注;另一方面,外省的启蒙运动在经过了一个世纪的研究和思考之后,主张科学家的自主性、科学院的平等权利,以及外省与巴黎的平等待遇。

　　即使不说是"天才",首都至少聚集了更多的"英才",没有人怀疑这一点。他们中的一部分人出身乡野,巴黎著名学术团体的新成员招募可以证明这一点。外省准备洗耳恭听,但是必须在双方人数相等的关系中进行。诸多因素产生了对他们有利的影响:外省城市有与巴黎同样好的写作条件,因为创作和思考都更需要宁静和隐蔽的环境;无论在哪里,新的方法不断地适应人们的知识需求。格里莫·德拉瑞尼耶在里昂逗留期间记录了当地知识的进步。他的见证具有普遍的意义,因为他将外省人的感性与知识的进步结合在一起，尤其是当他们面对巴黎的理性时。他对此做了如下总结：

> 这里的学者与巴黎的一样，他们和蔼、勤勉、富于感染力。但是在这里，科学院既不傲慢，也不像你们那边文学团体中的某些人那样善于招摇撞骗。如果说启蒙运动以及认知的发展在这里取得了与你们一样的进步，那么可以断言，宽容、友好、真正的哲学精神在这里的进步更大。

外省人以地方学术团体的统一与和谐来对抗中心地的分裂文化。确实，具体现实显然与这个梦想不一致，但是我们不应该无视梦想的力量，也不应该低估它的重要性，因为它证明了首都和外省最终无法成功地踏上同一个节奏。此外，当巴黎加快了节奏，而在启蒙运动融入了原始感性的外省，速度却慢了下来。对于这一切，罗兰就是一个很好的证人。罗兰是手工工场督察官、国务要员，也是自由城、亚眠、里昂的科学院院士；他是个外省人。我们再来读一读他的短文——《论文学在外省的影响及其与中心地的比较》（里昂，1785）。文中表明，外省真正有效的启蒙运动实现了**消遣**（otium）与**操劳**（negotium）之间的和谐，或者说，在富人的闲暇与勇于实践者的活动之间达到了一致。它不愿意再脱离自然，因为人们"研究它，凝视它，发现了其中的真理，从而使人的心灵变得高尚"。因此，所有辩论的主题又重新回到了空间、经济、变革之中，以及具有互补性或对比性的稳定的双边关系中。其中一方是抽象概念，是闲情逸致和研究；另一方是具体事物，是生活的必需和发财致富。①

---

① Dupront（A.），*Art et Société en Europe au XVIIIe siècle*，Paris，（CDU）1964，2 fascicules，fasc. 2，p. 96.

城市权贵相应的知识扩张达到了极限。外省大都市或一般首府的居民有感于塞纳河沿岸聚集起来的非凡力量，他们懂得必须与这样的荣耀匹配。不平等和冷漠于是笼罩着人间关系，从而加快了与他人接触机会的丧失和真实感的毁灭。这既关系到个人的得失，也关系到社会的成败。作为对生活不适感的反思，孟隆①和特拉阿尔②所着力研究的前浪漫主义趋势得到了广泛的响应，外省意识也随之普遍觉醒，由此滋生了对城市的批判和对自然的颂扬。感性的大师很多都是外省人，他们无法割断与出生地的联系：朗格勒的狄德罗、日内瓦的卢梭、（同时也是瑞士人的）热尔曼·德·斯塔尔、亚眠的拉克洛、勒阿弗尔的贝纳丹·德·圣-皮埃尔、勃艮第的雷蒂夫。作为外省大都市的著名市民，他们在那里与感性的人们产生了心灵的共鸣，他们还参与了关于两种生活方式的辩论：亲近自然还是选择在城市生活？他们就是这样又一次迎来了稳定与发展的论战。启蒙时代就是在犹豫和摇摆中不断进步的。

---

① Monglong (A.), *Pèlerinages romantiques*, Paris, 1968.

② Trahard (P.), *Les Maîtres de la sensibilité française au XVIIIe siècle*, 1715－1789, Paris, 1931－1933, 4 vol.